本书为2021—2022年度河北省社会科学基金项目，课题名称为：
雄安新区民族传统体育非物质文化遗产保护与传承研究，课题号：HB21TY017

雄安新区民族传统体育非物质文化遗产保护研究

任　芳　云　鑫　吴书彬／著

吉林大学出版社

·长春·

图书在版编目（CIP）数据

雄安新区民族传统体育非物质文化遗产保护研究 /
任芳, 云鑫, 吴书彬著. -- 长春 : 吉林大学出版社,
2022.7
ISBN 978-7-5768-0069-2

Ⅰ. ①雄… Ⅱ. ①任… ②云… ③吴… Ⅲ. ①民族形
式体育－非物质文化遗产－保护－研究－雄安新区 Ⅳ.
①G852.9

中国版本图书馆CIP数据核字(2022)第134881号

书　　名：雄安新区民族传统体育非物质文化遗产保护研究
XIONG'AN XINQU MINZU CHUANTONG TIYU FEIWUZHI WENHUA YICHAN BAOHU YANJIU

作　　者：任　芳　云　鑫　吴书彬　著
策划编辑：矫　正
责任编辑：矫　正
责任校对：田茂生
装帧设计：雅硕图文
出版发行：吉林大学出版社
社　　址：长春市人民大街4059号
邮政编码：130021
发行电话：0431-89580028/29/21
网　　址：http://www.jlup.com.cn
电子邮箱：jldxcbs@sina.com
印　　刷：天津和萱印刷有限公司
开　　本：787mm×1092mm　　1/16
印　　张：13.75
字　　数：200千字
版　　次：2023年5月　第1版
印　　次：2023年5月　第1次
书　　号：ISBN 978-7-5768-0069-2
定　　价：78.00元

前　言

　　2017 年 4 月 1 日，中共中央、国务院印发通知，决定设立河北雄安新区，该区由雄县、容城县、安新县三县组成，行政面积约为 1 556 平方千米，人口数约为 113 万。雄安新区地处京畿重地，特殊的地理位置和深厚的历史积淀使三县传统文化资源丰富。自新区设立以来，加强对雄安新区历史文化的保护与传承一直是新区建设的重要环节。

　　习近平说："优秀传统文化是一个国家、一个民族传承和发展的根本，如果丢掉了，就割断了精神命脉。"[1]中国社会主义现代化的实现，要以延续和复兴中华民族传统文脉为目标之一。而留存于民间的这些非物质文化遗产，包含了我们民族文化最基本的因子，至为珍贵。它们经历了千百年的风风雨雨而以活态方式流传至今，我们应该倍加珍惜、妥为保护、弘扬光大。雄安新区的繁荣发展同样也要以本土文化的传承和复兴为基础。正如河北省委常委、雄安新区党工委书记、管委会主任陈刚 2017 年 6 月 27 日在"雄安新区历史文化与遗产保护座谈会"上曾经明确提出的一个口号："无文化传承，无雄安未来！"[2]

　　2017 年 9 月 12 日，雄安新区"非遗"普查报告完成，结果显示，雄安新区共有"非遗"213 项，其中有 211 项呈活态存在。2018 年 8 月由河北省牵头再次组成专家组对雄安新区雄县、容城县、安新县开展为期 1 个月的调查工作，对雄安新区"非遗"的调查和保护工作作进一步的梳理及加强。经普查，雄安新区有 400 多项"非遗"项目，涵盖了"非遗"的十大分类。

[1]　习近平. 在纪念孔子诞辰2565周年国际学术研讨会暨国际儒学联合会第五届会员大会开幕会上的讲话[N]. 人民日报，2014-09-25.
[2]　肖光明，吕子豪，王天译. 雄安新区建设欲守住文化底线：无文化传承，无雄安未来_中国新闻 网[EB/OL]. http://www.chinanews.com/gn/2017/06-27/8262749.shtml, 2017/06/27.

雄安新区这些宝贵的"非遗"资源是雄安新区人民祖祖辈辈在这片广袤的热土上繁衍生息、劳动、生活、创造而积淀下的丰厚文化蕴藏。今天的中国正在阔步迈向现代化，正在为实现中华民族的伟大复兴而奋斗，刚刚建立的雄安新区也以"世界眼光、国际标准、中国特色、高点定位"来勾画出美好前景。同时，我们更要明白，没有文化的复兴和强大，就没有雄安新区的真正崛起。而文化的建设，首先要从文化的保护做起，守护好这些民间瑰宝，我们才有光大雄安新区文化的本钱。

基于此，本书以雄安新区民族传统体育非物质文化遗产的保护为研究主题，力图构建一套行之有效的雄安新区民族传统体育非物质文化遗产保护体系，为雄安新区的文化建设与发展提供参考。

本书以雄安新区的概况为切入点，详细阐述雄安新区设立的可行性条件、决策过程、发展定位，以及设立雄安新区的现实意义与历史意义；围绕马克思主义文化遗产观对民族传统体育非物质文化遗产的保护进行相关概述，梳理我国民族传统体育非物质文化遗产传承保护的历程，分析其现状，并提出我国民族传统体育非物质文化遗产传承保护的建设性策略；在国内外体育非物质文化遗产保护的经验借鉴上，重点介绍深挖日本和韩国在文化和旅游价值的体育非物质文化遗产保护上的经验，以及国内的江苏省、四川省和辽宁省大连市在民族传统体育非物质文化遗产保护中的举措与经验；进而以维吾尔族"达瓦孜"、大理白族霸王鞭和海南黎族传统体育项目为例阐述我国民族传统体育非物质文化遗产的保护模式；在此基础上，详细剖析雄安新区民族传统体育非物质文化遗产的资源特点、保护现状和面临的困境，并重点剖析国家级"非遗"——雄县鹰爪翻子拳的现状及保护策略；最后以对雄安新区传统文化未来的展望为切入点，探讨雄安新区民族传统体育非物质文化遗产保护的基本原则和路径，实现政府、市场、社会的良性互动，从而建立起有效的保护体系。

本书的不足之处在于：雄安新区刚刚设立，相关政策和制度还在规划建设过程中，国内外可借鉴相关文献甚少，内部资料涉密不能查阅或公开，非个人能力所及。因此，本书对政策把握和形势分析可能存在不足，仅能通过经验和文献进行推断研究。同时，由于研究实践和个人水平有限，在雄安新区民族传统体育非物质文化遗产保护面临困境的剖析上和保护路径的策略探讨上并不广泛深入。因此，对未来雄安新区民族传统体育非物质文化遗产保护的研究仍需不断跟进、深入研究，以期指导实践。

设立河北雄安新区，是以习近平同志为核心的党中央作出的重大历史性战略选择。习近平亲自谋划、亲自部署、亲自推动，倾注了大量心血。先后多次主持会议研究部署并作出重要指示，多次亲临实地考察并发表重要讲话，为雄安新区规划建设指明了方向。雄安新区设立四年多来，河北省委、省政府切实履行主体责任，全省上下深入学习贯彻习近平重要指示精神，全面落实党中央、国务院决策部署，始终坚持以高度的政治站位和时代责任感，把握发展大势，锚定规划目标，举全省之力持续推进雄安新区高标准建设高质量发展，加快打造贯彻落实新发展理念的创新发展示范区，努力创造"雄安质量"，推进千年大计、国家大事取得重要阶段性成效。

本书为2021—2022年度河北省社会科学基金项目，课题名称为：雄安新区民族传统体育非物质文化遗产保护与传承研究，课题号：HB21TY017，项目负责人为任芳，其中第一参与人云鑫负责撰写，第二参与人吴书彬负责数据统计，第三参与人宋立负责资料查询，第四参与人徐旭负责调研。

目　　录

第一章　雄安新区的设立及意义

2017 年 4 月 1 日这一天对整个华夏大地来说都不同寻常、意义非凡。在这一天，一个国家级新区——雄安新区设立。这是我党放眼国家发展全局，总结历史经验，分析国内国际形势，为深入推进京津冀协同发展，在深思远虑、反复论证的基础上作出的一项决定，这在我国历史发展上也是一次重大的战略部署。雄安新区要疏解北京的非首都功能，必将与北京存在着千丝万缕的联系。它的建立与未来发展，不仅对河北保定来说是一次难得的发展机遇，而且对整个京津冀乃至全国的发展也将会发挥重要作用。雄安新区势必会成为撬动京津冀城市群繁荣发展的有力支点，为全国的创新驱动发展注入新动力，成为我国经济发展的新增长极。

雄安新区属于河北省保定市，包括保定的雄县、容城县和安新县，地处于北京、天津和河北保定腹地，地理位置十分优越，环境资源承载力强，现有开发程度低，具备高标准规划、高起点要求的城市发展基本条件。雄安新区的设立是以习近平同志为核心的党中央作出的一项重大的历史性战略部署，是继深圳经济特区和上海浦东新区之后又一具有全国意义的新区，是千年大计、国家大事。

本章以雄安新区的历史沿革为起点，结合雄安新区的历史自然、人文环境特征以及与北京互动的历史，阐明雄安新区设立的可行性条件，在此基础上，阐述雄安新区设立的决策过程、发展定位，以及雄安新区设立的历史意义与现实意义，为本书的研究奠定理论基础。

第一节　雄安新区的设立过程

一、雄安新区的概况

（一）雄安政区历史沿革

"冀州：既载壶口，治梁及岐。既脩太原，至于岳阳。覃怀致功，至于衡漳。"[①]雄安地处冀州，先秦时期，周武王克商，封召公于北燕，考古发现证明北燕迁徙的易都、临易，即在容城、雄县一带。战国时期，雄安位于燕国，地处燕南赵北。西汉时，雄安地区属幽州刺史部。汉景帝封匈奴降王于今容城地区，为容城侯，容城之名便自此开始。此后，雄安又分属东晋、前秦、后燕，至北魏统一北方属范阳郡，后又分属东魏、北齐。隋朝时雄安位于上谷郡、涿郡和河间郡的交界地带，唐朝时的雄安则位于易州、幽州和莫州的交界处。安史之乱中身兼范阳、平卢和河东三节度使的安禄山正是在范阳起兵，而雄安大部分正位于此。唐末藩镇割据态势日甚，河朔地区的范阳（又称幽州、卢龙）、成德、魏博三个藩镇连成一片，割据一方。"魏亡，则燕、赵为之次矣；若魏存，则燕、赵无患。"[②]五代十国时，石敬瑭割让燕云十六州求契丹之援。燕云十六州北境地势险要，在战略上有重要地位，从此成为北方政权和中原王朝争夺的焦点，而雄安地区大部分在此范围内。后周世宗伐辽，收复地处现雄县西南的瓦桥关一带，设置雄州，雄县的"雄"字可追溯至此。直到北宋，雄州一直属于边防要地。赵匡胤建立宋朝后，宋、辽在燕云十六州展开连续多年的边境争夺战争，雄州屡遭兵事。宋真宗与萧太后订立"澶渊之盟"，双方约定宋、辽以白沟河（现雄安新区北部）为界，宋每年送给辽绢二十万匹，银十万两，而交割地就在现今的雄县，此后，宋、辽边境相对安定平和。金、元以后，国家都城基本在北京逐渐确立，雄安成为京畿腹地。

---

① 班固.汉书(卷二十八上)《地理志第八上》[M]北京：中华书局，1962：1524.
② 司马光.资治通鉴(卷第二百二十七)《唐纪四十三》[M].北京：中华书局，1956：7320.

1. 雄县

雄县之置，始于明太祖洪武七年（1374 年）。按照《雄县乡土志》《（民国）雄县新志》等典籍所载，雄县历史发展过程可分为州属时代、易县时代、入莫时代、归义时代、雄州时代以及雄县设置之后的时代。

周以前，县境无本名字。"神农氏王天下，始有地里。黄帝受命画野分州，都于涿鹿，雄在涿之南。"[①]唐尧时，禹定九州，县境属冀州。舜受禅之后，析置冀州，分冀东恒山之地为并州，县境属之。夏并九州，县境仍然属于冀州。《雄县乡土志》载商代县境属幽州，乃据《尔雅义疏》中所言："燕曰幽州，自易水至北狄"[②]，认为幽州南界为易水，而雄古称易阳，是以在易水之北，当属幽州。周夏官职方氏掌天下之图，谓九州，曰"正北曰并州……其川虖池呕夷，其浸涞易"[③]。虖池即滹沱河，滹沱河旧经县境之茅儿湾，与涞水、易水汇合，由天津入海，因此，县境当属并州。

周武王克商，封召公于北燕，后迁都易，即在今雄县古贤村遗址一带。秦始皇灭六国，实行郡县制，县境属广阳郡，后属上谷郡。汉高祖时改上谷郡为燕国，分置涿郡，即燕之易邑，属幽州刺史部。汉文帝时"以易县改属河间国，东汉仍之"[④]，属冀州刺史部。东汉献帝兴平二年（195 年），公孙瓒在易县之地筑易京城据之。晋改易县为易城县，属河间国。北魏道武帝天兴二年（399 年），后燕辽西太守李朗以涿郡属魏，魏复其故名，曰易县，改属高阳郡。

北齐天宝七年（556 年），省易县入莫县，属高阳郡。北周建德六年（577年）灭北齐，莫县归入北周，仍属高阳郡。隋文帝开皇三年（583年），废郡为州，莫县属涿州。隋炀帝大业二年（606 年），改州为郡，以莫县属河间郡。而现今雄县的范围大致属莫县和固安县，位于河间郡和涿郡的交界地带。

唐高祖武德五年（622 年），析固安县和莫县中原易县之地改置归义

①　王齐纂修，王旭龙点校. 雄乘[M]. 石家庄：河北大学出版社，2020：11.
②　郝懿行. 尔雅义疏[M]. 济南：齐鲁书社，2010：3357.
③　郑玄. 周礼注疏[M]. 上海：上海古籍出版社，1990：174.
④　刘崇本. 雄县乡土志[M]. 台北：成文出版社，1968：7.

县，属幽州，寻置北义州于容城，以县属焉。太宗贞观元年（627年），州县俱废，省入河北道，八年复置归义县，属幽州。景云二年（711年），改属莫州。现今雄县大致位于幽州和莫州的交界地带。天佑四年（907年），梁以刘守光为燕王，之后晋王李存勖遣周德威讨守光，克瓦桥关，归义入后唐。后晋天福元年（936年），石敬瑭割燕云十六州，赂契丹，归义没入辽。周世宗显德六年（959年），自将伐辽取瓦桥关，以其地置雄州，而雄之名自此始。宋太宗太平兴国元年（公元976年），以雄州新镇置平戎军，以避讳改归义曰归信县。真宗景德元年（公元1004年），"遣阁门祗候曹利用与契丹定合议，以白沟为宋辽分界，自是县境遂分南北为二，南为归信，北为辽之归义，一作归易侨治新城"①。宣和四年（1122年），宋收复涿州，归义、归信两县并存。北宋末，归义、归信两县皆入金，后废归义县并入归信县，县仍治于州中，置永定军于雄州，属河北东路，至贞元二年（1154年）又改隶中都路属焉。

元世祖至元元年（1264年），雄州及永定军俱废。二十一年，复置雄州，隶大都路，总管府治归信县，并以新城、容城来隶。二十三年，以雄州隶保定路，此雄隶保定之始。

明太祖洪武初，省归信县入雄州。七年，改雄州为雄县，隶直隶省保定府。清朝因之。

民国二年，改府为道，雄县隶直隶，省保定道。十七年，徙都南京，改直隶省为河北省，仍隶河北省保定道。民国二十八年（1939年），境内北部38村组建新雄边区，属新城县。民国二十九年（1940年），撤销三个边区，再次成立县抗日政府，属北岳区冀北办事处。民国三十年（1941年），改划第四联合县。联合县期间，前段属冀中第五专区。1945年，恢复单县置1969年，雄县属天津专区，后又改属保定专区。1958年，雄县与新城、涿县等地合并，称涿县。1961年，析置雄县，属保定专区。1994年，保定地市合并，雄县属之。

---

① 秦廷秀. 雄县新志·方舆略［M］. 民国十八年（1929）铅印本，第31页.

2. 容城县

容城县南 0.5 千米处上坡村南有一处上坡遗址，该处发现了仰韶文化晚期遗存、先商时期和商代等较多时期的文化遗存。"容城"之名更是历史悠久，"汉封降王有容氏于此，置容城县，属涿郡"①，容城故城在"今县北十五里城子村周围七里"②。

周武王克商，封召公于北燕，经过考古发现的南阳村附近的南阳遗址，被认为是先秦时期燕国都城之临易。据典籍所载，秦始皇行郡县，县境属上谷郡。汉朝位于幽州部之涿郡，"后汉省入遒"③。魏属幽州部之范阳国。"隋开皇初，改为遒县，属上谷郡。唐武德五年置北义州，贞观元年州废，以县属易州"④。圣历二年（699 年），契丹入寇，容城"固守得全，改名全忠县。天宝元年（742 年），改为容城县，复汉旧名也"⑤。

后周显德六年（959 年），"收复三关，以其地控扼幽蓟，建为雄州，仍移归易州之容城，并易等二县于城中"⑥。宋金之际，容城之地为边境。容城北部属辽，侨治于新城县；南部属宋，属雄州。金合并南北二县，仍属雄州。金太和八年（1208 年），割属安州。贞祐三年（1215 年），改属安肃州，后仍属雄州。

元朝，县境属雄州，隶保定路。元至元二年（1265 年），废雄州、归信县并入容城县。明初省入雄县，洪武十四年（1381 年）复置，属保定府。清朝因之。民国二年（1913 年），容城属范阳道，第二年改范阳道为保定府，容城属保定府。民国十七年（1928 年），容城直隶属河北省。1958 年撤销容城县，划归徐水县。1961 年，容城县与徐水县分设，恢复容城建制。1970 年，容城县属保定地区，1994 年保定地市合并，容城县属保定市。

① 王克淳. 容城县志（卷一·疆域）[M]. 乾隆二十六年刻本，第77页.
② 李培祜，张豫垲. 保定府志（卷四十一·古迹录）[M]. 清光绪十二年刻本，第2408页.
③ 冯惟敏纂修，王国桢续修. 保定府志（卷五·郡国表）[M]. 明隆庆五年刻万历三十五年增修本，第505页.
④ 李培祜修，张豫垲纂. 保定府志（卷十七·舆地略一）[M]. 清光绪十二年刻本，第1270页.
⑤ 乐史. 太平寰宇记（卷六十七·河北道十六·雄州·容城县）[M]. 北京：中华书局，2007：1365.
⑥ 李培祜修，张豫垲纂. 保定府志（卷十七·舆地略一）[M]. 清光绪十二年刻本，第1277页.

3. 安新县

"安新县"之名，乃是民国时期安县和新安两县各取其名之首字合并而得。安新县其名虽新，但历史厚重，根据考古发现，梁庄遗址、留村遗址都是安新县已发现的新石器时代遗址。白洋淀作为这一地区的自然景观更是见证了安新县的历史更迭。

安新县境战国时属燕国所辖，当时县境内有葛城、浑埿城、三台城。《读史方舆纪要》中有载："赵孝成王十九年与燕会阿。又与燕易土，燕以葛城与赵。"①又"葛城在安州，乃战国时乡名"②，故而葛城当战国时已有。战国时由于地处燕赵边界，燕长城正在附近经过，燕国在境内筑三台城以屯兵阅武。为进一步加强边界防务，又邻水而建浑堡城。秦时，县境为广阳、巨鹿两郡交壤地带。西汉至隋代，县境多为容城、高阳所辖。据《安新县志》中所载，公元 18 年，赤眉军起义至县境时，为避免侵扰，"乡人在三台因城筑寨以防入"③。汉魏晋诸代，三台城均为容城县治所。

安新县建制沿革颇为复杂。县境的西南部于东汉末年建有依政县。武则天如意元年（692 年），在葛城置武昌县，神龙元年（705 年）改为武兴县，代宗广德二年（764 年）又置唐兴县。先后属瀛州、易州、莫州，均为河北道④。宋淳化三年，建顺安军，金升顺安军为安州，天会七年（1129年）又改为高阳军。大定二十八年（1188 年），安州徙治葛城，并置葛城县。

安新县境东北部自金设渥城县，元代改名新安县，明、清因之，道光十二年省新安县入安州。泰和四年（1204 年），金章宗改浑埿城为"渥城"，隶属安州。泰和八年（1208 年），将州治由安州迁至渥城，称新安州，辖高阳、葛城、渥城三县，拓建城池。乾隆《新安志》记载，金章宗在渥城内修衙署，在城南立午门；为驻跸所需，在城西南建行宫，即离宫，名曰"建春宫"。此时的渥城被认为相当于是中都路副政治中心。

元代，安州仍领渥城、葛城二县，并徙治葛城。至元九年（1272

---

① 顾祖禹. 读史方舆纪要（卷十二·北直三）[M]. 北京：中华书局，2005：538.
② 冯惟敏纂修，王国桢续修. 保定府志（卷五·郡国表）[M]. 明隆庆五年刻万历三十五年增修本，第291页。
③ 安新县地方志编纂委员会编. 安新县志 [M]. 北京：新华出版社，2000：11.
④ 宋祁，欧阳修. 新唐书 [M]. 北京：中华书局，1975：1021.

年），安州、葛城和渥城复治，渥城县开始更名为新安县。"新安古渥水地，旧为容城境，金置新安州，元废为县。"[①]安州继领葛城县，与新安县同属保定路。明代省葛城县、新安县入安州，安州降为安县。后废安县，复设安州和新安县，安州治新安县，隶属保定府。

民国二年（1913 年），安州改为安县，属于直隶范阳道。1914 年，安县与新安合为安新县，属直隶省保定道，1928 年属河北省。1949 年，安新属河北省保定专区。1950 年 4 月，安新县驻地由安州迁至新安。1970 年保定专区改称地区，安新县属保定地区。1994 年，保定地市合，安新县隶属保定市。

总体而言，虽然雄安三县县名出现的时间不一，但县域范围内较早出现了人类历史遗存，历史悠久。三县中容城之名出现较早，西汉已有之；安新县是民国时由安县和新安合并而来。战国时基本都位于燕国，之后雄安长期位于相邻郡之间的交界地带，甚至又成为民族政权分裂争斗的前沿，大约宋金之际开始，雄安开始属于同一州、府的管理范围。

（二）雄安新区的历史自然和人文环境特征

雄安新区位于冀中平原中部，属太行山麓向冲积平原的过渡带，在拒马河下游南岸，地势较为平坦，发展空间充裕。境内白洋淀上承九河，下注渤海，自然风光旖旎、水产资源丰富，具有较强的资源环境承载力。燕赵大地多慷慨悲歌之士，长期的历史沉淀铸就了独特而丰富的地域文化。

1. 雄安新区历史自然地理特征

雄安新区位于河北省境内，其规划主要涉及雄县、容城、安新三县域。在地理空间上，雄安到北京和天津的距离相差不大，都为一百余公里。雄安整体地形较为平坦，以河流湖淀为主。

容城四野平坦无山，主要河流有易水、拒马河，以及白沟河，拒马河古时又称涞水、巨马河。《太平寰宇记》中记载易水有三，南、北、中源皆各出。南易名雹水，源出易州独石岗，经安肃入容城县西牛营界，即瀑河，东南流新守界，下抵安州河滨，灌溉地亩。中易名武水，出故城间乡谷中，自易州入定兴。北易名濡水，出穷独山，南入定兴，与中易水合流

---

① 冯惟敏纂修，王国桢续修. 保定府志（卷五·郡国表）[M]. 明隆庆五年刻万历三十五年增修本，第1457页.

俱入县之拒马河。拒马河在县北，源出涞水县，由定兴县之杨村入容之城子村界，经沟市村至王家营入白沟河。白沟河，位于县东北三十里，宋辽以此分界，源发代郡，为拒马、中易、北易三河会流处，由新城县之高桥流入容城县界，旧从白沟店北流，永乐年间徙店南，经王祥流雄县。[①]

雄县境内主要有大清河、赵王河等河流，莲花淀、留通淀等湖淀，并有大小雄山。大清河又名白沟河，即拒马河。由县北三十五里大铺村流入本境，东南流经王克桥，由城西折而东经瓦济桥下，东南流至龙湾村，过清河门，土俗旧称此为小清河，遂称拒马河为大清河，又东经茅儿湾折而东北十二里至张青口入新镇县界，共行县境六十余里，为天津至白沟河之航路。赵王河上游即府河，合诸水由安州东之四股河东北流入本县南十里之莲花淀，又东经任丘县赵北口镇，沿千里堤东南流经距城四十里之温家庄北，由赵王河故道入本境，东北行四十里至西距县城四十里之史各庄，穿村而东北入新镇县，合大清河，经行县境约四十里，为由津赴保之要路。莲花淀在城西南十里，十里铺西方三十里，西接烧车、白洋等淀，为新安在高阳诸水之总汇，而以赵王河为尾闾，旧多莲花，故名，今则众水奔注，深碧三篙非复昔时风景。留通淀在县西留通村南，面积三十四顷十四亩，西界安新县水典，其水深浅无定，深至不测，涸则可植稻种莲。[②]大雄山在雄县西南二里，一名望山（《方舆纪要》），又小雄山在县东南一里许。大小雄山皆培壤耳，宋景德中积土成隅以御契丹。自后构亭其上，更加修筑，遂有雄山之名。[③]

安新县境内河湖众多，以白洋淀最为知名。依城河在安州北关外，上流即徐河，一亩全方，顺河诸水又东流入新安境为长流河。减河在清苑县东、安州西交界处，乾隆十年（1746年）开以分段府河，水势起自安州善马庙东之府河北岸，东流转北又屈而南，流经李家庄北，仍归府河。曹河自高阳东经安州，东入白洋淀。瀑河由容城县经安州北二十里，又东经新安县，东南入长流河。邱家道口河在安州东南三十里，自高阳县马家河分流经州界，下流入白洋淀。淘河在安州东南依城河之分支，淘河为易水东

---

① 王克淳纂修.容城县志(卷一·山川)[M].清乾隆二十六年刻本,第81-82页.

② 秦廷秀修,刘崇本纂.雄县新志·方舆略[M].民国十八年(1929):34-41.

③ 李培祜修,张豫垲纂.保定府志(卷十八·舆地略)[M].清光绪十二年,第1325页.

出之别名，宋何承矩上言缘边战櫂司自淘河至泥姑海口，屈曲九百余里，往来巡警，大为要害。长流河在新安县南五里，一名长沟河，上流为依城河，下流梁头河在县南三里又东南流至雄县境，入于瓦济河，以为即渥水旧流，明景泰间，知县张勉疏河引流自城南隅，过南门至东门外三里接梁头河。稠河在新安南六里，亦名试牛河，亦长流河支流也。三岔河在新安南八里，上接温义，下达四股，南通猪龙，故名岔河。四股河在新安东南十五里，元至正中所凿，流分四股，一通王家砦、一通砦南、一通淀头、一通四角淀。此外还有新河、猪龙河、唐河等诸多河流流经县境。[①]

白洋淀大约形成于一万年以前，其形成经历了由海到湖，由湖而陆的历史变迁，宋朝时史称白洋淀。白洋淀总面积约 3 366平方公里，由一百多个互相连接的大小淀泊组成，是华北地区最大的淡水湖泊。白洋淀在新安南三十里，周二十余里，古九十九淀之一。相传明弘治以前，其地可耕而食，中央为牧马场。自正德间，杨村河流入，始称泽国。合相近诸淀之水，总名西淀。西北诸山之水皆汇于西淀。北自雄县，来者曰白沟河。西自安州，来者曰依城河。西北自安肃，来者曰雹河。南自高阳，来者曰猪龙河。而任丘赵北口居其中，有桥八座。诸水由此东流，贯西淀之咽喉。[②]

雄安地区历史时期的自然灾害多以水灾为主，并伴有地震的记载。《清重修大清河碑记》中记载“大清河为畿辅五河之一，每值水涨，新雄涿固一带均受其灾，而灾之尤烈者，惟雄境实当之，盖清河之入境，为九河下游，河身渐形窄浅，群流一至，水不能容，故其灾尤甚”[③]，河流众多，加之河道排水功能不足是水灾频发的主要原因。雄县水灾严重时，“平地水深三丈、民居半溺”“市可行船”。由于地理上相近连成一片，且河湖多有贯通，雄安三县域的气候和灾害也多有相似。资料中灾害的记载以地震、水灾、蝗灾为主。（民国）《雄县新志》中记载雄县于万历十二年（1584 年）甲申夏四月地大震三次，（乾隆）《容城县志》中记载容城于万历四十六年（1618 年）地凡三震。自顺治十年（1653 年）至康熙十八年（1679 年）二十余年间，容城关于水灾的记载年份有五年，雄县的

① 李培祜修，张豫垲纂. 保定府志（卷十九·舆地略）[M]. 清光绪十二年，第1360-1363页.
② 李培祜修，张豫垲纂. 保定府志（卷十八·舆地略）[M]. 清光绪十二年，第1374, 1505页.
③ 秦廷秀修，刘崇本纂. 雄县新志·故实略 [M]. 民国十八年（1929），第900页.

水灾记载年份则达八年。至民国时期，典籍记载的民国十八年间，雄县水灾达七次，有三次是大水。所以，在雄安规划过程中，必须重视水利设施建设，防范水患。

2. 雄安新区人文环境

雄安地区历史悠久，人杰地灵。古籍中关于雄安地区的民风也多有记载，民多务耕织、民风淳朴。《新安县志》载其地"虽居渥水之间，而山脉水源发自燕冀，故其人皆刚介慷慨，崇朴略而少文华淳厚之风，相沿成俗"。《容城县志》载其民"多务农，经营者少，颇知向学士类渐众"。《雄县志》载"其俗射猎，其业耕织，风俗质劲"。《安县志》载"俗忠厚醇良，军屯多，饬服居乡村，咸崇质朴"。《安州旧志》载"士风质朴，多慷慨，民尽务农，少逐末者，民贫俗俭，轻弃本业，好避差徭"。容城"秦汉旧邑也，历代地里志因而不革，以至于今邑之古而最久者也，人生其间，道德忠义之辈先后相望，知非偶然，邑小而难治，长吏不能久安其位，亦由民之好非其上焉"①。容城有"三贤"，即元初理学家刘因，明朝谏阻开马市、冒死弹劾严嵩的有"明代第一直谏义士"之称的杨继盛，以及"清初三大儒"之一的孙奇逢。

由于白洋淀等河流湖泊的存在，该地区也有捕鱼之俗，常有水患之扰。新安"水患尤甚，民具舟楫网罟，类江南之俗。然水中之地，皆赋税所处，不可蠲除。泊水之法，迄无经常之计，而见之施行者，盖历官如传舍而苟遣目前也是，岂父母斯民之心哉"②。

战国晚期，秦国灭赵，随后兵临易水。燕国危在旦夕，燕太子丹派荆轲刺秦。今安新县安州镇西北立有青石碑一座，上书"古秋风台"，秋风台"在安州城北，燕丹送荆轲处"③。图经云："风土多寒土，轻生而尚义，有荆轲之遗风。"④雄安在春秋战国时为燕南赵北之地，处于燕赵文化的中心地带，其中雄县古乐是国家级非物质文化遗产，古乐曲调气势雄

---

① 冯惟敏纂修，王国桢续修.《保定府志（卷十六·风俗志）》[M]. 明隆庆五年刻万历三十五年增修本，第1453页.

② 冯惟敏纂修，王国桢续修. 保定府志（卷十六·风俗志）[M]. 明隆庆五年刻万历三十五年增修本，第1457页.

③ 李卫等监修，唐执玉等纂修.《畿辅通志》卷五十三[M]. 清文渊阁四库全书本，第913页.

④ 王克淳纂修.《容城县志》[M]. 清乾隆二十六年刻本，第101页.

浑、古朴悠扬，可体现燕赵文化中既有的慷慨悲壮之风，是古燕赵文化的重要组成部分。

（三）历史上雄安与北京的互动

历史时期，雄安地区曾长期处于以北京为都城的政权统治的边陲地带。周武王定都镐京，在王畿之外分封诸侯国，将召公分封在蓟，即今北京一带，建立西周的诸侯国燕国。燕国早期的都城在蓟，由于山戎南侵，燕桓王时曾迁都临易，即今容城一带。战国时诸侯国林立，冲突摩擦不断，燕国南与齐国、赵国相连；随着北方游牧民族的兴起，游牧地带与农耕地带的冲突加剧，燕国北部正处于文化碰撞的前沿。为防止边患，燕国修筑有北长城和南长城，燕南长城正从雄安地区穿过。据《水经注》《元和郡县图志》等文献记载，燕南长城起于河北省易县西太行山下，经易县南境入徐水、安新北境至雄县东北。石敬瑭割让雄安所在的燕云十六州给契丹，而北京则是辽的陪都燕京。在之后争夺燕云十六州的过程中，雄安一直是宋、辽交战边界。杨延昭在雄安一带屯兵御辽，雄县西有杨关城，"相传守将杨延昭守关南时所筑"①。

得天独厚的自然环境使雄安在统治者立都北京之后成为行宫所在。金章宗宠爱的元妃李师儿家乡在今雄安的安新县，时为浑埿城。金章宗泰和四年（1204年）改浑埿城为渥城县，泰和八年（1208年）将安州的州治移于渥城，金章宗常巡幸渥城，并建行宫"建春宫"。白洋淀位于京畿腹里，水面开阔、物产丰富。清朝时围绕白洋淀修建赵北口、郭里口、端村、圈头四座行宫，以作为水围的驻跸之处。根据《康熙起居注》所载，康熙五十三年（1714年）到康熙五十六年（1717年）四年间，康熙每年都要到白洋淀，"御舟泊郭里口"十四次②。此外，康熙在行宫旁建造敕赐沛恩寺。乾隆十三年（1748年），乾隆"驻跸赵北口，奉皇太后阅水围"③。

总之，从雄安的自然与人文历史环境基础来看，雄安新区整体地形平坦，水资源充沛，具备新区建设所需要的环境基础。从历史经验来看，水患是威胁雄安建设发展的最大危胁。雄安地区的民风也大多质朴醇厚，

① 李培祜修，张豫垲纂.保定府志（卷四十一·舆地略）[M].清光绪十二年，第2428页.
② 中国第一历史档案馆整理.康熙起居注[M].北京：中华书局，1984：2070—2353.
③ 赵尔巽.清史稿（卷十一·高宗本纪二）[M].北京：中华书局，1977：396.

尚侠义。由于曾长期处于不同民族政权的交界地带，所以雄安有对不同文化的包容性。得益于优越的白洋淀水环境，这一地带在清朝时就有水围行宫。雄安新区距离北京约一百公里左右，根据《北京城市总体规划（2016年—2035年）》以及《河北雄安新区规划纲要》，规划建设中的京雄高速公路网将实现60分钟到北京、天津，90分钟到达石家庄，而京雄城际开通后雄安新区到北京仅需30分钟。现代交通设施的修建使雄安与北京的沟通将更加便捷。

二、雄安新区设立的可行性条件

按照当前的发展趋势，京津冀在短时间内将很难达到国家定位的高度。而雄安新区能否作为促进京津冀协同发展的支点，需要满足一些必备条件，如地理位置、自然资源、地区容纳程度、国家政策支持等。

（一）具备优越的地理位置

新区地理位置的选择对京津冀地区未来发展起到至关重要作用。一方面新区的位置不能距三省市中心城市过近，避免中心城市"摊大饼"的情况。广东省在21世纪初的"三旧"改造则为典型案例之一。另一方面，新区距离中心城市过远，便会降低其对中心城市疏解的吸引力，无法起到疏解与承接的作用。[①] 国家选址于雄安新区则恰到好处。雄安新区位于北京、天津和河北保定的腹地，地理位置优越且四周交通较为便利。雄安新区向北与北京市相距100千米，向东与天津市相距100千米，向南与保定市相距30千米，与石家庄市相距150千米。新区在建设的外部高速公路、高速铁路，以及城市内部交通网等，为城市提供发展方向。雄安新区与北京市、天津市、石家庄市、保定市形成了30至40分钟的交通网。[②] 雄安新区便利的交通为京津冀三地提供了连接点，为地区间实现资源共享和城市合理分工提供条件[③]，在加强三地密切联系时，也可发展对周围地区的辐射

---

① 叶中华，魏玉君．雄安新区承接人口疏解的策略分析——基于首尔和东京的经验[J]．当代经济管理，2017（12）：39-46．
② 张耀军．从雄安新区设立看京津冀一体化协同发展[J]．河北师范大学学报（哲学社会科学版），2018（06）：109-118．
③ 本刊编辑部．雄安新区战略发展的路径选择——"雄安新区与京津冀协同发展：理论及政策"高端论坛专家发言摘编（上）[J]．经济与管理，2017（03）：6-12．

带动作用。国际上也有通过设立新区，以达到区域内疏解与承接的成功案例。日本为缓解东京过饱和的人口和产业，经过多次规划，最终决定在以东京为中心，半径大约 100 千米的位置设立了三个"副都心"，以缓解其中心城市的压力，也就是新宿、涩谷和池袋。最终三个"副都心"通过便利的交通条件以及自身优势，成功吸引了东京市的部分金融业、服务业、商业、娱乐等非首都功能。

（二）现有开发程度较低

1. 经济发展落后

雄安新区尚处于发展的初级阶段，具备充裕的发展空间。雄安新区三县的经济发展水平较低，其人均固定资产投入总量和人均地区生产总值等远比京津冀地区的平均水平低。2014 年雄安新区包括的三县人均固定资产投入总量为 16638元，而京津冀整体范围内的该指标远高于雄安新区，人均投入总量为 39369 元。2014 年雄安新区的三县人均地区生产总值是 18677元，京津冀整体范围内人均地区生产总值则高达 60150 元。2015 年，三县的 GDP 仅占保定市 GDP 的 6%。[1]雄安新区三县的地区生产总值不仅低于京津冀地区一般水平，还低于周围县区。在京津冀地区的 175 个县区中，雄县、容城县和安新县 GDP 排名分别为 119 名、149 名和 154 名，三县的GDP 之和仅为排名第 1 的天津市滨海新区 GDP 的 2.5%。[2]上述数据表明，未来雄安新区发展空间巨大，在产业承接和发展方向上可塑性较强。当前雄安新区三县的产业结构仍以第二产业为主，这也为疏解北京市非首都职能提供了条件，同时吸收高端高新发展要素，辐射周围地区，为京津冀协同发展提供可能性。

2. 人口密度较低

京津冀地区存在两个人口"洼地"，其一是以张家口市和承德市为中心的北部人口"洼地"，其二是雄安新区内部人口"洼地"。前者是京津冀内部区域的生态涵养地带，人口规模较小与区域功能定位相一致。而后

① 中国产业信息网. 2017年中国雄安新区经济发展现状分析_中国产业信息研究网[EB/OL]. http://www.china.1baogao.com.

② 张耀军. 从雄安新区设立看京津冀一体化协同发展[J]. 河北师范大学学报（哲学社会科学版），2018（06）：109~118.

者位于该地区的中间位置，理应人口密集。[1]但是相比京津冀整体人口分布状况，该地区人口分布相对较少。

（三）具备自然资源优势

雄安新区内部拥有多种天然优势资源，环境承载力较好，满足疏解京津冀人口与产业的基本要求。首先，白洋淀居于雄安新区内部，是华北平原上最大的淡水湖泊，且萍河、漕河等数条河流在该地区汇集，相对于缺水的北方地区，水资源较为充足，为自身发展提供良好的环境基础。京津冀地处于北方，水资源较为稀缺，也展现出雄安新区的优势所在。雄安新区拥有白洋淀湖泊，一方面可以缓解京津冀地区缺乏水资源的现状，另一方面因丰富的水资源使该区域拥有优美的生态环境，也为当地发展旅游业提供条件。其次，雄安新区内部及其周围地区拥有充足的地热、油气、天然气等发展资源，为当地提供了众多发展优势。[2]最后，雄安新区目前土地资源较为丰富，当前三县的土地总面积是 1557 平方千米，远高于国家制定的 100 平方千米的初期发展目标，也高于 200 平方千米的中期发展进程。[3]比如，韩国首尔的卫星城——仁川是疏解与承接首都功能的又一成功案例。仁川凭借其良好生态、绿化建设等生活环境，以及完善的公共资源等，对首尔的过多人口进行疏解。

（四）拥有国家政策支持

国家设立雄安新区为京津冀地区经济发展提供了有利条件，国家也高度重视雄安新区的发展，提出《雄安新区规划纲要》，将雄安新区打造成为人才聚集地，使其在未来得以高质量发展。

1. 构建绿色智慧新城

国家提出雄安新区未来将推广绿色低碳的生活方式，营造高质量发展环境。一方面，雄安新区要实行绿色低碳的发展方式，对于碳排放量、用水量、水循环系统、城市建材等进行合理控制，打造新区优质的绿色生态

---

[1] 张耀军. 从雄安新区设立看京津冀一体化协同发展[J]. 河北师范大学学报（哲学社会科学版），2018（06）：109–118.

[2] 张耀军. 从雄安新区设立看京津冀一体化协同发展[J]. 河北师范大学学报（哲学社会科学版），2018（06）：109–118.

[3] "雄安新区资源环境承载力评价和调控提升研究"课题组. 雄安新区资源环境承载力评价和调控提升研究[J]. 中国科学院院刊，2017（11）：1206–1215.

环境，便于提升城市的生态环境，逐渐降低新区的环境污染程度，为未来雄安新区的发展提供良好的环境质量。另一方面，雄安新区要合理规划数字城市的发展方式，为发展智慧城市奠定夯实基础。雄安新区内部的无线网络体系、大数据共享体系等需进行智能化建设。这些政策有助于确保雄安新区较快地进入智能化发展阶段，有助于新区高质量规划和高起点发展。

2. 打造优美生态环境

雄安新区在发展过程中要秉持尊重、顺应并保护自然的生态理念，提升雄安新区的环境质量，使其成为生态环境质量较好的示范型区域。第一，政府要做好白洋淀的生态环境保护工作。白洋淀实行退耕还淀，对其生态水文做出合理调整；污染企业实行污水回收处理，提升该区域水资源质量和环境质量。第二，雄安新区需增加绿色植被。雄安新区内部进行大规模植树造林，加强防护林建设，提升区域内生态环境保护力度。第三，区域内部环境综合治理。国家强制加大环境污染的整治力度，对于生产和生活产生的"三废"进行监管。这些政策措施更有助于雄安新区进入高质量的起步阶段，严格控制雄安新区的发展与承接产业，为其今后的发展绿色经济、生态经济奠定强有力基础，利于实现最美雄安的目标。

3. 发展高端高新产业

国家支持雄安新区对内部传统产业进行整改，并承接北京市部分高端产业，使该新区发展现代高新技术产业，更利于雄安新区与京津冀区域内部的高端产业进行对接。首先，国家支持雄安新区进行北京市的产业承接，如高校分校、科研机构、医疗机构、现代物流等，同时建设与承接产业相符合的发展环境。其次，国家鼓励雄安新区进行内部产业转型。雄安新区承接信息技术、生物技术、现代科学等高端产业，便于未来与该地区制造业进行融合，也有助于该地区进行产业升级。最后，国家鼓励雄安新区进行区域内部创新发展。雄安新区内部引进并建设国际一流的研究型院校以及分校，为未来发展高精尖产业提供环境基础。

4. 提供优质公共服务

雄安新区要打造高质量公共服务体系，实现新区内部服务共享。首先，国家规划雄安新区内部构建优质公共基础设施。新区在居民生活范围内建设社区服务站、便利店、健身娱乐等设施，同时实现城市和乡村的公共服务资源共享，为居民提供生活保障性服务。其次，国家为雄安新区内部提供较高公共服务水平。雄安新区内部建立科研院校等，引进京津两市优质的医疗资源，建设博物馆等，为新区提供高质量的教学环境。最后，雄安新区需对内部的居民住房进行合理规划。雄安新区提供优质公共服务，更有助于吸引外部技术人才的转移，同时为承接外来高端产业提供优质发展空间，并有利于在产业转移的基础上留住人才。

5. 构建快捷高效的交通网

雄安新区要构建网络化、智能化、一体化的综合式交通网络，打造出便捷、安全、绿色、智能交通模式。一方面，国家对雄安新区内部的城市交通线路进行合理规划。城区内部要秉持绿色出行的理念，构建以公交为主的交通道路，实现区域内部交通方式的无缝对接。另一方面，通过构建外部高速铁路网和高速公路网，雄安新区将更快实现区域间的互联互通。此外，国家坚持将雄安新区的出行绿色智能化，实现新区内部"公交车+自行车+步行"的绿色交通方式，以此保障新区的交通便捷、高效、安全。雄安新区内部和外部交通网的无缝对接，更有助于新区与周围地区、京津冀区域乃至更大范围的沟通，为新区未来发展提供更广阔的发展空间和发展动力。

6. 推进体制机制改革

对于雄安新区的发展，国家要合理平衡新区的政府与市场关系，要发挥市场对经济的贡献作用，同时政府也要辅助经济的发展。从当前雄安新区的发展状况看，该新区仅仅依靠市场发展的力度是远远不够的，需要国家的政策支持。对于政府来说，雄安新区需积极寻求政府的作用方向和作用力度，放宽政策管制，并支持自主创新发展。同样，对于市场来说，雄安新区建设可持续发展的投融资体制，支持市场上科技创新、产业发展等。通过体制机制的调整，雄安新区未来发展环境将更公平有序、竞争合理，为该地区产业发展以及实力增强营造良好发展氛围。

7. 扩大全方位对外开放

雄安新区要坚持走开放之路、高质量发展之路，就需要顺应社会的发展趋势和国家的方针政策，转变政府职能，尽快实现雄安新区的投资多样化、便利化，形成创新型发展体系。雄安新区未来需要构建对外开放的合作发展大平台，主动为京津冀地区的对外贸易以及交流合作做出贡献。对外开放这一政策也为雄安新区实力提升创造了可能性，雄安新区作为串联京津冀区域协同发展的纽带，为该地区合作创造了条件，同时也为打造世界级城市群奠定基础。

三、雄安新区的设立过程

（一）设立雄安新区的决策过程

1. 前期谋划阶段

2013 年，就河北发展问题，习近平强调要推动京津冀协同发展。2014年，习近平明确提出京津冀协同发展重大战略。[①]这一战略的提出为以后雄安新区的设立打下了基础。

京津冀地区属京畿重地，京津冀协同发展战略地位突出。目前，这一地区的人口总量较大，面临着经济上发展不平衡，资源环境承载力压力较大等明显的发展上的问题，如果这些影响京津冀发展的问题没有解决好，一定会对京津冀三地未来的可持续发展产生不好的影响。因此，这一战略的实施，必将有利于实现京津冀三地优势互补，有利于推动京津冀三地共同朝着更高的水平发展，有利于打造新型繁荣的首都圈。这一战略以疏解北京非首都功能为出发点，寻找一个能够承载疏解之地的想法也在不断地构思。

北京文化积淀极其浓厚，承载着中华民族浓郁的情感，彰显了中国的蓬勃力量与中华民族的风格，体现了北京作为首都的独特魅力与气派。但是，现如今 21 世纪的北京，虽然经济繁荣、科技发达、文化昌盛，但是却也面临着很多困境，比如，交通拥挤、人口膨胀、资源紧张等。如何破解城市未来发展难题，推动协同发展？怎样让首都北京随着时代的发展焕发出其作为千年古城的历史魅力？我们在实现中华民族伟大复兴的进程中要建设怎样的一个首都？这些时代问题，都亟待我们去解决。有些功能并不适宜首都，把这些功能转移到其他地方去，例如，河北、天津，这不失为一个好办法。

---

① 本书编写组编. 雄安, 雄安[M].北京: 新华出版社, 2017: 4.

2014 年，习近平提到京津冀要着眼实际，可以通过试点示范带动其他地区发展。在北京市之外设立一座新城的构思由浮出水面逐渐走向成熟。

2. 研究论证阶段

2015 年 2 月，习近平提到探索和研究北京以外的新城市建设的思路。关于研究论证新城问题，习近平强调指出，可以在河北省探索规划一个合适的地方，以新发展理念为指导，建设一个现代化的新城。

习近平的构想在《京津冀协同发展规划纲要》中得到体现："深入研究、科学论证，规划建设具有相当规模、与疏解地发展环境相当的集中承载地。"①寻找这个地方成为发展的现实需要。

承载地具体定在那里？怎么给这个新区定位？京津冀协同发展领导小组高度重视这一工作，领导小组多次组织有关部门以及专家咨询委员会等多次召开会议，每一次都极其认真，严谨。综合考虑具体实际情况和多方面因素，比如：区位、资源、交通、经济、人口等，对承载地选址进行多地点、多方案、多轮对比，反复调研论证新区的选址，并且还实地考察调研选址。

新区位置定在哪里是一项涉及首都的重要历史性工程，选址问题至关重要。因为要选择一个能够集中承载北京非首都功能的地方，所以这个地方距离北京必须要适中，不能太近，如果太近，对解决北京大城市病难题起不到重要的突出的作用，不能起到有序疏解的效果，同时也不能太远，如果太远，则难以达到承接非首都功能的目的。从实际出发，并在经过多次周密严谨的考察调研以及多次重要会议上热烈地讨论之后，比对多个方案，"雄县—容城—安新"这个方案逐渐被确认。

雄安新区具有明显的选址优势，雄安新区地理位置优越，新区位于中国第二大平原华北平原北部。雄安新区交通便利，交通线路广，方式多，便于东西南北合作交流。雄安新区生态优美，新区内自然风光旖旎，环境优美，历史底蕴深厚，白洋淀荷花清香袭人，娇艳美丽，绿柳婆娑，芦苇荡漾，旅游资源丰富。雄安新区现有开发程度低，新区内高楼大厦少，建筑少，人口密度低，规模相当于一个北京社区，拆迁工作量较小，可开发

---

① 《京津冀协同发展规划纲要》[EB/OL]. http://www.bjchp.gov.cn/cpqzf/315734/tzggz/1277896/.

利用的土地资源丰富，建设城市的基础条件基本具备。

2016 年 3 月 24 日，习近平确定了新区规划选址，同意定名为"雄安新区"。①

3. 批准设立阶段

从 2016 年 5 月 27 日起，雄安新区规划编制工作全力展开。

2017 年 2 月 23 日，习近平实地考察安新县，专程赶到白洋淀。习近平历来重视生态之美。他强调，一定要重视保护并修复白洋淀。坚决抵制往白洋淀排污水，坚决抵制人为破坏。在今后的规划建设中，白洋淀的环境会越来越好。2017 年 4 月 1 日对于白洋淀来说注定是意义非凡的一天，这天发布的设立雄安新区的消息不管是在国内还是在国外都引起了强烈反响。

2018 年 4 月 14 日，党中央、国务院批复《河北雄安新区规划纲要》（以下简称《纲要》）。②《纲要》汇集了国内外的顶级专家的智慧，汇聚了多方力量编制而成，为新区的规划建设提供了基本遵循，是编制其他规划的指南。12 月 25 日《河北雄安新区总体规划（2018—2035 年）》得到国务院批复。③

从首都区位看，雄安新区、北京城市的副中心分别位于北京中心的西南方向、北京中心城区东侧。雄安新区以及北京城市副中心发展定位非常明确，这两个地区分别错位发展，共同促进北京实现跨越式发展。站在河北区位的角度来看，张北地区与雄安新区在河北呈南北向，必将带动燕赵大地飞跃发展。

党的领导是设立、规划、建设雄安新区最大的特色和优势，是我国制度优越性的体现。改革开放已经走过了四十多年，雄安新区的设立，体现了我们对改革开放和社会主义建设的认识不断加深。雄安新区历史责任重大，站在新时代，踏上新征程，雄安新区应因地制宜，充分挖掘发展潜力，成为子孙后代的遗产。

大局已定，落实已成关键，雄安新区的规划建设拥有着时代赋予的科

---

① 张福俭. 千年大计 [M]. 北京：中国言实出版社，2017：9.
② 本书编写组. 河北雄安新区规划纲要读本 [M]. 北京：人民出版社，2018：239.
③ 国务院关于河北雄安新区总体规划（2018—2035 年）的批复 [EB/OL]. http://www.gov.cn/zhengce/content/2019–01/02/content_5354222.htm.

技优势和产业优势，坚持高质量高标准发展，结合当地实际，立足当前，放眼未来，展现生机勃勃的发展景象，勇创"雄安质量"，成为改革开放的高地。一张白纸已经徐徐展开，相信在不久的未来一定能够画出绚丽的画卷，发出璀璨的光芒。

（二）雄安新区的发展定位

党中央、国务院决定设立雄安新区，最重要的定位、最主要的目的就是打造北京非首都功能疏解集中承载地，具体包括绿色生态宜居新城区、创新驱动引领区、协调发展示范区和开放发展先行区等四个方面的功能定位。

第一，绿色生态宜居新城区。雄安新区建设要充分体现生态文明建设的要求，成为生态标杆，坚持生态优先、绿色发展，不能建成高楼林立的城市，要疏密有度、绿色低碳、返璞归真，自然生态要更好。要坚持"绿水青山就是金山银山"，合理确定新区建设规模，完善生态功能，突出"科技、生态、宜居、智能"发展方向，创造优良人居环境，构建蓝绿交织、清新明亮、水城共融、多组团集约紧凑发展的生态城市，实现生态空间山清水秀、生活空间宜居适度、生产空间集约高效，促进人与自然和谐共处，建设天蓝地绿、山清水秀美丽家园，用制度保护生态环境，创造优良环境，打造绿色发展雄安新区。

第二，创新驱动引领区。雄安新区千万不能搞成工业集聚区，更不是传统工业和房地产主导的集聚区，要在创新上下功夫，成为改革先行区。要坚持实施创新驱动发展战略，把创新驱动作为雄安新区发展的基点；加快制度创新、科技创新，完善创新创业环境；积极吸纳和集聚京津及全国创新要素资源，通过集聚科研院所和发展高端高新产业，打造一批高水平的创新创业载体；吸引高新技术企业集聚，建设集技术研发和转移交易、成果孵化转化、产城融合的创新引领区和综合改革试验区；打造京津冀体制机制高地和协同创新重要平台，创造国际化的优质创新环境。

第三，协调发展示范区。雄安新区要发挥对冀中南乃至整个河北的辐射带动作用，促进城乡区域、经济社会、资源环境协调发展。要通过集中承接北京非首都功能疏解，为有效缓解北京"大城市病"和天津、石家庄市区"瘦身"问题创造空间；促进河北城乡区域和经济社会协调发展，提升区域公共服务整体水平，打造要素有序自由流动、主体功能约束有效、基本公共服务均等、资源环境可承载的区域协调发展示范区，为京津冀建设世界级城市群提供支撑；实现雄安新区与北京的协同发展，雄安新区与京津冀一体化发展，发挥雄安新区对于周边地区的协调带动作用。

第四，开放发展先行区。必须适应经济发展新常态，主动顺应经济全球化潮流，坚持对外开放，在更大范围、更宽领域、更深层次上提高开放型经济水平。雄安新区规划建设要积极融入"一带一路"建设，加快政府职能转变，积极探索管理模式创新，全面提升对内对外开放水平，探索国际化开放机制，形成与国际投资贸易通行规则相衔接的制度创新体系，培育区域开放合作竞争新优势，打造扩大开放新高地和对外合作新平台，为提升京津冀开放型经济水平做出更大贡献。

1.绿色生态宜居新城区

绿色生态宜居是从环境空间角度对雄安新区提出的功能定位。建成绿色生态宜居区，要坚持生态优先、绿色发展的理念，加快生态保护的体制、机制和制度创新。对于雄安新区绿色生态宜居的规划应符合当前五大发展理念，目的就是要打造一个适宜于人类居住，进行生产生活的城市样板。

（1）打造优美自然生态环境

雄安新区位处京畿之地，既有"北国江南"的白洋淀，也有"沂水秋色"的美景，更有宋辽古战道等丰富的景观资源和文化资源，对于这些天然的优势，平衡保护与开发是一项重要的课题，也是雄安新区在规划建设中首先要考虑的问题。《纲要》对于雄安新区在自然生态上的要求就是要把绿色作为一种标准，去衡量生态环境的改善，去作为产业开发的首要标准，去造就宜居的生活环境，去达到人与自然的和谐共生形态。

雄安新区建设森林城市，打造环白洋淀生态森林带、环新区绿化带和交通廊道绿化带，要打造优美自然的生态环境。首先，"未来之城"要从"千年秀林"起步。《纲要》坚持生态优先的发展布局，实行植树造林、退耕还淀等生态修复系统建设，严守生态红线，加大对于生态环境的保护，逐步扩大森林板块与生态廊道的规划和建设。其次，让"华北明珠"

白洋淀重绽风采。白洋淀是华北平原上最大的湖泊，河淀相通，田园交错，水产资源非常丰富，是雄安地区乃至华北地区重要的水源资源，孕育了古老而深厚的"芦苇文化"，因此要澄净水系，疏浚水系，严守白洋淀核心区为主的生态保护红线，恢复生态多样性。最后，要创新生态文明建设机制。未来雄安新区将镶嵌在蓝绿交织的生态空间中，蓝绿空间占比稳定在 70%左右。对于污染环境的企业进行治理，不达标的企业予以停产整改，通过市场和政府两条线路达到雄安新区的规划要求。

（2）打造宜居生活空间

创造优良的人居环境，除了要提升生态环境质量以外，对于打造宜居宜业的现代化城市风貌、宜居宜业宜游的美丽乡村，还要有相宜的规划，去塑造中华风范、淀泊风光、创新风尚的城市风貌和田园风光。2020年党中央多次提出要健全空间规划体系，推进多规合一、以人民为中心的城市工作重点，因此，在打造绿色宜居的雄安新区中，要坚持将人民的需求放到首位，落实人口、资源、环境同新区战略定位相协调的方针，努力打造国际和谐宜居城市。

雄安新区对于城市空间的规划，是以居民宜居为首要评判标准，致力于为新区居民提供一个优良的居住空间，也为之后的城市规划树立一个参照标准和执行典范。首先，要打造中西合璧、以中为主、古今交融的建筑风貌。新区的城市建设要符合新时代的城市规划方案，体现"营城"的理念，建筑风格既要符合新时代、现代化的体验要求，也要有独特的文化风貌，祛除单调乏味的钢筋水泥建筑，打造一个具有天人合一、山水风格的宜居环境。其次，要因地制宜设计丰富多彩的环境景观，避免千城一面，强调城景应和，凸显清新明亮、蓝绿交织的景观，将具有雄安新区特色的景观风貌融入城市建设中，为居民打造一个清新怡人的城市风貌。最后，要营造优美、安全、舒适、共享的城市公共空间。优美体现在自然风貌与人文景观的集合上；安全是要打造一个现代化的城市安全体系，城市规划要致力于有效的应急防灾、有保障的水安全、有效的抗震预险以及能源供应的安全；舒适是要为新区提供一个满足居民要求的生活环境，做到"幼有所育、学有所教、劳有所得、病有所医、老有所养、住有所居、弱有所扶"的民生新要求，实现全体居民在城市共享共建上的获得感、幸福感和满足感。

（3）建设集约高效生产空间

雄安新区要打造宜业的生产环境。建设集约高效的生产空间，就是要打破原有以牺牲环境资源为代价的传统产业格局，建设绿色生产和绿色消费体系，践行绿色理念，打造"绿色地毯"与安全，认真落实习近平"坚持生态优先、绿色发展"的要求，生产空间以绿色、低碳、节能为建设基调，诠释绿色雄安的集约生产理念。

2. 创新驱动发展引领区

创新驱动发展引领是从产业空间角度对雄安新区提出的功能定位。要将雄安新区打造为创新驱动引领区，需要加快产业升级，加快由要素驱动转向创新驱动，打造为可以引领和支持京津冀乃至全国经济社会转型发展的创新高地，打造服务区域、辐射全国、影响世界的全球重要创新策源地。

（1）承接北京非首都功能疏解

雄安新区的建设要紧抓疏解北京非首都功能这个"牛鼻子"，认真承接符合新区定位的北京非首都功能，坚持实施创新驱动发展战略，把创新驱动作为新区发展的根本动力，积极引导京津冀地区的创新要素资源流向雄安新区，提升新区的承接能力，通过重点打造北京首都功能疏解集中承载力，有效疏解北京的"大城市病"，与北京城市的副中心形成北京新的两翼。

要承接北京非首都功能疏解，首先要明确承接重点，雄安新区的规划打造创新驱动引领区，在承接北京转移来的企业和机构上，要把创新性放在考核的重点，承接首都新兴产业，引领雄安创新崛起；承接科研教育功能、部分央企的职业性机构以及行政办公职能；承接高端服务业、高新产业的进驻，吸引高端技术人才；承接部分国家行政企事业单位，并听过配套幼稚的教育、医疗和文化等公共服务。其次，要营造承接环境，要承接高端技术产业的流入，首先要打造相关的基础设施，为产业的转移做好准备。基础设施建设做好规范规划，提供好公共服务平台和公共服务环境，为疏解来的对象和吸收来的人才提供舒适的生活环境，适应的生活环境。提供住房保障，防止新区的炒房行为；简化行政服务体系，为企业事业单位提供良好高效的政务服务，打造开放的财税保障政策，提供良好的营商环境。

（2）明确产业发展重点

雄安新区为建设创新驱动引领区，重点就是要发展高端高新技术产业。从雄安新区的现实情况开，雄安三县发展的都是传统产业，要在创新上下功夫，就要先明确新区的产业重点，做好规划，这样才能有利于接受相关企业转移到新区，利用新区的实际条件，促进企业创新性的发展。

首先，承接北京转移的高端高新产业。对于北京疏解来的企业不能全部接受，而是针对新区的功能定位，选择一些高端高新产业的转移，尤其是高校、科研院所，为新区提供良好的创新环境。其次，引进发展低消耗、高产能、绿色环保的创新技术产业，主动引进企业，通过创新发展的基础设施和环境，吸引高端创新技术产业的进驻，通过政策优惠措施，努力打造创新产业园区。最后，培育和发展科技创新企业。面对当前的数字经济时代，抢占先机，重点发展下一代通信网络、大数据等信息技术产业，培育现代生命科学和生物技术产业，建设国际一流的生物技术和生命科学创新示范中心、高端医疗和健康服务中心、生物产业基地，培育新材料产业，致力于新能源材料的设计和生产，培育高端现代服务业，打造集电子商务服务业、文化产业服务业、国际物流服务业、法律服务业等合一的服务业基地。提升高科技在现代服务业中增加值的贡献度，有效推荐原有传统产业的转型升级，但不会完全对原有的产业布局实施"关、停"的手段，积极将高新技术融入雄安新区成立前的三县产业集合中，提升整体创新实力，也在一定程度上保护了三县的产业优势。

（3）打造全球创新高地

雄安新区的规划建立在"世界眼光、国际标准"的高度之上，打造创新驱动发展引领区，更要站在全球的角度。创新是一个国家发展和进步的不竭动力，创新也意味着变化，这种变化不是停留在一个行业、一个城市乃至一个国家，而是放在一个更广阔的视角去进行创新驱动的引领，也就是将雄安新区打造成为面向全球的创新高地，汲取全球的创新要素，发展为可以影响甚至引领全球的创新驱动发展新区。

首先，要创新搭建国际一流的科技创新平台，打造创新实验基地等创新集聚空间，站在更高的平台之上可以为企业间的创新合作提供机会。

其次，要建设国际一流的科技教育基础设施，对于教育方面的规划在于优化发展现代化教育，通过合理配置教育资源、提升教学质量，创新办学机制，努力建设雄安新区新模式下的学前教育、义务教育、高等教育体系等，优化职业培训、继续教育等教育系统，承接好首都转移的高等院校，提供优质教学环境和教育资源，培育一批高水平、能与国际接轨高等院校，形成创新型的教育聚集高地。[①]结合《纲要》，雄安新区在规划设计之初以创新发展驱动引领区为功能定位之一，集结了关于创新发展的各方力量，以期实现雄安新区作为国家级新区的创新引领区、京津冀新增长极以及非首都功能区疏解承接地的新功能效用。最后，要构建国际一流的创新服务体系，做好创新产业间的服务工作，创造良好的氛围保护科技企业的发展。

3.协调发展示范区

协调发展是从地理空间角度对雄安新区设立的功能定位。协调是区域共建共享的机制保障，无论是城乡一体化发展，还是新区所在京津冀地区协调统筹发展，都要实现重大利益关系的协调，建立协调保障机制，使新区成为协调发展的示范基地。

（1）提供优质公共服务设施

协调发展的要求是要建立区域、城乡等协调发展，打造雄安新区与北京发展相协同，与京津冀地区发展相协调以及雄安新区内部的发展协同。在协同标准上，要建设优质的公共服务设施。

首先，要打造新区畅达的交通网络，2015年城市之间的估计交通时间：从雄安新区到其他城市的时间，是三个县到北京、天津、河北的时间平均值。根据河北省综合交通体系发展规划，2020年京津冀两市城际高速铁路将形成，2022年，城市之间将开通高速铁路。根据《纲要》，首先雄安新区将构建快捷高效的交通网，完善区域综合交通网络[②]：优化高速铁路网，构建"四纵两横"的高铁交通网，加强雄安新区与京津冀城市体的联系；优化高速公路网，建设"四纵三横"的高速公路网，实现京津冀地区与雄安新区的高速通道；提升航空服务水平，加强新机场与首都机场、天

---

① 本书编写组.河北雄安新区规划纲要读本［M］.北京:人民日报出版社,2018:31.
② 本书编写组.河北雄安新区规划纲要读本［M］.北京:人民日报出版社,2018:33.

津和河北石家庄机场间的密切联系，以疏解首都机场的压力，并且为雄安新区更为广阔的航空网络打造一个交通网络，加强雄安新区与国内、国际城市间的沟通，缩短城际交通时间，打造城市基本公共服务设施网络。其次，构建城乡一体化公共服务设施，按照城市社区标准，提高乡镇基本公共服务设施覆盖率，营造与城乡统一的公共场所标准。

（2）建立新城住房保障体系

首先，建立多主体供给、多渠道保障、租购并举的住房制度和多元住房供应体系，完善多层次住房供给政策和市场调控体制，严控房地产开发，建立严谨投机的长效机制。要稳定雄安新区的住房管控，以"五项冻结""七个管控"为防御机制，管好"人、地、房"，合理合法开发回收土地，并且将房租调控纳入房价调控范围，增加房屋租赁市场供给，搭建房屋租赁信息政府服务平台，将县城所有的房屋和人员信息纳入平台，加强对租赁市场的日常动态监管，严厉打击恶意炒作行为，严防炒房、炒地、炒户籍、炒房租等恶性投机行为。其次，优化居住空间布局，新区建设要摒弃当前大城市的布局弊端，由于房价因素的影响，当前城市工作空间和生活空间是相隔离的，而且需要花费大量的时间成本和路径成本，降低了生活质量和工作效率，因此新区建设要体现人文关怀，构建社区、邻里、街坊三级生活圈，形成"15 分钟""5 分钟"生活圈，达到"步行上小学，骑行上中学"的公共服务设施布局，着力解决城市人口在就业、教育、居住、养老等失衡的问题。

4.开放发展先行区

开放发展是一种开环式的空间含义。对雄安新区功能定位的界定——打造开放发展先行区，要全面提升对内、对外开放水平，积极探索管理模式创新，形成与国际投资贸易通行规则相衔接的制度创新体系，建立与国际接轨、国内领先的城市管理规则和体系，培育区域开放合作竞争新优势，打造扩大开放新高地和对外开放合作平台，形成雄安新区对外开放发展新格局。

（1）服务北京国际交往中心功能

雄安新区的建设与发展是一个设计不同层次的系统：雄安新区—雄安+北京—京津冀地区—中国—"一带一路"—全球系统，而雄安新区就镶嵌于该层级结构之中，各层次间相互影响，在全球化背景下，由此决定了雄安新区对北京打造北京国际交往中心，对提升京津冀开放水平，对"一带一路"建设的辅助作用，都是可以预见的。

打造雄安新区开放发展先行区，要将雄安新区主动服务于北京国际交往中心新功能。雄安新区作为北京发展的两翼，就是要将雄安新区规划建设在服务于北京首都发展问题的解决上，除了对首都进行疏解外，在开放的角度上要辅助北京继续打造国际交往中心，提升北京的国际化一流城市地位。该服务功能融汇于雄安新区的各项规划之中，打造全球创新高地，借创新之力增强国际间技术交流；打造文化涵养之地，借文化之手加强中华传统文化走出国门，走向国际市场，增加文化的附加值；打造经济创新机制，借经济助推北京与其他国际城市间的合作，增强首都企业的市场竞争力。

（2）提升京津冀开放型经济水平

雄安新区是京津冀一体化发展的新的增长极。当前京津冀一体化发展中存在着"瓶颈"：北京和天津在一体化战略实施过程中虽然获得了效应，借助河北地区的资源，结合本城市的优势，尤其是资金、技术等的支持，探索了城市新的发展路径，但是对于以河北地区来说，仍然处于发展不平衡的状态，并且河北地区内部仍然处于以传统行业为主的发展思路。不能否认传统行业对于当地经济和税收做出的重大贡献，但在当前新发展理念支配的情况下，需要走出这种牺牲环境资源获取发展的困境，实现河北地区创新发展。

京津冀三地的整体功能定位是以首都为核心的世界级城市群、区域整体协作发展改革引领区、全国创新驱动经济增长极新引擎以及生态修复环境改善区，打造雄安新区开发新格局。要实现新区对于京津冀地区的辐射作用，加强城市间的强联指数，通过一体化的发展，促进京津冀整体水平的提升。以雄安新区作为打开京津冀开放的新媒介，通过新区将北京的整体功能激活，也将整个京津冀一盘棋激活了，在京津冀形成科技、文化、人才和国际化优势集聚效应，随着雄安新区建设的推进，形成京津冀三足鼎立，有助于打造京津冀世界级城市群，推动京津冀成为推动中国经济的新增长极。

（3）融入"一带一路"建设

"一带一路"是中国倡导的与沿线 64 个国家以及中国内地 31 个省

（区、市）进行的贸易合作。近年来，"一带一路"逐渐成熟，形成规模，我国与沿线国家贸易额占我国外贸总额比重稳步上升并保持较大顺差，并且，我国成为沿线国家的主要进出口市场。国内市场逐渐打开，根据国内各区域对沿线国家贸易额占比情况，华东和华南地区占据主导位置，华北地区居于第三位，纵观近两年的数据，华北地区的份额也在下降。

将雄安新区的规划建设纳入"一带一路"的建设中。一方面，是对于国家战略布局的统筹与协作，将雄安新区规划建设积极融入"一带一路"建设，加快政府职能转变，积极探索管理模式创新，形成与国际投资贸易通行规则相衔接的制度创新体系，培育区域开放合作竞争新优势，打造扩大开放新高地和对外合作新平台，提升华北地区在"一带一路"建设中的贡献程度。另一方面，雄安新区融入"一带一路"发展具有政策、区位和一定的产业基础条件，雄安新区内原有的传统产业更是具有在"一带一路"国家发展的条件，容城、安新、雄县三个县具有比较有优势的服装、皮革等产业，可以抱团加快向"一带一路"沿线国家进行布局发展，在雄安新区新的产业规划中，可以有针对性地支持传统产业走出去发展。

第二节　雄安新区设立的意义

一、设立雄安新区的现实意义

（一）有利于疏解北京非首都功能

2020 年北京市人口调控目标为 2300 万。[①]北京市面临着较大的人口压力，人口膨胀也引发了交通拥挤、资源紧张等问题，挖掘更深、更为重要的原因是北京承载了太多本不属于首都的一些功能。北京要强化首都功能，弱化其他领域功能，比如：一般制造业，批发市场，等等。这些非首都功能的集聚，加重了北京身上的"包袱"，超过了北京城市运行的"负荷"，导致北京出现了很多亟待解决的问题。因此，按步骤，有计划地给北京做减法，疏解其非首都功能，十分紧急也极为必要。

---

① 北京宣布新的人口调控目标：2020 年控制在 2300 万以内［EB/OL］. http://www.xinhuanet.com/politics/2015lh/2015-03/06/c_1114552430.htm.

新区的设立，有利于缓解北京的"大城市病"。集中承载既可以集约发展，又有利于实现资源的优化配置。选址雄安作为集中承载地，地理条件适中，资源环境有优势，发展空间较大，拥有"华北之肾"白洋淀，空间条件以及开发建设条件能够满足新城疏解北京非首都功能。

北京市常住人口 2018 年末比 2017 年末减少 16 万，北京的一些企业搬到了雄安新区，北京市的一些优质学校在雄安新区设立了雄安院区和雄安校区，疏解效果逐渐显现。雄安新区在深入推进规划建设的过程中，必将在非首都功能疏解方面持续发挥关键作用。

（二）有利于提高河北发展质量，缩小河北和京津之间发展的差距

多年来，河北比北京和天津落后。加快京津冀协同发展，对于河北，不论是在经济方面还是在文化生态等方面都会有很大的发展。雄安新区的建设与发展必将推动京津冀深入合作，实现京津冀优势互补，共同发展。

对北京来说，非首都功能的聚集给北京未来的发展带来了很大的压力，"大城市病"的表现越来越突出，但是北京需要疏解的功能及其资源也很宝贵，这些资源以及功能对于雄安新区的经济发展，人才吸引，以及创新发展非常重要，比如高端的医疗条件，突出的教育资源以及高新企业资源，等等。在公共服务方面，雄安新区与北京天津不断深入合作。雄安新区接轨京津，扩大平台，聚集高端创新人才，将为河北省寻找新的增长极，有利于改善河北投资环境，拉动河北经济发展。

雄安新区的规划建设始终坚持高标准，要吸引科技资源到雄安。坚持发展高端产业，吸引创新与人才资源，依托雄安新区的开发建设，有利于补齐河北省发展短板，促进河北省产业结构调整与升级，推动河北省产业体系走向高端，提升河北省城市发展水平和质量。

（三）有利于优化京津冀空间布局，提高城镇化水平

在京津冀范围内，河北省的城市规模落后于北京、天津，在实现京津冀协同发展的道路上，京津冀城市布局不合理是严重的绊脚石。

从县级以上城市建成区面积来看，河北建成面积大约只有江浙地区的二分之一。从城市发展水平来看，江浙地区发展的质量和水平高于河北。河北省的一些县城城市化水平较低，基本公共服务体系尚不完善，而且，河北省县城数量虽然多，但是真正意义上的能够起辐射带动作用的大城市

数量较少，这严重阻碍了河北省经济的发展。

规划建设中的雄安新区城市建设优势明显，通过接受北京非首都功能的转移，带动新区高端产业发展。雄安新区通过产业聚集，可以为当地以及周边的人们提供更多的就业岗位，这对有效提高河北省城镇化水平具有很大的现实意义。

（四）为人口经济密集地区提供优化开发新模式

2010 年底，《全国主体功能区规划》提出，要在环渤海、长江三角洲、珠江三角洲相对开发度高的地区打造优化开发区域，促进产业转移，推进区域协调发展，提高全球竞争层次。①

但之后的一些年，有的新区的相关规划落实起来出现难度，后劲明显不足，仅仅停留在"概念"层面，依靠地方的实力来落实规划内容难以有效实施。雄安新区的设立，倾注了习近平大量心血，是在汇集国内外顶级专家学者，经过多次论证并实地调研考察，多次组织会议进行讨论的基础上设立的。雄安新区的各项规划动员全国多方力量，运用了国家资源制定完成并进一步实施。《纲要》为规划的落实提供细致牢靠的基础，加上北京和天津的帮助，以及河北省的高度重视，雄安新区的各项规划不断实施，各项配套逐渐完善，优化开发从"概念"层面进一步走向"落实"层面。

二、设立河北雄安新区的历史意义

（一）有利于有效平衡南北区域经济

中国幅员辽阔，区域经济南强北弱现象明显，区域发展不平衡问题是我国现代化进程中面临的突出问题。从古代东汉末年起，由于战争纷乱，再加上许多少数民族不断大规模内迁，对北方经济发展造成了一些不利影响，北方经济逐渐败落。在中国南方，自然资源丰富，社会发展相对稳定，这些优势条件不断吸引着北方人民前往，随之带去的工具与技术，促进了南方经济的发展。之后中国经济重心慢慢地南移，南北经济差距逐渐扩大。在一定时期内这个差距会缩小或反转，但是纵观历史发展趋势，自

---

① 国务院关于印发全国主体功能区规划的通知［EB/OL］. http://www.gov.cn/zwgk/2011-06/08/content_1879180.htm.

新中国成立以来南北经济差距没有扭转，尤其是改革开放后，这个差距更加显著。

据国家统计局编著的《2019 年中国统计年鉴》显示，2018 年，两个南方省份江苏省和广东省的地区生产总值分别以 92595.4 亿元和 97277.77 亿元遥遥领先于其他省份。长江经济带生产总值 402985.2 亿元，发展水平较高，生产总值较大。京津冀地区生产总值 85139.9 亿元。①作为我国两大典范城市群的长三角和京津冀的发展差距较明显。从城市发展方面来看，南方很多城市生产总值要高于北方的城市。从区域发展看，在中国乃至世界范围内，长江、珠江三角洲城市群影响力较大，而在北方却没有成熟的城市群。

因此，历史遗留的南北区域经济发展不平衡的问题在现在看来依旧很严重，这在一定程度上不仅对稳定整体经济造成阻碍，而且还会影响到北方经济可持续发展。加快京津冀城市群的建设与发展的诉求更加紧迫。高水平规划建设雄安新区对解决京津冀城市群发展面临的城市结构布局不合理、城市空间结构不合理等短板问题会有积极的推动作用。京津冀形成一个成熟的城市群必将促进中国北方经济腾飞，社会加速发展，进而不断平衡南北区域经济发展。

京津冀地区实际上不管是在人口规模方面还是在城市规模和数量等方面都具有发展成为世界级城市群的基础，但是经济总规模较小，实力强的城市数量较少，产业结构布局不合理，尤其是河北省中南部地区没有较强辐射力城市，城市发展质量和水平相对北京和天津较低，河北省城市发展与北京和天津的差距较大，这是区域协同发展的一个难题。作为千年大计的雄安新区，规划建设的规模较大，地理位置优越，生态环境良好，有建成世界一流城市的基础和条件，能够推动京津冀协同发展，可以为以首都为核心的京津冀城市群的崛起奠定基础，也将提升整个华北地区的竞争力，有利于有效缩小南北经济发展差距，成为中国经济发展的有力支撑。

（二）有利于深化改革创新的示范引领作用

党的十八大以来，我们党、我们国家无论是在国际发展还是在国内发展都面临着很大的压力，党中央从实际出发，顺应时代发展趋势，把全面

---

① 2019 年中国统计年鉴［EB/OL］. http://www.stats.gov.cn/tjsj/ndsj/2019/indexch.htm.

深化改革放在重要的位置。在改革的攻坚期，雄安新区自设立起就将改革创新的基因融入其发展之中，高扬改革创新之帆，彰显了习近平坚定改革创新的决心。通过雄安新区，以点带面，发挥模范带头作用，促进我国全面深化改革，继续书写改革开放的传奇。

1978 年改革开放，两年后，深圳经济特区设立。1992 年初，邓小平南方谈话，10 月浦东新区设立。两区设立时间特殊，都是在改革的"重压"下设立的，这既是改革发展的重要内容，又顺应了改革发展的实际需求，在后来也被实践证明是改革发展的伟大成功。

因此，在改革压力巨大的情形下，通过一个点，一个区域的改革，促进国家整体改革，也是河北雄安新区的历史意义所在。雄安新区不仅能够发挥改革的引领作用，而且还能够站在创新的高度，视创新为动力，打造引领全国创新高地，为其他地区提供有意义的借鉴。

（三）有利于加速实现中国梦的进程

规划建设雄安新区是一项伟大的千秋事业和规模庞大的历史工程，具有划时代的重大意义。

雄安新区有清晰的目标以及远大的抱负——到 21 世纪中叶，全面建成高质量高水平的社会主义现代化城市。[①]届时，雄安新区将为中华民族伟大复兴发挥重要力量。雄安新区规划建设的阶段与目标高度吻合于"两个一百年"奋斗目标，新区未来的力量与能力不可小觑。伴随着奋斗目标，雄安新区必将成为时代典范城市，成为中国梦画卷中浓墨重彩的一笔。

我们要用大历史观深刻剖析建设雄安新区的时代意义，充分了解"千年大计、国家大事"的含义，坚持对人民、对历史负责的态度，保持耐心，坚守定力，不遗余力地规划和建设好雄安新区，使新区不负习近平的嘱托与厚望。雄安新区的设立与建设，充分展示了中国共产党人高超的政治本领与智慧，充分发挥了中国特色社会主义制度的优越性。新区要在历史大考中考出优异成绩。

（四）有利于构建世界级城市群

与全球主要的世界级城市群相比，京津冀城市群与世界级城市群对

---

① 本书编写组编著. 河北雄安新区规划纲要读本［M］. 北京: 人民出版社, 2018: 17.

比，存在着如下问题：一是经济总规模不足。二是城市结构不合理，城市群内其他城市与北京和天津相比差距过大，缺少足够数量的实力较强的二线城市，城市间没有形成合理分工和分布格局。三是城市空间结构不合理，尤其是在河北中南部地区，缺乏辐射带动力强的城市。雄安新区按照国际一流城市的标准进行规划，将会大幅度提升冀中南地区的城市化水平，加速构建以首都为核心的世界级城市群。

第二章　民族传统体育非物质文化遗产保护的相关概述

文化遗产承载民族的历史，积淀民族的智慧，见证民族的历程，是民族认同和力量凝聚的精神资源和物质载体。作为民族传统文化的优秀载体之一的体育非物质文化遗产，具有浓郁的地方思维习惯及生活方式，是个体形成地方性情感的重要载体。中华民族传统体育文化是我国社会主义文化建设事业不可缺少、分割的重要组成部分，是我国各族人民在长期的生产和生活实践中积淀下来的传统文化，是中华民族历史留给后人的多姿多彩的文化遗产，是祖先智慧的结晶，是一种活态人文遗产。随着当今全球化和中国经济的快速发展，人们的生活内容、生活方式与生活环境也都发生着巨大改变，这必然会造成一些体育非物质文化遗产项目的生态环境遭到破坏，使源于生活的体育非物质文化遗产逐渐失去其原生态型，加之受当今社会的开放和外来文化的冲击，人们对民族传统体育的关注越来越少，这就导致一些优秀的体育非物质文化遗产项目正走向灭亡。为了让我国的民族传统体育非物质文化遗产有一个更好的未来，保护与传承我国民族传统体育非物质文化遗产势在必行。

本章以民族传统体育非物质文化遗产保护的相关概念为切入点，阐述体育非物质文化遗产的类别、特征和价值、体育非物质文化遗产保护的时代境遇及重要意义；在此基础上，论述了马克思主义文化遗产观，为民族传统体育非物质文化遗产保护奠定了理论基础；进而探讨了民族传统体育非物质文化遗产保护的原则与路径；最后梳理了我国民族传统体育非物质文化遗产传承保护的历程，分析了我国民族传统体育非物质文化遗产传承保护的现状，并提出了我国民族传统体育非物质文化遗产传承保护的建设性策略。

第一节　民族传统体育非物质文化遗产保护的相关概述

一、相关概念界定

（一）文化遗产

文化遗产是从遗产的基本概念延伸而来的。"遗产"（heritage）与继承、继续（inheritance）同源，含义为一代可以传给后代之物，它预设了过去和后世的人们之间有一种内在联系，并伴随有"托管"和责任之意，文化遗产扩大了遗产的内涵，包含了文化传统与意识形态元素。文化遗产的概念首次被明确提出是在 1972 年联合国教科文组织颁布的文件①中，该文件明确指出：对缔约国所拥有的，具有突出意义和普遍价值的文化古迹和自然遗址，作为全人类共同财富，要对其实施保护和管理，并列入《世界遗产名录》，这些属于全人类所有，也是人类共同继承的遗产，即使在战争中，也不能成为军事攻击的目标。从此，保护世界文化和自然遗产的理念在全世界传播开来。文化遗产主要分为有形文化遗产与无形文化遗产两类，具体包括以下三个部分（见表2-1）。

表2-1　文化遗产分类

有形	物质文化遗产	大致分为纪念性创作物、建筑群、遗址三类
	自然遗产	具有突出价值的自然面貌、动物和植物生态区、天然名胜或明确划分的自然区域
无形	非物质文化遗产	被各群体、团体或个人视为其文化遗产的各种实践、表演、表现形式、知识和技能及其有关的工具、实物、工艺品和文化场所，如传统口头文学、书法、音乐、舞蹈、医药和民俗等

（二）非物质文化遗产

"非物质文化遗产"这一概念源于日本1950年界定的"无形文化财"，但不同的国家或国际组织对它有不同的称呼，如"民间文学艺术"：联合国教科文组织分别称之为"传统文化与民间文化"（1989 年），"口头与非物

---

① 即《保护世界文化和自然遗产公约》和《各国保护文化及自然遗产建议案》——笔者注。

质文化遗产"（1998 年），"非物质文化遗产"（2003年）；世界知识产权组织称其为"民俗/民间文学艺术表达形式"；日、韩（1962 年）等国称为"无形文化财"①。其中，日本最早以法令颁布"无形文化遗产"，韩国确定了"无形文化财""民俗资料"等概念。因此，非物质文化遗产的概念界定出现了多种情况。

1.《保护非物质文化遗产公约》中非物质文化遗产的定义

国际视野内"非物质文化遗产"的界定历经了几个阶段。

1950 年，作为"非物质文化遗产"概念的渊源之一，日本政府第一次引入了"无形文化财"的表达，授予技艺精湛的传统工艺人以"生动的民族财富"称号。1962 年，韩国政府提出四类"文化财"，即有形文化财、无形文化财、民俗文化财和纪念物，此举标志着韩国政府非物质文化遗产保护工作的正式发端。泰国的"国家级艺术大师计划"运动在号召保护有形艺术杰作的同时，也将艺术家的无形价值放在了同样重要的位置。而在万里之遥的欧洲大陆也没有错过这样一场热潮，20 世纪 60 年代起法国民众就已经对民间传说、歌曲、烹饪、手工艺品等无形文化遗产表现出狂热的追求。到了20世纪 70 年代，"非物质文化遗产"这一概念已经在全世界的各个国家都燃起了"星星之火"。

针对文化遗产和自然遗产已经遭受日益严重的破坏的威胁以及世界各国亟待保护文化遗产意识的觉醒，1972 年 11 月 16 日，联合国教科文组织通过了《保护世界文化和自然遗产公约》（以下简称《公约》）。《公约》将历史建筑、碑雕以及碑画等具有普遍意义和普遍审美价值的文物、建筑群、遗址共同列为"文化遗产"的范畴；将天然名胜、自然地质面貌、动植物生存环境区域等具有普遍价值的自然区域，作为"自然遗产"，列入世界遗产名录。

从《公约》的有关阐发来看，对于"文化遗产"的界定明显是只针对有形的文化遗产，如建筑、遗迹，而未将无形的文化遗产考虑在内。这显然不能涵盖"文化遗产"的整体概念。因此，此《公约》刚一颁定，就引起了部分会员国关于"保护无形文化遗产"的倡议。世界各国纷纷掀起了

---

① 王鹤云，高绍安. 中国非物质文化遗产保护法律机制研究 [M]. 北京: 知识产权出版社, 2009.

针对保护非物质文化遗产的浪潮。

在此背景下，联合国于 1989 年 11 月通过了一份重要文件，即《关于对传统文化和民间传说保护的倡议》（以下简称《倡议》），作为非物质文化遗产保护领域的第一份官方文件。《倡议》中明确提出了"无形文化遗产"的概念，并针对其特有的"脆弱性"提出了"Preserve（储存）""Conversation（保存）""Protect（保护）""Dissemination（传播）"无形文化遗产的倡议。这一举措具有历史性的深刻意义，它标志着联合国在非物质文化遗产保护领域迈出的第一步。

自此《倡议》问世后，联合国教科文组织就有了明确可行的标准，在此标准下联合国在全世界范围内开始推行针对"无形文化遗产"的一系列普查、统计工作。非物质文化遗产的保护工作进入了加速推进的时期。

进入21世纪，联合国教科文组织先后设立《口头和非物质文化遗产杰作名录》项目，公布第一批《人类口头与非物质文化遗产名录》，并于2003 年通过了《保护非物质文化遗产公约》，对"非物质文化遗产"做出了如下定义：非物质文化遗产指被各群体、团体，有时为个人视为其文化遗产的各种实践、表演、表现形式、知识和技能及其有关的工具、实物、工艺品和文化场所。各个群体和团体随着其所处环境、与自然界的相互关系和历史条件的变化不断使这种代代相传的非物质文化遗产得到创新，同时使他们自己具有一种认同感和历史感，从而促进了文化多样性和人类的创造力。

《保护非物质文化遗产公约》将"非物质文化遗产"分为以下几种类型：表演艺术；社会风俗、礼仪、节庆；有关自然界和宇宙的知识和实践、传统的手工艺技能。至此，"非物质文化遗产"的概念得到了较为清晰的界定，对各国更好地开展非物质文化遗产保护工作指明了努力的方向。

2.我国对非物质文化遗产的定义

我国"非物质文化遗产"的概念也一直处于动态变化中，20 世纪 90 年代到21世纪初，一般称之为"（民族）民间（传统）文化"（出自《云南省民族民间传统文化保护条例》）。2004 年 8 月，我国加入《保护非物质文化遗产公约》。2005 年 3 月，国务院颁布《关于加强我国非物质文化遗产保护工作的意见》，首次使用了"非物质文化遗产"的概念，随后，这一词在我国正式取代"民族民间（传统）文化"的传统概念。2011 年，《中华人民共和国非物质文化遗产法》颁布（以下简称非物质文化遗产法），对非物质文化遗产的概念、指导思想和工作方针，以及传承人、代表性项目名录等做出了具体的规定。

3. 我国地方性法规中关于非物质文化遗产的定义

我国地方性法律法规也对"非物质文化遗产"的概念，做了说明。如《河北省非物质文化遗产条例》（2014 年），详情见附录。

从上文可以看出，目前我国对"非物质文化遗产"的定义，主要来自以下三个出处：一是国际规范文本中的定义（主要指《保护非物质文化遗产公约》）；二是我国国家层面法律法规中的定义；三是我国地方性法规中非物质文化遗产的定义。这三种定义"非物质文化遗产"的方式都是采用"定义+范围"的模式，但现在我国颁布的地方性法规（省、市、自治区等）对"非物质文化遗产"的定义方式，仍有所不同。我国地方性法规中，关于"非物质文化遗产"的概念，源于《保护非物质文化遗产公约》和我国的非物质遗产法。从二者的内容比较中，可以看出"非物质文化遗产"中具有中国特色的非物质文化遗产项目，比如"医药和历法"等。地方性法规中非物质文化遗产概念及外延大都直接沿用非物质文化遗产法中的相关规定，在一定程度上是为了国家和地方在非物质文化遗产保护上的一致性。

（三）体育非物质文化遗产

2001 年联合国教科文组织公布了第一批《人类口头与非物质文化遗产名录》，我国的昆曲名列其中，这一举措使我国开启了"非物质文化遗产"保护工作。2003 年，随着我国的古琴入选第二批"人类口头和非物质文化遗产代表作"名单，我国开始了非物质文化遗产的工作进程。

2004 年，我国加入了联合国《非物质文化遗产保护公约》，并于 2005 年颁布了《关于加强我国非物质文化遗产保护工作的通知》，标志着非物质文化遗产的保护工作成为由政府推动的文化工程，引起各级政府、文化部门的重视和关注。至此，我国非物质文化遗产的保护、研究工作正式拉开了帷幕。

2006 年至今，是我国非物质文化遗产保护工作硕果累累的一个阶段，在文化部、中国艺术研究院的推动下，我国先后批准公布了四批国家级非物质文化遗产名录，分别为：2006 年 5 月 20 日第一批非物质文化遗产名录（共计 518 项）、2008 年 6 月 14 日第二批非物质文化遗产名录（共计 510 项）、2011 年 6 月 11 日第三批非物质文化遗产名录（共计 191 项）和2014 年 7 月 16 日第四批国家级非物质文化遗产名录。

2013 年以前，"体育非物质文化遗产"并未形成一个明确的概念，如同我国传统体育总是与其他形式的文化形态如民俗活动、耕种行为、宗教行为等混杂在一起，体育非物质文化遗产也未能与其他非物质文化遗产区别开来，这一点在我国已经公布的国家级非物质文化遗产名录的类别设置上可窥一斑。

2006 年 5 月 20 日公布的第一批国家级非物质文化遗产名录中，将各项目按照"民间文学""民间音乐""民间舞蹈""传统戏剧""曲艺""杂技与竞技""民间美术""传统手工技艺""传统医药""民俗"等分为十个大项，民族传统体育项目归属于"杂技与竞技"中，这一归类方式显然未突出非物质文化遗产的"体育"属性。

2008 年 6 月 14 日公布的第二批非物质文化遗产名录，对民族传统体育项目的归属作了修改，以"体育与杂技"取代之前的"杂技竞技"，这是非物质文化遗产名录中首次出现明确针对"体育"属性的类别。

2011 年 6 月 11 日公布的第三批国家级非物质文化遗产名录中，进一步将"体育与杂技"修改为"传统体育与杂技"，进一步将非物质文化遗产中的体育属性明确为"传统体育"属性。

我国的传统体育具有自己的特点。其一，本质在"育"不在"体"。《易经》中说："形而下者谓之器，形而上者谓之道"，"道"这个抽象概念不仅成为中国传统社会最高的价值追求，而且成为一切社会活动的评价标准。中国传统武术追求"以身载道""术近乎道"，武技的纯熟不过是在对"道"的不懈追求路途中的一种外在表现，一切修身养性的活动不过是为了追求一个终极目标——"内圣外王"。其二，传统体育与其他文化体系相互交融。对于传统体育的本质的理解，除了明确其始终受到中国传统文化母体的影响之外还应注意到，由于民族传统体育的多元化起源（如战争、宗教信仰、祖先英雄崇拜、精神生活和娱乐的需要等），使中国远古时期的所谓"体育"，总是与中国传统哲学一样广大高明而不离乎日用，"体育"始终未能像其他文化形态一样演化成一种合格的、独立的形态，"体育"始终与军事、医学、宗教、巫术等民俗活动联系在一起。

此间学者们对"体育非物质文化遗产"进行了相关研究，但对其概念的理解并不统一，直至 2013 年国家体育总局发布《中国体育非物质文化遗产保护与推广管理方法》①（以下简称《方法》）。《方法》中将体育非物质文化遗产定义为：在我国广泛开展的民族、民俗、民间体育项目以及那些被各群体或个人视为其文化财富重要组成部分的具有游戏、教育和竞技特点的运动技艺与技能，以及在实施这些技艺与技能的过程中所使用的各种器械、相关实物和空间场所的总和。从此，"体育非物质文化遗产"的概念得到了明确界定。

二、体育非物质文化遗产的类别、特征及价值

（一）体育非物质文化遗产的分类

我国非物质文化遗产的分类方法基本上是参照联合国及国内颁布的非物质文化遗产法律法规与著作，其中《保护非物质文化遗产公约》分为 5 类，《关于加强我国非物质文化遗产保护工作的意见》（2005）分为 6 类，《非物质文化遗产法》（2011）分为 6 类，学者王文章分为 13 类②。各个学者对非物质文化遗产的分类体系略有不同，此处就不一一赘述。

学者们对体育非物质文化遗产的概念认识比较模糊，以致"体育"非遗""的归类和归属比较混乱，法律保护时存在权利主体不清，对体育非物质文化遗产的法律保护和管理过程造成困难。针对体育非物质文化遗产的基本属性，不同学者有不同的分类依据。崔乐泉按照中国体育非物质文化遗产的存在方式及其特点，将体育非物质文化遗产分为射箭、武艺武术、角力、练力与举重、田径活动等 12 类③，刘立英在其硕士论文中为了

---

① 国家体育总局体育文化发展中心编. 体育非物质文化遗产保护与推广集萃 [M]. 北京: 科学出版社, 2015.

② 王文章. 非物质文化遗产概论 [M]. 北京: 教育科学出版社, 2008: 10.

③ 崔乐泉. 2020 年度传统体育、游艺与杂技类非物质文化遗产研究报告 [J]. 中国非物质文化遗产, 2021（03）: 65-83.

研究的准确性，把非物质文化遗产名录第六类中的传统体育项目作为研究对象，主要包括武术、竞技和表演。①刘晖根据国家公布四批"非遗"名录，认为体育非物质文化遗产分类同时涉及传统舞蹈、传统体育、游艺与杂技、民俗等三大类。②也有学者根据《非物质文化遗产名录》，认为体育非物质文化遗产指代的是"传统体育，游戏与杂技"门类中的部分项目。我们平时常见的扭秧歌、踩高跷、舞龙舞狮等被划分到"民间舞蹈"类别，端午赛龙舟归于"民俗"一类，还有其他传统体育项目都被纳入其他类别中。大部分学者都认可的观点是：我国对非物质文化遗产的界定与划分存在交叉，体育非物质文化遗产的外延要远远超过"传统体育、游艺与杂技"的类别。体育"非遗"属于不同的非物质文化遗产类别，笔者为了研究的方便，不作过多的探讨，仅从宏观上层面对体育非物质文化遗产进行研究。

（二）体育非物质文化遗产特征

对体育非物质文化遗产特征的认识，不同学者的观点有所不同。有的学者认为体育非物质文化遗产的特征有八项，而有的人则认为只有五项，很难说孰优孰劣，但比较不同学者的观点，有若干基本特征是学者们都认同的，在一定程度上可以概括为体育非物质文化遗产的基本特征。笔者主要从体育、非物质文化遗产的角度分别探讨。

1. 与体育相关的特征

（1）健身性

体育的本质属性是身体活动，其目的是为了锻炼身体，增强体质，与人们日常生活相关，这就体现了体育非物质文化遗产的健身性。

（2）娱乐性

也称为趣味性或快乐性。体育非物质文化遗产大多是由传承人以言传身教的方式，传承给下一代人。体育项目本身蕴含着趣味性，体育非物质文化遗产伴随着各民族的日常生活和休闲而生，自然也具有娱乐性。

---

① 刘立英.体育非物质文化遗产保护标准研究［D］.武汉：武汉体育学院，2017.
② 刘晖.全球化对我国体育类非物质文化遗产发展的影响研究［J］.体育文化导刊，2015（12）：21–24.

（3）竞争性

体育非物质文化遗产中包含竞技体育的成分，竞争精神、追求运动极限是竞技体育的特点，竞争性是体育的必备要素。

2. 与非物质文化遗产相关的特征

（1）非物质性

非物质性是非物质文化遗产最基本的特性之一。多数非物质文化是以物质为依托，通过物质媒体或载体反映其精神、价值等，未被表达出来之前，是看不到，摸不着的。

（2）活态性

体育非物质文化遗产的活态性可以从两个方面来理解。首先，人在非物质文化遗产传承活动中具有核心作用，传承人是传承活动的主体。传承人对技术的理解和审美，体现了传承人的个性创造，具有活态性。传承活动也会受自然、现实、历史和传承对象的互动中不断变异和创新。其次，自然、社会环境的发展也是一个动态的过程，流传下来的体育非物质文化遗产必然带有时代的烙印。[1]

（3）民族性

我国是一个多民族国家，每一个民族都有不同于其他民族的特点，比如本民族传统、民俗生活、语言、服饰、行为表现等，本民族体育非物质文化遗产正是与民族人文环境相互作用产生的一种独特的文化现象，或是其他民族文化传入后与本民族文化融合，体现本民族的智慧和精神。

（4）地域性

也称为地理性或乡土性[2]。每个民族都有特定的生活空间，体育一种受地域自然环境、传统文化、背景、生产方式、生活习俗、文化传统、宗教信仰等因素的影响，代表该地域的特色。

（5）传承性

主要体现在流传和变迁上，比如在我国公布的四批国家级非物质文化遗产目录中的武术项目，就存在武当武术（湖北十堰）、精武武术（上海

---

[1] 祝程. 我国体育非物质文化遗产的可持续发展研究 [D]. 曲阜：曲阜师范大学，2011.

[2] 丛密林，张晓义. 我国体育非物质文化遗产的属性研究——以达斡尔、鄂温克、鄂伦春族为例 [J]. 北京体育大学学报，2018（11）：143.

虹口）、梅山武术（湖南新化）、峨眉武术（四川）、沧州武术（河北）等不同流派的武术分支（派系），在不同群体的不断模仿和创新传承中得以存在和发展的，体现了民族独特的创造力，真实反映了先辈们的思想、情感、智慧和价值。

（三）体育非物质文化遗产的价值

非物质文化遗产是一种从历史深处走来、代代相传、承载着中华民族文化基因的宝贵财富。而体育作为一种身体文化、身体语言，与体育相关的非物质文化遗产自然成为非物质文化遗产大家庭里的一员，同样记录着中华民族自强不息的精神轨迹。以古代足球运动——蹴鞠为例。蹴鞠的诞生反映了中国奴隶社会末期思想解放、文化多元的时代呼唤，从最初作为军事训练技术，到流传民间而被赋予娱乐、健身性质，蹴鞠在不同的历史阶段不断增添着它的魅力。这样一项带着鲜明时代烙印、承载着丰厚历史韵味的运动，其价值毫无疑问地已经远远超出了"器物"层次。2015 年 8 月，第 22 届国际历史科学大会卫星会议在山东临淄召开，在这样一场堪称"史学界的奥林匹克大会"上，"蹴鞠与足球文化"作为第一场专题研讨会，足以证明在东方体育文化系统里，蹴鞠与现代足球运动相比毫不逊色，甚至是足以分庭抗礼的文化符号。体育非物质文化遗产运动项目和我国传统习俗有着深厚的文化渊源，体现了各民族智慧的结晶和瑰宝，具有多方面的价值。

1. 基础价值

体育非物质文化遗产的基础价值是指健身价值。体育非物质文化遗产是体育运动中的一种特殊的表现形式，体育非物质文化遗产中包含着丰富的体育文化，体育文化的特点与我国传统文化的影响分不开，我国传统体育类项目具有现代体育的竞技功能，还拥有独特的养生等功能，具有健身价值。

2. 历时性价值

体育非物质文化遗产具有历时性价值，主要表现为体育非物质文化遗产的历史、文化价值上。一些体育非物质文化遗产项目活动的开展，真实而全面地展示中华民族已逝的历史文化技艺，体现了时代性、人物性和事件性上。我国传统体育文化中的"天人合一""动静结合"等价值观就源于我国的传统文化。此外，各个民族的生存环境、风俗习惯各不相同，表现为少数民族体育文化的丰富性和多样性。

3. 共时性价值

体育非物质文化遗产具有共时性价值，主要体现在科学、社会、艺术等方面的价值上。我国体育非物质文化遗产项目涉及历史、文学和艺术学等人文学科，也蕴含物理学、地理学和数学等自然学科知识，一些项目开展所需要的器具制作，反映了生产力水平和科学技术的发展水平。一些项目的开展，增强了各民族之间的团结，凝聚着人们的思想感情。当代不少影视、小说、舞蹈等优秀文艺作品是以体育非物质文化遗产项目及其特点为资源进行创作的，具有较高的艺术价值。

4. 现实性价值

体育非物质文化遗产具有现实性价值，主要包括教育、经济等价值。体育非物质文化遗产包含历史、文化、科学等多学科的知识，是对大众进行教育的资源，如每年农历五月初五举办的端午龙舟节，蕴含着关于爱国诗人屈原、楚国朝臣伍子胥的多种传说，体现了一种合作精神。当前，我国各类体育非物质文化遗产活动的开展，吸引了各国游客前来参加和欣赏，带动了当地经济的增长，拓展了经济发展的新特色，也促进了体育非物质文化遗产的可持续发展。

三、我国体育非物质文化遗产保护的当代境遇与重要意义

（一）我国体育非物质文化遗产保护的当代境遇

1. 文化全球化——民族传统体育的外源性危机

进入 21 世纪，全球化成为最重要的时代特征，整个世界更加紧密地联系在一起，这对于很多国家来说，是机遇，也是挑战。因为经济的全球化必然带来文化的全球化，在这个过程中，西方国家以经济和科技为后盾，在全球推行"文化霸权"主义和"文化殖民"，其中一种主要形式就是借助大众媒体——广播、电视、电影、广告、流行音乐、互联网等媒介，对发展中国家进行文化控制，从而使这些国家出现对自己文化传统的认同危机，以及由此而来的民族文化生存危机。

体育作为文化的有机组成，不可避免地受到了冲击。从本质上来说，无论从理念上还是在项目设置、规则制定上，奥运会都是西方文明的产

物，它代表西方体育文化主流，体现的是西方文化所具有的竞争、冒险、精英精神，奥林匹克具有明显的欧洲中心主义倾向，而这些直接导致其他民族传统体育文化生存空间的弱化。

而自成体系、"尚勇不尚力"、更注重直觉体悟的东方体育要想进入奥运会，注定要做出削足适履般的改革。最典型的就是竞技武术的出现。它脱胎于中国传统武术，却复制了体操的规则；它以"武术"为名，却丢弃了武术最吸引人、最能彰显其魅力的技击元素，成为贻笑大方的"满目花草"，使武术被人误读为花拳绣腿。从表面上看，竞技武术好像具备了进入奥运会的条件——有标准化的评价体系，动作统一、容易量化，但遗憾的是，这也恰恰是它失去中国传统武术特色、不为传统武术界承认的悲剧开端。正如程大力先生所说："东方或中国最有希望进入奥运会的，恰恰是那些彻头彻尾民族的、传统的体育项目，而不是西方体育的变种。"①2008年，在最有可能使武术进入奥运会的北京奥运会上，竞技武术却在家门口被拒之门外，这不仅是对程先生的断言的最好证明，也警醒着我们：中国文化欲自立于世界民族之林，就必须坚守自己的文化基因，增强文化自信和文化自觉，坚守民族性，体现时代性，而不是盲目而自卑地推行奥林匹克化。

2.后继乏人——民族传统体育的内源性危机

众所周知，群众基础以及群众对一种文化形式的喜爱程度，决定了这种文化形态的兴衰。然而放眼全国，喜欢足球、篮球、排球、乒乓球、羽毛球、网球的人，远远多于喜欢太极、垂钓、抖空竹的人，后者甚至被视为中老年人的专利，退休生活的象征。目前，体育非物质文化遗产项目传承人的年龄结构多样，大多数项目的习练者以中老年人为主。虽然大部分传承人积极将其项目推广入校园，却在政策、资金、人员等方面受限，始终未能形成一个活泼有序的传播局面。

还有很多项目面临后继无人的局面。比如功力门武术，随着李文贞先生的逝世，功力门武术在天津的传承实际已经断裂。这里面固然有因讲究师徒传承、令局面难以打开等内在原因，更重要的是在传播方面，体育

---

① 程大力.民族传统体育迈进奥运前的选择[J].体育学刊, 2003（06）：63.

非物质文化遗产似乎"明珠蒙尘"，无法与现代体育运动相提并论。诞生于西方工业文明的西方体育运动，较早地搭上了现代传媒的快车，媒体营销花样翻新，结果就是使人们哪怕不喜欢篮球也知道姚明，一场网球赛都没看过也知道李娜。而诞生于农耕文明的民族传统体育在这方面就逊色很多：该发出的声音没有发出，原有的光彩不为世人所知，实在令人痛惜。

从高校的招生人数分布上来看，体育学下属的四个二级学科——体育人文社会学、民族传统体育学、体育教育训练学、运动人体科学中，民族传统体育学常常是招生数额最少的。在高校民族传统体育专业内的教学内容上，规定长拳、规定套路等以"打练分离"、追求"高难美新"、借助体制优势以"中国武术代言人"身份自居的竞技武术套路占据了半壁江山。这种本质上以西方体育作为参照系的武术运动，培养出来的学生自然而然地对西方体育体系顶礼膜拜，又怎能充满深情地担当起民族传统体育事业的传播者呢？

人类学家费孝通先生晚年时认为，文化的发展应坚持各美其美，美人之美，美美与共，天下大同，并在此基础上提出了"文化自觉"的概念，即生活在一定文化里的人对其文化有"自知之明"，明白它的来历、形成过程、所具的特色和它发展的趋向，不带任何"文化回归"的意思。不是要"复旧"，同时也不是主张全盘西化或全盘他化。[①]文化自觉归根结底是拥有文化的人的自觉，要想让优秀的民族传统体育在当代迸发出新的活力，关键在于让人们发现其魅力，进而主动、自觉地充当民族传统体育事业的继承者。而如何让民族传统体育的魅力走出神秘、走出深巷，为人们所接受、进而所喜爱，则要借助多种手段、综合媒体，广而告之，广而传之。

（二）我国体育非物质文化遗产保护的重要意义

非物质文化遗产凝聚了一个民族传统文化的精髓和灵魂，而国家和民族的兴盛则是建立在文化繁荣的基础之上的，文化遗产一旦消失，就无法重构。不论是国外还是国内对于非物质文化遗产保护的目的，都是以保护人类文化遗产、抢救民族优秀文化为出发点。传统体育文化是我国体育

---

① 费孝通. 从反思到文化自觉和交流 [J]. 读书, 1998（11）: 3-8.

文化发展的一个重要组成部分，是文化繁荣的重要指标，是民族的活的记忆，因此，对体育非物质文化遗产的保护具有重要的意义。

1. 保护体育非物质文化遗产是人类文明进程的必然要求和世界文化多样性的保障

体育非物质文化遗产体现了我国"以和为贵"的传统思想，而且注重内涵和修养。保护体育非物质文化遗产可以促进国际文化交流与合作，体现我国作为古老文明古国的大国风范。在当今国际全球化日趋加快的背景下，传统体育非物质文化遗产是中国优秀传统文化的一种积淀和展现，具有很强的民族特色，体育非物质文化遗产种类多样，内容多元，保护体育非物质文化遗产是维护世界文化的多样性，构建人类命运共同体的需求。

2. 保护体育非物质文化遗产是维护国家统一和实现中华民族伟大复兴的必然要求

习近平指出："文化兴国运兴，文化强民族强。没有高度的文化自信，没有文化的繁荣兴盛，就没有中华民族的伟大复兴。"[①]当前经济全球化背景下，西方世界的意识形态在不断地影响着我们的生活，西方节日、音乐、体育活动，尤其是篮球、网球等体育项目在我国受欢迎程度远高于我国民族传统体育项目。体育非物质文化遗产化蕴含丰富的文化内涵和文化价值，保护体育非物质文化遗产可以增强国家文化软实力，实现经济社会的全面、协调、可持续发展，有利于各民族间文化的交流和创新，维护民族团结和国家统一。

第二节　民族传统体育非物质文化遗产保护的理论基础

马克思主义文化遗产观是马克思主义经典作家在如何处理文化遗产问题上形成的总的看法和观点，是解决文化遗产中各类问题的指南。中国共产党人既继承发展了马克思主义文化遗产观，也吸收借鉴了文化遗产学的相关理论，从中总结出对待文化遗产应坚持的态度和原则，形成了中国特

---

① 习近平.决胜全面建成小康社会 夺取新时代中国特色社会主义伟大胜利——在中国共产党第十九次全国代表大会上的报告[N].人民日报,2017-10-28.

色社会主义文化遗产观。马克思主义经典作家文化遗产观与中国特色社会主义文化遗产观是我国民族传统体育非物质文化遗产保护的理论基础与行动指南。

一、马克思主义经典作家文化遗产观

马克思和恩格斯没有对文化遗产有专门的研究，但是从文化大视野的不同角度指出了文化遗产具有继承性。马克思首先认为文化遗产是连接过去、现在和未来的纽带，传承文化遗产是社会历史发展的内在要求，是一种既得的生产力。按照马克思所说的那样："每一代都利用以前各代遗留下来的材料、资金和生产力。"[①]人类发展之所以是连续不断的，是因为我们的生产力是历史继承的。我们每一代所进行的创造都建立在前一代人的基础上，没有前人的遗留我们就无法进行创造发展。人类发展的过程是呈连续性且不间断的，代际之间都是在所在时期基础上继续前进的，且给下一代创造了相特定的社会生活条件。因此，我们可以这么说，我们现代人进行创造的条件都是已经既定的，不是由我们自己所决定的，前人创造出什么样的物质和精神资料，我们就只能发展创造什么。在马克思那里我们清晰地了解到文化遗产的传承性，同时，对于继承，马克思提出要在批评的基础上加以吸收继承。马克思、恩格斯对黑格尔的哲学遗产就持有批判继承的观点，对黑格尔的思想进行扬弃，抛弃了唯心主义观点，吸收了辩证法的思想，将合理有利部分吸收成为自己的思想。

列宁继承了马克思、恩格斯的文化遗产观，首先十分明确地提出、使用了"文化遗产"一词，并呼吁每个人都要积极理解、学习人类社会发展至今的 2000 多年的思想和文化，并且从中找到有益的部分，为我们社会发展所用。其次，列宁关于文化遗产主张采用阶级分析的方法区分文化遗产，区分每个社会里面的"两个民族"和"两种文化"。因为所占的物质生产资料的不同，地位不同，所以被分为不同的阶级，好像不同的两个民族一样。"两个民族"就创造了两种文化，即剥削和被剥削的文化、进步的和落后的两种文化。列宁采取阶级分析的方法区分文化遗产，其本质就

---

① 中共中央马克思恩格斯列宁斯大林著作编译局编译. 马克思恩格斯选集（第 1 卷）[M]. 北京: 人民出版社, 2012: 51.

是用阶级分析的方法去对待资本主义社会的文化和社会主义的文化遗产问题，激励无产阶级要从民族文化中提取出民族主义和社会主义的成分并同资产阶级相对抗。

二、中国特色社会主义文化遗产观

中国共产党的几代领导人对于文化遗产都是高度重视的。在继承马克思、恩格斯、列宁文化遗产传承性的理论基础上，毛泽东强调在建立新中国的过程中，必须尊重自己的历史文化，必须对中国历史上的文化进行筛选：首先是将糟粕文化和有益文化进行区分，然后分析出有利于建立新文化的部分，对其进行积极吸收，如中国古代的德义礼智信等优秀传统文化我们要积极拿来，对封建糟粕文化如封建迷信、男尊女卑等要全部拿走。只有这样批评继承前人文化，才能建立起新中国真正属于人民的新文化。其次，毛泽东坚持"古为今用""推陈出新"的态度、原则来对待文化遗产。毛泽东强调："我们必须继承一切优秀的文学艺术遗产，批判地吸收其中一切有益的东西，作为我们从此时此地的人民生活中的文学艺术原料创造作品时候的借鉴。"[①]

邓小平也十分重视借鉴和学习文化遗产，在改革开放时期依然强调马克思主义，将毛泽东思想与中国社会主义建设实践相结合，坚持"老祖宗的东西"不能丢，并指出要将"精神文明"与生产力发展并重。对于文学艺术的继承和创造，不能靠自己想象，要先了解学习原有的文学艺术，不仅是指国内的也包括国外的文学艺术，在这些文学艺术中，既有值得我们学习的地方，也有糟粕的部分，我们要有辨别地吸收。在吸收古今中外优秀文学艺术的基础上，结合实际情况和民族特色，创造出属于本民族独特的文学艺术，而且不仅限于艺术形式，我们对于各种思想理论、文化形式都要"根据我国历史新时期的特点，研究新情况，解决新问题"[②]。

江泽民和胡锦涛也一直强调必须解决好的重要问题就是：如何正确地对待传统文化。江泽民在21世纪伊始，就对文化遗产的继承、发展和创新进行总结性的论述，并着重强调中华文化要走出去，走向世界。胡锦涛在

---

① 毛泽东选集（第3卷）[M].北京：人民出版社，1991：860.

② 邓小平.邓小平文选（第2卷）[M].北京：人民出版社，1993：213.

党的十七大报告中重点论述了文化遗产对建设中华民族共有精神家园的重要意义，也明确指出要善于利用文化遗产，重视文化遗产的保护和对外交流，重视吸收各国优秀文明成果。

习近平更加重视和强调中华优秀传统文化遗产的重要作用，提出文化遗产对于人类发展具有重要价值，是中华民族的根与魂，是社会发展的历史见证，是民族复兴的文化引领。根据我国文化遗产保护利用的实践经验，习近平突出强调共产党人的责任意识，引导大众广泛参与，构建全社会协同保护机制；创新文化遗产保护利用手段方式，应用科技手段让文化遗产开口说话，采取文旅结合方式创新利用遗产，借助文化遗产加强国际间文明交流互鉴；统筹好文化遗产保护与利用关系，在保护中发展，在发展中保护。努力走出一条符合国情的文物保护利用之路，推进文化遗产保护事业的中国化、现代化。

第三节 民族传统体育非物质文化遗产保护的原则与路径

一、民族传统体育非物质文化遗产保护的原则

随着全球化趋势和现代化进程加快，本着对历史负责和维护国家文化安全的需要，我国政府制定了非物质文化遗产保护的相关政策，在全国范围内开展了非物质文化遗产保护工作。非物质文化遗产植根于人所处的时空、周边环境和人类活动之中，它是历代先民创造的极其丰富和珍贵的文化财富，是一个民族的民族精神、民族情感、个性特征以及凝聚力与亲和力的重要载体，同时也是民族智慧与文明的结晶，是人类的文化命脉。它包含着人类的情感，蕴藏着人类文化的根源，保留着形成民族文化的原生状态以及其特有的价值观和思维方式，所以，不同民族的非物质文化遗产都具有不可估量的意义和价值。体育非物质文化遗产所包含的武术、竞技运动、表演项目等无不具有历史和时代的烙印。这些多姿多彩的体育非物质文化是全人类的共同财富，继承和发展各民族的体育非物质文化遗产是人类共同的责任。

《保护非物质文化遗产公约》指出：保护指采取措施，确保非物质文

化遗产的生命力，包括这种遗产各个方面的确认、立档、研究、保存、保护、宣传、弘扬、承传（主要通过正规和非正规教育）和振兴。[①]我国正在认真贯彻"保护为主、抢救第一、合理利用、传承发展"的工作方针，切实做好非物质文化遗产的保护、管理和合理利用工作。体育非物质文化遗产保护要兼顾诸多因素，实现非物质文化遗产多层次、多维度、立体性保护，因此必须遵循以下原则。

（一）真实性原则

《关于加强非物质文化遗产保护工作的意见》（国办发〔2005〕18号）强调："坚持非物质文化遗产保护的真实性和整体性，在有效保护的前提下合理利用，防止对非物质文化遗产的误解、歪曲或滥用。"[②]纳入非物质文化遗产保护的项目应该是原生的、真实的文化遗存，绝不容许存在虚假、不真实的部分。真实性不仅是项目本身的真实性，也包括体育非物质文化遗产保护的各个环节，包括遗产保护工作的各个方面，如遗产的确认、立档、研究、保存、宣传、弘扬、传承，都要真实、准确、客观地反映遗产项目的情况。

（二）整体性原则

《关于加强非物质文化遗产保护工作的意见》强调坚持非物质文化遗产保护的整体性。一项文化遗产要与自然环境密切结合，才能反映出遗产项目的文化内涵。

体育非物质文化遗产语境下的整体性原则包含两层含义：一是保护体育文化遗产所拥有的全部内容和形式，这是从体育文化遗产项目的完整性角度而言；二是保护体育非物质文化遗产所处的自然环境、生态环境、人文环境和相关的制度、习俗等内容，这是针对整体式文化与环境之间的和谐共存而言的。

（三）创新性原则

体育非物质文化遗产是一种生命的存在，它不可避免地在与自然、社会、历史的互动中不断发生变异。体育非物质文化遗产在当今时代的

---

① 联合国教科文组织保护非物质文化遗产公约［S］.巴黎：2003：10.

② 国务院办公厅关于加强我国非物质文化遗产保护工作的意见（国办发〔2005〕18号）_政府信息公开专栏［EB/OL］. http://.gov.cn/zhengce/content/2008-03/28/content_5937.htm.

环境中生存，必须吐故纳新，顺应同化，自我调节。因此，确保体育非物质文化遗产的生命力，就其自身而言，关键是保护和激发它的创新能力。在保护与传承过程中，要结合时代特色，融入时代精神。在这种变异过程中，只要其基本原理始终保持着项目的特征，其表现形式可以有所改变。

（四）政府主导、民间参与原则

体育非物质文化遗产的保护要有资金支持，这是无可非议的。在体育非物质文化遗产保护过程中，政府投资肯定是占主导地位。但是，对于庞大的中国非物质文化遗产资源，光靠政府资金的投入是远远不够的，还必须拓宽投资渠道，鼓励和允许民间资本进入非物质文化遗产保护领域。通过拓宽融资渠道，补充非物质文化遗产保护和研究的经费。所以，在体育非物质文化保护中应采取政府投资为主、民间资本参与的原则。

（五）依法保护原则

有法可依是体育非物质文化遗产传承和发展的前提条件，要有效保护体育非物质文化遗产就必须有切实可行的法律保障。对遗产的传承、保护、开发包括非物质文化遗产旅游开发项目在内的文化产业项目等要遵循相关的法律法规，做到以法兴业、以法治业，避免文化产业发展与文化保护目标的冲突，实现文化产业健康有序地发展。

二、民族传统体育非物质文化遗产保护的路径

2003 年 10 月 17 日，联合国教科文组织第三十二届会议正式通过《保护非物质文化遗产公约》。该公约第 13 条规定："为了确保其领土上的非物质文化遗产得到保护、弘扬和展示，各缔约国应努力做到：（一）制定一项总的政策，使非物质文化遗产在社会中发挥应有的作用，并将这种遗产的保护纳入规划工作；（二）指定或建立一个或数个主管保护其领土上的非物质文化遗产的机构；（三）鼓励开展有效保护非物质文化遗产，特别是濒危非物质文化遗产的科学、技术和艺术研究以及方法研究；（四）采取适当的法律、技术、行政和财政措施。以便：1. 促进建立或加强培训管理非物质文化遗产的机构以及通过为这种遗产提供活动及表现的场所和空间，促进这种遗产的传承；2. 确保对非物质文化遗产的享用，同时对享

用这种遗产的特殊方面的习俗做法予以尊重；3. 建立非物质文化遗产文献机构并创造条件促进对它的利用。"①

　　根据联合国教科文组织的要求和规定，目前我国已经建立了中国非物质文化遗产研究院，在各地设立了地区级非物质文化遗产研究中心，对非物质文化遗产进行挖掘、整理、保护和研究。从 2006 年起，每年六月的第二个星期六为我国的"文化遗产日"，每年的活动主题都有所不同。2011年 6 月 1 日开始实施的《中华人民共和国非物质文化遗产法》为我国体育非物质文化遗产保护提供了法律依据，一些地方相继出台了非物质文化遗产保护条例。目前，我国对体育非物质文化遗产保护做了大量的工作，其工作也越来越科学、越来越深入。从保护的途径来看主要有以下几种途径。

　　1. 博物馆式保护

　　随着人类对文化遗产认识的日趋深刻，非物质文化遗产逐步进入博物馆的保护视野之中。虽然近年来我国对非物质文化遗产的保护取得了一定的成效，但从长远来看，还要充分发挥遗产保护界唯一的永久机构——博物馆的作用，加大对非物质文化遗产的保护力度。

　　博物馆在有形文化遗产的保护和研究方面的丰富经验，有利于体育非物质文化遗产的保护。专家们认为博物馆应该成为体育非物质文化遗产收藏的主要部门，而博物馆的体育非物质文化遗产保护就是收藏、诠释和展出。

　　2. 产业化保护

　　在体育非物质文化遗产保护过程中，通过产业化的手段寻找体育非物质文化遗产在当下新的环境中传承与传播的市场空间，并依托市场化的机会扩大规模与集聚资金，以实现非物质文化遗产保存、传承与发展的良性循环，如中国传统武术。少林寺武僧通过表演少林功夫，达到弘扬中华传统文化、宣传少林禅宗正法的目的，不仅在国内受到游客的赞扬，而且还将少林武术传播到国外。其表演团先后出访过美国、英国、法国、德国、瑞士、希腊、卡塔尔、中国香港等，并经常选派优秀队员到国外开展武术教学。

---

① 联合国教科文组织保护非物质文化遗产公约［S］. 巴黎：2003：10.

3. 施予式保护

国家出于加强民族认同和文化建设的目的，提供资金，并组织文化工作者深入民间，通过笔录、图片、影音等方式，将民间的传统文化记录下来，并加以整理、出版，使之得以较为完整的保存。

4. 传承人保护

体育非物质文化遗产是无形的、抽象的，它必须依附于人将其形式体现出来。人作为体育非物质文化遗产传承的主体尤为重要。保护传承人，其实也就是将这个体育非物质文化遗产项目传承了下来。如：在非物质文化遗产中，一把古琴，声音再怎么悦耳，如果没人把它弹奏出来，同样体现不出它的价值。在体育非物质文化遗产中，空竹就需要人将其各种技艺展示出来，如果不通过人将其表现出来，其艺术技艺是无法体现的。体育非物质文化遗产如果离开了人，就将失去任何意义。目前我国已经建立了各级非物质文化遗产传承人名录，国家对于传承人进行相应的经费资助并协助其开展非物质文化遗产宣传活动。

第四节　我国民族传统体育非物质文化遗产传承保护的历程、现状及发展策略

非物质文化遗产形成于历史，存活于当代，延续于未来。我国体育非物质文化遗产从"无"到"有"、从散乱到体系、从缓慢起步到快速发展，走出了一条令人瞩目的独特的传承保护之路。总结这一过程中存在的问题、探索未来可持续发展路径，对于创建体育非物质文化遗产传承保护的"中国模式"和践行文化自信均具有重要的意义。

一、我国民族传统体育非物质文化遗产传承保护的历程

中国自古以来就有传承保护历史文化的意识和传统，人类历史上很早出现的"古董"一词和商周时期大量青铜器上"子子孙孙永保用"的铭文就是最好的明证，但这些行为多是松散的、个别的、无序的。就全球而言，真正具有现代意义和国际共识的"文化文物"传承保护是人类进入20

世纪才慢慢开始的。^①

（一）滞后而松散的传承保护阶段

国际社会对非物质文化遗产的认识与传承保护实践始于 20 世纪五六十年代，因率先倡导"无形文化财"理念，日本和韩国成为全球最早关注非物质文化遗产及其传承保护的国家，但直到 20 世纪 80 年代，国际社会才首次使用"非物质遗产"这一称谓。^②在联合国教科文组织的带领下，世界范围内的"非遗"传承保护形成共识并开始加速：1997 年，启动"宣布人类口头和非物质遗产代表作"项目；2000 年，实施了"人类口头和非物质遗产代表作名录"；2001 年，公布了第一批"世界人类口头和非物质遗产代表作"。我国对"非遗"的认识与传承保护实践要明显滞后于国际社会，但也在一定时期进行了一些文化、文物方面的传承保护工作。新中国成立初期，中央民委开展的民族文化普查、历时 10 多年的民族社会文化历史调查和文学、舞蹈、作家、美术各级协会开展的民间文化艺术活动等，使大量散乱存续于民间的体育"非遗"被挖掘、整理和传承保护下来，其中包括抖空竹、少林功夫、太极拳、梅花拳、蹴鞠、龙舟、秋千以及各少数民族的特色传统体育项目。特别是 20 世纪 80 年代，在"文化热"的背景下，随着全国文艺汇演、全国少数民族传统体育运动会等活动的持续举办和《关于做好当前民族文化工作的意见》等文件的颁布，我国大量的传统体育项目获得展示、发展与创新的机会，这为我国进入"非遗"传承保护的世界话语体系奠定了基础。

（二）纳入"非遗"话语体系后的快速发展阶段

2001 年，昆曲入选联合国教科文组织"人类口头和非物质遗产代表作"，标志着我国开始进入世界"非遗"话语体系。体育"非遗"从无到有。2005 年 3 月 26 日，国务院办公厅发布《关于加强我国非物质文化遗产传承保护工作的意见》，明确提出要建立我国非物质文化遗产名录代表体系，武术、太极拳、舞龙、舞狮、达瓦孜、摆手舞、锅庄舞、阿细跳月等知名的传统体育项目都是在这个阶段被进一步挖掘、整理，并以非物质文化遗产的身份被保护起来。从 2005 年至 2009 年，我国第一次开展了全

---

① 单霁翔.我国文化遗产保护的发展历程[J].城市与区域规划研究，2008(09)：24.
② 周亮亮等.非物质文化遗产的理论认识与我国立法保护历程[J].紫禁城，2012(08)：16.

国性的"非遗"普查活动，共统计出约 87 万项非物质文化遗产，并构建起"四级"非遗"名录体系"，其中体育约有 1593 个项目。在 2006 年、2008 年、2011 年和 2014 年我国先后公布的 4 批 1372 项国家级"非遗"中体育类至少占有 200 项，如果加上省、市、县三级项目，我国体育非物质文化遗产数量已经超过 1000 项[①]，各省份、区域和民族喜闻乐见的传统体育项目大都被涵盖其中，"体育非物质文化遗产"开始逐渐代替"民族传统体育"的称谓，使这些具有悠久历史的东方传统身体运动纳入全球"非遗"的传承保护网络体系之中。而且，随着 2011 年 2 月 25 日《中华人民共和国非物质文化遗产法》的颁布，《中国体育非物质文化遗产保护与推广管理办法》（2013）、《国家级非物质文化遗产代表性传承人抢救性记录工作的通知》（2015）、《关于实施中华优秀传统文化传承发展工程的意见》（2017）、《关于进一步加强少数民族传统体育工作的指导意见》（2018）等重要文件的相继出台，标志着我国在纳入世界"非遗"话语体系后，已迅速走上独特的中国体育"非遗"传承保护之路。

二、我国民族传统体育非物质文化遗产传承和发展的现状

（一）华东地区体育非物质文化遗产传承与发展的现状

1. 上海

荆洁基于对体育类非物质文化遗产——上海手狮舞的研究，发现虽然上海手狮舞存在具有上海丰富体育资源种类、繁荣体育文化门类等优点，但目前上海手狮舞发展中传承人队伍不稳定、传承人老龄化、传承群体狭窄等问题仍然存在，这些问题的存在导致手狮技艺面临失传、本土边缘化、改编过度等问题。[②]魏媛媛等通过对上海浦东花篮灯舞体育的生存与活化研究，发现花篮灯舞在传承与发展过程中存在传承队伍单薄、培养模式脱节、缺乏创新意识、新闻报道偏向性等问题。[③]陈旭等对处于濒危状态的体育非物质文化遗产——上海市耍石担石锁的研究，发现当代社

---

① 刘喜山等.体育非物质文化遗产的传承模式及其变迁研究[J].体育学刊，2016（01）：22-26.

② 荆洁.城市化发展背景下体育类非物质文化遗产的传承与发展——以上海手狮舞为例[J].福建体育科技，2013（03）：9-12.

③ 魏媛媛，黄聚云.谈非物质文化遗产保护中民间体育的生存与活化——以上海浦东花篮灯舞为例[J].体育研究与教育，2014（06）：74-79.

会,上海练习石担石锁的练习者日益减少,对石担石锁知晓和了解的人也越来越少,同时练习者老龄化严重、缺乏年轻传承人,耍石担石锁已经濒临灭绝。①

2. 浙江

张剑威等通过对绍兴地区民俗体育的传承现状(以绍兴调吊运动为例)研究,发现调吊运动虽然具有体育健身娱乐、人文艺术欣赏、蕴于目连戏之中的社会规范教育价值,但传承和发展中却存在表演群体较为封闭、传承区域较为狭窄、社会辐射面窄等问题,这些问题导致绍兴调吊体育运动的名气较小,很少被外界所熟知;同时调吊运动的文化传承与当下市场发展存在一定的矛盾,不能很好地融入于市场发展。②彭晓倩对衢州民俗体育传承的现状进行了研究,发现衢州彤弓洪拳在传承和保护过程中出现了许多问题,主要有在当今社会文明和经济快速发展以及社会价值观的冲击下,民俗传统体育赖以生存的文化土壤发生了重要变化,导致传承的群体越来越小、社会辐射面越来越窄以及传承主体缺失,人民(尤其是年轻人)对传统文化的兴趣越来越低,大部分年轻人都不愿意主动学习优秀的传统文化。针对存在的问题,衢州相关部门的保护工作已经启动。③刘金富等在对浙江体育非物质文化遗产保护现状的研究中得出,虽然各级政府机构和部门已经出台了针对非物质文化遗产保护的法规和条例,但相关法规条例不健全、不完善、相关部门执行意识较差、专业的管理人才匮乏等问题在实际工作中依然存在,正是这些问题使浙江省体育非物质文化遗产的保护工作面临着严峻的局势。④

3. 江苏

相振伟基于徐式北派少林拳传承现状的研究,发现现代社会价值的改变导致徐式北派少林拳的传承只注重形式上的传承(学不致用)、缺乏后

① 陈旭,肖焕禹.濒危体育非物质文化遗产上海市耍石担石锁的研究[J].当代体育科技,2015(05):195-196.

② 张剑,威汤,卫东.非物质文化遗产视角下绍兴地区民俗体育的传承——以绍兴调吊运动为例[J].浙江体育科学,2017(06):40-45.

③ 彭晓倩.非物质文化遗产保护视角下衢州民俗体育的传承[J].内江科技,2015(10):120-121.

④ 刘金富,魏源.困境与路径:我国体育非物质文化遗产保护研究——以浙江省为例[J].浙江体育科学,2016(04):36-40.

继人才以及原始资料丢失；同时在现代生活方式的影响下，徐式北派少林拳的村落、学校、社会的文化传承链出现了裂痕甚至"断层"。[①]张东徽等对江苏地区传统体育类非物质文化遗产的保护现状进行了调查，了解到江苏省拥有丰富的民族传统体育资源，民众对民族传统体育项目也具有一定的认知，但是一些优秀的民族传统体育文化在现代社会文明和社会价值观的影响下，其保护和传承现状并不乐观，甚至正面临着重大的问题，民族体育的发展呈颓废之势。[②]

4. 安徽

张庆武等以华佗五禽戏为例对安徽体育非物质文化遗产的教育传承研究，发现以华佗五禽戏为代表的体育非物质文化遗产在传承的过程中存在传统家庭教育传承模式淡化模糊、学校传承效果不佳以及传承过程中丢失文化内涵等问题。[③]牛芳等以徽州嬉鱼灯活动为例对徽州民俗体育的传承进行了研究，认为活态化、生活性和群体性等是徽州嬉鱼灯活动的主要特征，但当下在传承过程中存在传承人少、传承青黄不接、原生态文化在商业开发中丢失、各级政府部门保护力度不够、高校科研工作研究不深、理论研究挖掘不足以及传承主题责任感淡薄等问题。[④]梁婷玉发现安徽省体育非物质文化遗产同体育旅游的融合，带动了当地旅游业的发展，形成了特色旅游项目，使安徽省的旅游经济得到了迅速的发展。二者的结合吸引了更多的人去参与项目的保护和传承工作，促进了体育非物质文化遗产的传承和保护，但体育非物质文化遗产与体育旅游融合也存在非物质文化遗产发展商业化、利益化等问题。[⑤]

① 相振伟. 江苏省体育非物质文化遗产的传承困境与路径探索——以徐式北派少林拳为例[J]. 中华武术（研究），2016（06）：33-37.
② 张东徽，徐飞. 传统体育类非物质文化遗产保护现状调查研究——以江苏地区保护项目为例[J]. 体育科研，2017（01）：48-51.
③ 张庆武，彭小雷，许大胜. 安徽省体育非物质文化遗产的教育传承研究——以华佗五禽戏为例[J]. 运动，2016（02）：152-154.
④ 牛芳，卢玉，陈小蓉. 非物质文化遗产视角下徽州民俗体育的传承——以徽州嬉鱼灯活动为例[J]. 上海体育学院学报，2014（03）：58-61.
⑤ 梁婷玉. 安徽省非物质文化遗产融合体育旅游的问题与对策分析[J]. 黄山学院学报，2018（03）：96-100.

5. 福建

周海凤等对福建地术拳传承模式与传承路径研究，发现近一个世纪福建地术拳的传承和发展出现了多次变迁，而并非沿着传统的模式进行传承和发展；经过一个世纪福建地术拳探索出一条"以政宣武，以商养武，以武助商"六进传承模式，促进了福建地术拳的传承与发展。①马冬雪对福建省体育非物质文化遗产的活态传承现状研究，发现传承人年龄结构趋于老龄化、传承人兼职化以及传承人流失严重，传承工作青黄不接、传承和传播途径狭窄、民众对体育"非遗"的关注度低下、民众对体育"非遗"认知和保护力度不足等是当前福建省体育非物质文化遗产的活态传承面临的主要问题。②温艳蓉在对闽西客家民俗体育非物质文化遗产的传承模式的研究过程中，发现手工制作是闽西客家民俗体育非物质文化遗产的主要组成者，闽西客家民俗手工制作工艺十分复杂，这主要与当地对龙的崇拜有关；闽西客家民俗"非遗"主要沿用言传身教的传统传承模式，这种传承模式、传承群体较为单一，不利于工艺的推广。③

6. 江西

高培军对体育类非物质文化遗产——彭泽板龙的保护与发展研究得出，在现代社会和经济全球化的猛烈抨击下，江西民俗体育类非物质文化遗产彭泽板龙的传承和保护正面对着巨大的挑战。④黄平通过对江西省民俗体育的传承与保护研究，发现江西省大部分民俗体育项目都属于濒危类或衰退类，其生存面临着文化生态异化、民俗体育文化失落等问题，导致传承工作的开展日益困难，传承局面不容客观。⑤

7. 山东

胡彬彬通过对临淄蹴鞠传承与保护现状的研究，发现当地民众虽然对蹴鞠有着广泛普遍的认识，但是对该运动深层次的历史与文化的了解和认

① 周海凤, 林晓花. 体育非物质文化遗产福建地术拳传承模式与传承路径探析 [J]. 福建体育科技, 2016 (04)：16-19.

② 马冬雪. 福建省体育非物质文化遗产的活态传承研究 [D]. 福州：福建师范大学, 2016.

③ 温艳蓉. 闽西客家民俗体育非物质文化遗产的传承模式——以连城姑田游大龙的考察为例 [J]. 搏击 (武术科学), 2013 (01)：93-95.

④ 高培军. 民俗体育类非物质文化遗产彭泽板龙的保护与发展探索 [J]. 九江学院学报 (自然科学版), 2013 (01)：108-110, 128.

⑤ 黄平. 非物质文化遗产视野下江西省民俗体育的传承与保护 [J]. 南方文物, 2014 (04)：204-205.

识不足，导致民众对蹴鞠运动文化认知缺失，其中主要原因是该运动在当地的组织表演形式大于文化的传播宣传，因此忽视蹴鞠历史与文化的宣扬是该项目传承与保护工作存在的重要不足。①张凤英通过对济宁市体育非物质文化遗产保护现状的研究，发现在外来文化的强烈抨击下，当地的一些优秀的民族体育文化逐渐边缘化，逐步淡出了民众的视线；此外政府、社会以及传承人等三个方面在体育"非遗"传承与保护中也存在不同程度的问题，这些问题促使济宁市开展体育"非遗"和传统文化保护工作迫在眉睫，情况不容乐观。②

（二）华北地区体育非物质文化遗产传承与发展的现状

1. 山西

在对山西省体育类非物质文化遗产保护现状的研究中，杜彩凤等发现山西省有体育非物质文化遗产国家级 21 项、省级 60 项、市级 196 项，这些项目包括传统体育、民俗、传统舞蹈等种类；但在实际的保护中存在着项目类别多、分类不明确、重点不突出以及优秀传承人缺乏、项目的自然生态环境破坏等问题，致使山西省体育非物质文化遗产传承和保护的现状不容乐观。③徐杰等通过对山西体育非物质文化遗产资源特征与发展的研究，发现山西体育"非遗"饱含晋商文化元素，并呈现出戏剧化、武舞交融的审美情趣，这些特征使山西体育"非遗"具有家族性、种族性以及团体竞技的传承特征，但是在现代社会多种因素的影响下山西体育"非遗"面临消亡的境地，尤其是传承与旅游开发出现了矛盾异化，因此，当下山西体育"非遗"传承与保护工作迫在眉睫，要想使宝贵的传统体育资源获得良性的可持续发展，必须采取一定的保护措施。④

① 胡彬彬. 非物质文化遗产视角下民族民间体育文化的传承与保护——以临淄蹴鞠为例[J]. 体育科技文献通报, 2016 (01)：112-113, 130.
② 张凤英. 济宁市体育非物质文化遗产保护现状的研究[D]. 聊城：聊城大学, 2014.
③ 杜彩凤, 张翔, 张国强. 山西省体育类非物质文化遗产保护现状研究[J]. 四川体育学, 2016 (03)：102-107.
④ 徐杰, 石晓峰. 山西体育非物质文化遗产资源特征与发展研究[J]. 博击（武术科学）, 2015 (06)：89-91.

2. 河北

王书彦等通过调查，发现河北省仅有 1/3 的农村学校开设了民族传统体育类课程；传承形式单一、传承效果欠缺以及可传承的项目类别单一、体育非物质文化遗产区域发展不均衡等问题阻碍河北省体育非物质文化遗产的保护和发展。①孙东雪在对体育非物质文化遗产在高校传承现状的研究中，认为河北高校对体育非物质文化遗产传承的相关政策和法规具有较高的执行力度，使体育非物质文化遗产在高校的传承得到了一定的保障，但体育非物质文化遗产在高校的发展中存在学生学习兴趣偏低（相比于传统竞技项目）、学生对课程开设的满意度不足、活动开展的经费不足、致使体育类非物质文化遗产在学校的教学和课外活动中开展力度不够；体育"非遗"开设的课时不足，学生无法完全了解和掌握项目的核心技能和知识，开展的项目课程类型单一，不能满足学生需要；活动形式单一、枯燥，不能激发学生对项目的兴趣以及传承的内在、外在的趋势力量不足，传承成效不足等问题。②

3. 内蒙古

温娇通过对内蒙古体育非物质文化遗产现状的研究，发现内蒙古体育非物质文化遗产在传承和发展过程中存在项目种类单一、国家级项目较少、政府扶持与投入力度偏小、缺乏足够的资金投入等问题。③

（三）华中地区体育非物质文化遗产传承与发展的现状

1. 河南

杨伟松以梅花拳为例对河南省传统体育文化进行了个案研究，发现河南省相关部门已经制定了河南省体育非物质文化遗产的相关法律，使河南省的传统体育类非物质文化遗产的保护有了一定的保障，河南梅花拳的传承场所、内容和方法、亮拳活动以及收徒、授徒方式等在传承过程中都发生了变化。虽然新形势下河南梅花拳所呈现出的变化有利于推动传承工作的进行，但也存在收徒的程序步骤复杂烦琐、传承缺乏资金、项目的宣传工作不到

---

① 王书彦，王强，张英建等. 体育非物质文化遗产在农村学校的传承研究——以河北省为例 [J]. 吉林体育学院学报, 2016（03）: 79–83.

② 孙东雪. 河北高校体育非物质文化遗产传承现状与对策研究 [D]. 吉首: 吉首大学, 2015.

③ 温娇. 内蒙古体育非物质文化遗产现状的调查研究 [J]. 当代体育科技, 2016（05）: 122–123.

位、传承思想保守守旧、传承后继无人以及项目生态环境被破坏等问题。①
朱宗海认为河南省体育非物质文化遗产普遍存在项目种类比较单一、传承活
动缺乏足够的资金支持、项目传承的理论工作研究匮乏、传承后继人缺乏以
及项目的专业保护机构和人员不足、项目的产业化不够等问题。②邵万鑫等
发现周口非物质体育文化遗产传承和保护中存在政府和普通民众认知度不
够、传承模式守旧缺乏创新以及传承队伍素质有待提高等问题。③

2. 湖北

彭思静认为湖北省体育类非物质文化遗产具有自身难度系数大、危险
系数高（失传）等特点，若想完全掌握技艺的精髓和核心必须长年累月的
进行练习，而一般年轻的徒弟由于练习时间短，导致水平较低而无威望；
传统的文化技艺在现代多元生活的冲击下很难吸引年轻人来学习，导致许
多项目群众基础薄弱，传承人匮乏；政府对体育非物质文化遗产支持经费
少，只注重平时工作业绩，没有真正地将体育类非物质文化遗产的传承当
作一项长期的事业来做。目前湖北省非物质文化遗产保护中心已经针对湖
北省体育类非物质文化遗产传承现状采取了许多保护措施，以最大程度地
对非物质文化遗产进行抢救性挖掘，但非物质文化遗产的保护是一项长期
系统的工程，耗时耗力，需长期进行。④闻年富认为湖北省体育类非物质文
化遗产的管理体系日益完善、相关机构共同协助促进发展、非物质文化遗
产促进地方活化、文化传承从理论到实践纵深拓展，但是还存在着地方政
府和民众对当地体育非物质文化遗产的保护意识淡漠、原生态环境保护状
态逐渐失衡等相关问题。⑤徐剑等通过对荆楚体育非物质文化遗产武穴岳家
拳传承与发展的研究，发现武穴岳家拳在生产生活方式现代化和竞技体育
冲击下，面临着继承人青黄不接、理论研究偏窄等问题。⑥

① 杨伟松. 河南省传统体育类非物质文化遗产传承与发展的研究——以梅花拳为个案 [D]. 新乡：河南师范大学，2016.
② 朱宗海. 河南省体育非物质文化遗产资源现状的调查 [J]. 安徽体育科技，2012（05）：9–11.
③ 邵万鑫，梁亚东，李阿建，等. 周口体育类非物质文化遗产的可持续发展研究 [J]. 湖北体育科技，2016（04）：304–308.
④ 彭思静. 湖北省体育类非物质文化遗产保护与传承研究 [J]. 体育科技文献通报，2018（03）：36–38.
⑤ 闻年富. 湖北体育类非物质文化遗产保护绩效评价研究 [D]. 武汉：湖北大学，2013.
⑥ 徐剑，高会军，郑湘平，赵玉洁. 荆楚体育非物质文化遗产武穴岳家拳传承与发展 [J]. 湖北体育科技，2015（08）：729–731，668.

3. 湖南

夏晨晨对湘西州体育非物质文化遗产传承人生存现状的影响因素进行研究，发现湘西州体育非物质文化遗产的传承人生存现状需要进一步改善，其传承和发展需要解决的问题还有很多。[①]徐晓琴等通过对湖南民俗体育流变及发展前景的研究，得出湖南民俗体育存在传统文化阵地萎缩、信仰和传统变化、传承方式单一化、经费紧缺等问题。[②]王庆庆认为多种因素影响着体育类非物质文化遗产的校园传承，主要有国家政策导向作用、全国和省级少数民族运动会举办的推动作用、项目自身特点、各级领导对项目的重视程度、教师和学生对项目的认知度和认知态度、推动项目发展的师资队伍和场地器材配置等，体育类非物质文化遗产校园的传承与发展在一定程度上受这些因素的影响。[③]

（四）华南地区体育类非物质文化遗产传承与发展的现状

1. 广东

刘亚通过对广东省 21 市体育非物质文化遗产的研究，认为广东省舞蹈类的体育非物质文化遗产种类繁多、形式多种多样，但一些项目的传承和保护却存在着许多问题。[④]尹少丰对粤北南雄舞香火龙传承现状进行研究，认为粤北南雄舞香火龙活动具有历史、文化、商业和社会和谐等多种价值，但其在传承和发展的过程中也面临发展空间被现代文化压制、后备人才缺乏、人才断群、活动经费不足等诸多问题。[⑤]陈春燕等对潮汕地区民俗体育文化的保护进行研究，认为源于农耕文化的潮汕民俗体育的"生态基础和生态文化"遭到严重破坏，民俗体育文化的"乡土性"生存土壤失去了依托，同时在西方体育文化的影响下，我国青年对传统文化比较淡漠，汕头市民族民俗体育文化的发展境况不容乐观，若不采取一定的保护措施

---

① 夏晨晨. 湘西州体育非物质文化遗产传承人生存现状的影响因素研究[J]. 体育科技, 2017（06）：62—64.

② 徐晓琴, 陈敏. 非物质文化遗产视角下湖南民俗体育流变及发展前景研究[J]. 当代体育科技, 2015（30）：213, 215.

③ 王庆庆. 体育类非物质文化遗产之校园传承研究[D]. 吉首：吉首大学, 2016.

④ 刘亚. 广东省 21 市体育非物质文化遗产研究[J]. 山东体育学院学报, 2011（10）：31—36.

⑤ 尹少丰. 非物质文化遗产视角下民俗体育的传承——以粤北南雄舞香火龙为例[J]. 当代体育科技, 2015（16）：184—185.

会使汕头市民族体育文化消失殆。^①

2.广西

杨姗姗等通过研究广西少数民族体育非物质文化遗产生产性保护模式，认为少数民族体育"非遗"在广西的发展中呈现出鲜明的地区和区域特色，是广西宝贵的体育资源和社会文化，因此应加强对广西体育非物质文化遗产资源的保护和开发，使其成为广西体育事业的一张明信片。^②王标对广西体育非物质文化遗产保护与发展新思路进行研究，认为广西民族体育"非遗"项目是我国非物质文化遗产的重要组成部分，但在当下社会环境和生态环境的影响下面临着生存和发展困境。

（五）西南地区体育类非物质文化遗产传承与发展的现状

1.四川

刘泽梅对国家"非遗"——四川泸州雨坛彩龙的保护与传承进行研究，发现我国学者对舞龙运动相关研究非常多，但是泸州雨坛彩龙却鲜为人知，尤其在学术界，目前学术界关于国家"非遗"四川泸州雨坛彩龙的专业研究的学术成果仅有"雨坛彩龙的传承发展探究"一文。该文从不同视角对四川泸州雨坛彩龙进行了介绍和研究，因此就目前的研究现状而言雨坛彩龙理论研究十分薄弱。四川泸州雨坛彩龙在保护与传承过程中面临着彩龙传承场地、经费以及舞龙后备人员不足、科研较少、民众保护意识薄弱等问题，致使泸州雨坛彩龙的保护和传承工作受到严重的影响。^③朱微微通过对四川省体育非物质文化遗产保护实践评价的研究，认为评价为"优秀"的项目，在保护发展上形成了完整的保护体系；评价为"良好"的项目主要存在发展经费和商业支持不足、学术研究少、传承人匮乏等一系列问题；表演性质强、参与难度系数大、经费不能完全落实、商业支持不足、位于偏远地区等是导致部分项目被评价为"一般"的主要原因；评价为"差"的项目在政府支持、社会关注和继承人发展上都寸步难行，国

---

① 陈春燕，田学礼.非物质文化遗产视角下潮汕地区民俗体育文化的保护研究[J].体育科技，2015（06）：92-93.

② 杨姗姗，黄小华.广西少数民族体育非物质文化遗产生产性保护模式[J].广西民族师范学院学报，2017（01）：21-24.

③ 刘泽梅.原生态"类体育"国家级非物质文化遗产的保护与传承研究——以四川泸州雨坛彩龙为例[D].昆明：云南师范大学，2015.

家和社会应加强协助和支持。^①童国军通过对四川少数民族体育发展的研究，认为体育非物质文化遗产保护工作还处于初期阶段，许多保护工作和措施还不完善，在这种背景下四川体育非物质文化遗产保护体系的建立需要一个长期的过程；针对当下的实际情况，四川省体育非物质文化遗产保护工作应在保持文化纯真、生态与特色的基础之上，结合地区的文化产业，建立多渠道的宣传模式，促进项目的传承和发展。^②

2. 贵州

张文波等通过对贵州独竹漂运动保护与传承的研究，认为独竹漂运动存在传承人匮乏、传承途径单一、经费投入少且分配不均衡等问题，这些问题影响了独竹漂运动的发展。^③徐宏通过对贵州苗族体育舞蹈"水鼓舞"的渊源、价值与传承发展的研究，认为水鼓舞在发展过程中文化和自然生态已受到严重影响、水鼓舞已面临着无水、无地、无泥的危险。^④刘云飞等通过对贵州少数民族传统体育的保护与发展的研究，发现贵州虽然拥有丰富的少数民族传统体育文化项目，但是随着现代社会文化的变迁以及民族体育保护机制的不健全，导致这些体育"非遗"未能在社会上形成明显的经济效益和文化效益，无法实现其有利的价值，贵州体育"非遗"项目的发展境地处于萎缩、消亡的状态。^⑤

3. 云南

刘海屹通过对云南省级体育非物质文化遗产传承人现状的研究，认为虽然云南民族体育的开展具有深厚的群众基础，但是一些项目在宣传和推广上存在力度不够的问题；从事体育"非遗"的传承人和管理人员对项目的认识了解不足，体育"非遗"的训练科学化不强，竞赛形式单一，缺乏

① 朱微微.四川省体育非物质文化遗产保护实践评价研究[D].成都：成都体育学院，2017.
② 童国军.非物质文化遗产保护视野下四川少数民族体育发展研究[J].武术研究，2018（07）：78-81.
③ 张文波，齐心.少数民族传统体育非物质文化遗产保护与传承——以贵州独竹漂运动为例[J].教育文化论坛，2013（06）：93-96.
④ 徐宏.非物质文化遗产视角下贵州苗族体育舞蹈"水鼓舞"的渊源、价值与传承发展研究[J].贵州师范大学学报（社会科学版），2014（06）：69-74.
⑤ 刘云飞，吴大华.非物质文化遗产法律框架下贵州少数民族传统体育的保护与发展[J].贵州民族研究，2011（06）：157-161.

娱乐性和趣味性，同时体育"非遗"在社区和学校的开展较为有限。[1]白银龙等通过对玉溪市民族传统体育非物质文化遗产现代化风险与规避的研究，认为社会的现代化进程对玉溪体育"非遗"项目的发展带来了一定的冲击，影响体育"非遗"的可持续发展，要想使体育"非遗"可持续的持续发展，就对其面临的风险进行评估。[2]花林娜发现在巍山彝族打歌原生态"类体育"非物质文化遗产的传承与保护过程中存在风格同化、后备传承人员不足、政府经费匮乏、传承场地和管理人员不善、民众保护意识差、民众对体育"非遗"的认识不够等问题。[3]

4. 西藏

丁玲辉认为西藏民族传统体育虽然饱含藏民文化内涵，但在经济全球化以及西方体育思潮的影响和普及下，藏族原生态的民族体育文化面临着失传的危险境地。[4]杨建鹏认为西藏体育非物质文化遗产的可持续发展困难重重，部分项目面临着没有继承人、持续发展难、濒临消失的处境。[5]

（六）西北地区体育非物质文化遗产传承与发展的现状

1. 陕西

马增强认为反文化、伪民俗等消极现象阻碍了体育类非物质文化的传承和发展。[6]樊丽等在对榆林地区体育非物质文化遗产保护现状的研究过程中，发现民众参与度和保护意识不足、项目繁多分类不明确等问题，对榆林地区体育非物质文化遗产保护产生了不良的影响。[7]赵亮等认为西北民族传统体育非物质文化遗产传承与保护中政府应该投入足够的资金、建立完

① 刘海屹. 云南非物质文化遗产省级少数民族传统体育代表性传承人传承困境研究 [D]. 昆明: 云南师范大学, 2016.

② 白银龙, 李俊桓, 张敏. 玉溪市民族传统体育非物质文化遗产现代化风险与规避研究 [J]. 武术研究, 2016 (02): 106-108.

③ 花林娜. 巍山彝族打歌原生态"类体育"非物质文化遗产的传承与保护 [D]. 成都: 成都体育学院, 2015.

④ 丁玲辉. 非物质文化遗产保护视野下西藏民族传统体育传承的探讨 [J]. 西藏民族学院学报 (哲学社会科学版), 2013 (03): 16-19.

⑤ 杨建鹏. 西藏体育非物质文化遗产可持续发展研究 [J]. 内蒙古体育科技, 2015 (04): 31-32, 8.

⑥ 马增强. 体育类非物质文化遗产保护问题研究——以陕西省为例 [J]. 西安体育学院学报, 2011 (03): 139-142.

⑦ 樊丽, 杨宏. 榆林地区体育非物质文化遗产保护发展及对策研究 [J]. 榆林学院学报, 2015 (04): 65-67.

善的保护措施以及系统性地对民俗民族的申遗进行研究等。①

2. 甘肃

李军阳认为甘肃省体育非物质文化遗产具有独特的地理位置和历史文化沿革等特点，这些特质赋予了甘肃省体育非物质文化的多样性和复杂性，地方政府不重视、生态环境破坏、法律法规不健全、地方经济水平落后、专业性保护人才缺乏、外来文化的冲击、传承方式单一的等问题严重地阻碍了甘肃省体育非物质文化遗产的发展。②王宏伟等通过对"一带一路"建设背景下甘肃黄金段民族传统体育非物质文化遗产保护现状的研究，认为甘肃黄金段非物质文化遗产发展存在经济发展落后、文化认知低、相关法律法规的不健全、外来文化的冲击、文化生态环境变迁等一系列问题。③杨勇对甘南藏族自治州巴朗鼓舞的传承与发展进行研究，认为巴朗鼓舞一种独特的藏民族传统文化，在甘南藏族自治州境内流传至今已有1300多年的历史，这彰显出巴朗鼓舞顽强的生命力和悠久的历史与文化，是甘南宝贵的文化资源；但如今在多种因素的影响和制约下巴郎鼓舞的传承与发展却面临着后继无人、资金短缺、群众参与积极性不高、宣传力度不够、缺乏科学的理论指导和政府重视程度不够等问题，巴朗鼓舞若想得到健康可持续发展必须解决上述问题。④

3. 宁夏

马兆明等通过对宁夏体育非物质文化遗产保护的研究，认为宁夏非物质文化遗产收录体育非物质文化遗产 12 项，但在这 12 个项目中未有一项被录入国家级"非遗"保护名录；宁夏对于体育非物质文化的传承与保护尚处于起始、探索阶段。⑤殷鼎对宁夏体育非物质文化遗产保护传承的研究，认为宁夏共有 12 项体育非物质文化遗产，12 个项目均属于回族（地区），在级别上均属于省级，无国家级项目，在项目的发展上政府经费投

---

① 赵亮, 刘凌宇. 西北民族传统体育非物质文化遗产的传承与保护[J]. 宁夏社会科学, 2016(04)：234–241.

② 李军阳. 甘肃省体育非物质文化遗产保护与传承研究[D]. 兰州: 兰州理工学院, 2014.

③ 王宏伟, 孟峰年, 李颖侠. "一带一路"甘肃黄金段民族传统体育非物质文化遗产的保护[J]. 绵阳师范学院学报, 2018(08)：128–133.

④ 杨勇. 体育非物质文化遗产甘南藏族自治州巴朗鼓舞的传承与发展[J]. 体育世界(学术版), 2018(11)：102, 104.

⑤ 马兆明, 殷鼎, 陈娜, 等. 宁夏体育非物质文化遗产保护研究[J]. 四川体育科学, 2018(1)：80–84.

入不足、传承人才缺乏以及社会各界对项目的重视程度不足等问题。①

4. 新疆

刘志敏通过对新疆少数民族传统体育文化的研究，认为在现代竞技体育项目的冲击下，新疆地区的许多体育非物质文化遗产的生存和发展面临着严重的危机，主要表现为国家级"非遗"项目较少、相关法律法规不健全、体育"非遗"文化的传播力和映射力较差等。②张彩等通过对非物质文化遗产保护与新疆民族传统体育发展的研究，得出在现代化和城市化浪潮的冲击下体育"非遗"面临着消亡的境地，体育"非遗"的生存空间十分狭窄，一些民族体育文化正在消失。③史鑫对新疆体育非物质文化遗产——方棋的可持续发展进行研究，认为在现代社会文化和价值观的影响下新疆方棋的发展面临着人民对传统文化的热度逐渐减少、理论研究薄弱、传承方式和传承地区狭隘、传承后继无人等问题。④

5. 青海

余靖龙等对青海省体育非物质文化遗产的现实境遇进行研究，认为在青海省体育"非遗"在传承过程中申报高级别的"非遗"种类较少且类别较为单一、法律法规不完善导致"非遗"保护工作力度不够、传承人老龄化严重、性别比例不合理以及保护资金投入不足等。⑤

（七）东北地区体育非物质文化遗产传承与发展的现状

1. 辽宁

付秀超对辽宁省蒙古族自治县民族传统体育项目发展进行研究，认为该地区民族体育开展现状不容乐观，大多数项目在日常生活中开展得十分有限，而经常开展的民族体育运动项目较少；民族体育运动开展和组织形式虽然多样，但民众满意率偏低，群众对民族体育项目的关注度、认知度较低，民族体育竞赛异化现象严重，对项目的文化精髓继承性不够，导致

① 殷鼎. 宁夏体育非物质文化遗产保护传承研究 [J]. 体育科技, 2016 (06)：135–136.

② 刘志敏. 非物质文化遗产视角下新疆少数民族传统体育文化保护研究——以新疆哈萨克族为例 [J]. 当代体育科技, 2013 (05)：99–100.

③ 张彩, 杨胜利. 非物质文化遗产保护与新疆民族传统体育的发展 [J]. 新疆大学学报（哲学·人文社会科学版）, 2011 (04)：68–70.

④ 史鑫. 体育非物质文化遗产新疆方棋可持续发展研究 [D]. 乌鲁木齐：新疆师范大学, 2014.

⑤ 余靖龙, 史儒林, 李昆前. 青海省体育非物质文化遗产的现实境遇 [J]. 武术研究, 2018 (12)：125–129.

许多优秀的民族体育项目处在边缘化发展，甚至消亡。①张良祥等对达斡尔族体育非物质文化遗产保护进行研究，认为该族体育"非遗"项目的发展日趋衰弱、传承面临后继无人、资金投入不足等。②

2. 黑龙江

尚书等认为黑龙江的民族体育运动申报体育"非遗"的项目非常少，而申报为国家级的项目更少，许多优秀的民族体育运动项目尚未得到官方和政府的重视，散落在民间无序发展，对黑龙江体育"非遗"的发展非常不利；同时黑龙江体育"非遗"发展相关法律法规制度不完善，各级政府和组织对体育"非遗"投入的经费较少，不足以推动体育"非遗"的可持续健康发展，导致一些优秀的民族体育文化和项目处于消亡的状态；此外，黑龙江体育"非遗"的普及率、推广度较低，与社区体育文化活动、学校体育教学结合度较低。③宋智梁等对黑龙江省体育非物质文化遗产传承人现状进行研究，认为在现代社会的影响下传承人的生存环境受到严重的冲击、生存范围不断减少，传承人素质偏低、年轻传承人偏少以及老龄化严重等，这些问题的存在使黑龙江体育"非遗"传承现状不容乐观。④彭迪等对黑龙江省体育"非遗"发展与实证进行研究，认为黑龙江省体育"非遗"的传承存在传承人认定和选拔制度不健全、传承人权利与义务不明确，导致传承人对自身工作认识不清晰；政府给予传承人的经费缺乏完善的管理机制，传承人所享受到的传承经费有限；体育"非遗"的生存空间边缘化、缺乏传承人、传承方式单一，这些局限性的存在使黑龙江体育"非遗"的发展范围十分狭窄，影响力和社会价值较小。⑤

综上所述，可以看出我国非物质文化遗产资源十分丰富，但是在发展

① 付秀超. 非物质文化遗产视域下的辽宁省蒙古族自治县民族传统体育项目发展研究［D］. 南昌: 南昌大学, 2016.
② 张良祥, 宋智梁, 姚大为, 倪莎莎, 马阳. 达斡尔族体育非物质文化遗产保护理论发展研究［J］. 辽宁体育科技, 2015（06）: 86–88.
③ 尚书, 张良祥, 宋智梁. 黑龙江省体育非物质文化遗产的保护与传承创新研究［J］. 运动, 2017（05）: 146–147, 140.
④ 宋智梁, 于佳明, 翁立超, 杨利, 张良祥, 吴迪. 黑龙江省体育非物质文化遗产传承人的现状及保护对策［J］. 高师理科学刊, 2017（03）: 67–70.
⑤ 彭迪, 宋智梁, 张良祥. 黑龙江省少数民族体育非物质文化遗产传承发展与实证研究［J］. 黑龙江民族丛刊, 2016（04）: 154–158.

过程中普遍存在传承人老龄化、传承方式单一、传承范围狭窄、保护资金匮乏、政府相关部门和社区保护力度不够、民众保护意识差、传承模式守旧缺乏创新、缺乏科学理论的指导等问题。这表明我国体育非物质文化遗产的传承和保护现状并不乐观，面临着巨大的挑战，体育"非遗"传承与保护工作迫在眉睫，要想使宝贵的传统体育文化可持续发展，就必须及时采取有效的保护措施。

三、我国民族传统体育非物质文化遗产传承和发展的策略

（一）厘清对体育非物质文化遗产内涵与外延的认知

概念是对事物共同本质与特点的抽象把握。目前体育非物质文化遗产地位的缺失和认识的混乱，体现出人们对体育"非遗"本质认识的模糊，所以，厘清体育非物质文化遗产的内涵与外延成为开展相关研究的首要任务。一方面，要认识到我国的体育非物质文化遗产项目是一类孕育了现代体育的"前体育"形态，既是民族传统体育的典型，又是非物质文化遗产的重要代表。我们决不能想当然或简单地以西方国家产生并引进的"体育"概念来解释和界定我国的全部"身体运动"或体育"非遗"。另一方面，在考察我国民族传统体育的早期属性之基础上，结合现代体育的固有特征，我国体育"非遗"的本质属性或内涵应该是"身体运动"。体育"非遗"是以身体运动为主要基本手段，以追求身心健康为主要目的或客观上达到锻炼身心效果的一类非物质文化遗产。在对体育"非遗"内涵、外延及概念进行界定的基础上，我们发现，在整个《非物质文化遗产名录》中，体育"非遗"即使当前不是单列类目，但也可以在其中占有独特而明确的位置。

（二）对传统的传承范式进行创造性转换

非物质文化遗产的根本特性是活态性，没有合适的传承模式非物质文化遗产就会失去活性乃至消亡。延续了数千年的体育非物质文化遗产的师徒制，在全球化与现代化的浪潮下渐趋没落，但师徒制所特有的"口传身授"之特性又是大量体育"非遗"项目短期内必须依仗且难以脱离的。"文化的创造和再生产，始终都同人的生存需要、生存能力、生存状况以

及生存意向密切地相联系。"①习近平谈到传统文化的传承发展时强调："……要使中华民族最基本的文化基因与当代文化相适应、与现代社会相协调……"②这要求结合现实社会的要求对传统的师徒制传承方式进行创造性转换和创新性发展，一方面，可以利用互联网等现代高新技术，实现远程授课和定期授课，提升师徒制的传承效用；另一方面，尽快实现"师徒制"传承方式与教育传承、社会社团传承之间的融合和互动，将"师父"身份向"老师""教练"身份慢慢转化，把师徒制打造成为能被学生和居民群体接受的新型师徒制。另外，大力提倡"家园遗产"的传承保护理念，提升"非遗"持有者的文化自觉，让师徒制不脱离其原生的文化空间，并能够长期存续于人们的生产生活之中，真正践行"见人见物见生活"的传承保护理念。

（三）缩小各项目间传承保护水平的差异

第一，要善于借力于那些传承保护水平较好的项目所建立的资源和平台，带动其他项目的传承保护。比如，近年来，部分地区知名度不高的武术拳种借助河南郑州打造的"国际少林武术节"提高了知名度、拓展了传承空间、扩大了对外影响力。第二，持续重视那些非知名的体育"非遗"项目。我国的体育"非遗"项目大多具有相似的文化生态环境，它们之间是唇亡齿寒、彼此依附的紧密关系，非知名项目的消亡往往会影响知名项目的健康可持续发展，持续加强对非知名项目的挖掘、整理、政策支持、资金资助等工作的投入是必然之举。第三，重视原始"身体动作"。原始"身体动作"是体育非物质文化遗产的重要起源，当前的体育非物质文化遗产中有大量的原始"身体动作"遗存，而且这些原始动作不断佐证大量体育非物质文化遗产项目的同根同源。我们要更加重视并持续加强对原始身体动作的研究，不断探寻中华体育乃至东方体育真正的根脉。总之，采取先进带后继、协调兼顾、重点突出等多种措施，推动整个体育非物质文化遗产项目可持续和健康的传承保护。

（四）立足文化自信提升各项目的传播力

习近平在谈到优秀传统文化的传承弘扬时强调："把跨越时空、超越

---

① 高宣扬. 布迪厄的社会理论［M］. 上海：同济大学出版社，2004：31.

② 习近平. 习近平谈治国理政（第一卷）［M］. 北京：外文出版社，2018：219.

国度、富有永恒魅力、具有当代价值的文化精神弘扬起来，把继承传统优秀文化又弘扬时代精神、立足本国又面向世界的当代中国文化创新成果传播出去。"[1]在儒家文化为主导的传统文化体系中，民族传统体育是一类突出且独特的文化形态，它们彰显着天人合一、内外兼修、动静贯通、固气守节的中华传统精神。当前在创建文化自信的时代主题下，我们提倡大力传承和保护体育非物质文化遗产，其实质就是尊重并弘扬中华优秀传统文化。从创建文化自信的高度出发，整体上设计体育"非遗"的发展方向和传播路径，凸显中华体育非物质文化所特有的勇猛顽强、刚柔相济、出神入化、兼收并蓄等特征，不断扩大和提升我国体育非物质文化遗产的影响力。同时，在中华文化"走出去"的过程中，充分利用各种类型的"非遗"展览、现场体验展台等，对体育非物质文化遗产进行整体传播和专题传播；培养专业的体育"非遗"传播队伍；促进体育"非遗"的多层次、多渠道传播。

（五）实现多元传承主体的协同联动

政府、社会和个人是我国体育非物质文化遗产传承保护的三个主体。要实现体育"非遗"各传承保护主体间的协同联动，必须在现有的基础上做出更多的改进。首先，要明确各传承主体的传承权责：民间传承主体应主要负责传承位于乡土社会的原生态体育"非遗"，采取适应乡民需求和节令变化的传承方式和传承频度等，且其传承保护行为不应被过多干预；社会传承主体应充分尊重体育"非遗"的内涵，在利用体育"非遗"进行全民健身和营利表演时应保持其原真性不变，禁止对体育"非遗"进行过度改编和歪曲捏造；政府传承主体在体育"非遗"传承保护中担当主导地位，但不应大包大揽，以提供指导和服务为主，比如在筹办民俗民间活动、传统节庆活动和全民健身等活动时，可以充分简政放权，赋权于民间个人与社会组织等传承主体。其次，建设交互平台，让三个传承主体能在这一平台上实现平等对话和充分讨论，形成相互监督和民主商议的长效机制。

---

[1] 习近平在纪念孔子诞辰2565周年国际学术研讨会暨国际儒学联合会第五届会员大会开幕会上强调：从延续民族文化血脉中开拓前进 推进各种文明交流交融互学互鉴[N].人民日报,2014-09-25.

第三章　国内外体育非物质文化遗产保护的经验借鉴

国外是最早开始对非物质文化遗产进行保护的。通过大量的资料记载，从 20 世纪中期起，一些国家就已经开始了对非物质文化遗产的保护和抢救工作。他们积累下来的经验值得我们借鉴，但是东方和西方在保护方法上有所不同。东方是以日本和韩国为代表的、独特的、自成体系的保护方法；西方是以西欧国家为代表，其中部分国家强调统一和整体性的保护方法，另一部分国家强调并实施知识产权的保护方法。本章重点介绍深挖文化和旅游价值的日本和韩国在体育非物质文化遗产保护上的经验。此外，在我国，非物质文化遗产的发展虽然起步较晚，但各级政府已经认识到保护体育非物质文化遗产的重要性，相应地出台了一些政策和法规，加速了我国非物质文化遗产的保护进程，增强了国际间的交流合作，逐步建立起具有中国特色的非物质文化遗产保护机制，有些省市在非物质文化遗产保护方面取得了不错的成就。本章以我国江苏省、四川省和辽宁省大连市为例，借鉴他们在民族传统体育非物质文化遗产保护中的举措与经验，为雄安新区民族传统体育非物质文化遗产保护路径的实现提供参考。

第一节　国外体育非物质文化遗产保护的经验借鉴

二战的战火使历史上遗留下来的物质与非物质文化遗产都遭经历了浩劫。战后，重建家园的步伐飞快，大量的历史环境有的一夜之间消失，面对战争给人们带来的摧残，人们的怀旧之情油然而生。以下列举英国、法国、意大利、日本、韩国这五个国家对非物质文化遗产保护的情况，重点介绍日本和韩国的体育非物质文化遗产的保护经验。

一、英、法、意非物质文化遗产保护的经验借鉴

英国政府早在 1882 就设立了一个由中央政府、地方政府和社会团体共同组建的"古迹巡访办公室"，各司其职，发挥着不同的作用。英国对非物质文化遗产的保护表现在以政府为主导，以制度、法律机制来体现政府意志，这能够很好地发挥社会民间力量来保护非物质文化遗产。

法国在每个城市都设有专门的非物质文化遗产管理机构，在每年9月的第三个周末，政府都让历史文化遗产保护区面向大众开放，当天，历史文化遗产会迎来社会各界人士的参观，法国的这种做法不仅提高了民众对民族历史与文化的认识，而且增强了民众对历史文化遗产的保护意识。

从 1997 年开始意大利政府就在每年5月份的最后一周举行"文化遗产周"活动，在此期间，所有的文化馆都免费对民众开放，并且政府十分注重对非物质文化遗产传承人的培养。目前，意大利在非物质文化遗产的申报上加大了力度，同时扩大了对非物质文化遗产的保护范围，深入到社会的各个领域。此外，意大利专门设立了国家文化遗产部对"非遗"进行管理，各区、市也设有相应的管理机构。

二、日本体育非物质文化遗产保护的经验借鉴

日本是世界上最早提出"非遗"保护的国家，对"非遗"的保护已经成为日本一项行之有效的国策，各项具体工作都已经纳入制度化、体系化、正常化的轨道，取得了显著效果，其百余年的经验有很多值得我们学习之处。

（一）日本体育非物质文化遗产保护传承现状

日本的体育非物质文化遗产的类型和数量如下：舞狮是数量最多的，一共有 125 项，占了所有体育"非遗"的 81.7%，紧随其后的是骑射，一共有 10 项，占了比例的 6.54%，之后就是游戏了，一共有 7 项，占了 4.58%，拔河有 6 项，占了 3.92%，古武术有 3 项，占了 1.96%，斗牛和射箭都只有一项，各占 0.65%。日本的体育"非遗"一共有 153 项，其中国家

级的仅仅占到了 9 项，其余的都为都道府县级别的体育"非遗"，而在国家级别的体育"非遗"中拔河就占了 6 项，斗牛和骑射、射箭各有1项。[1]

日本的国家级体育"非遗"共有 9 项，都道府县级体育"非遗"一共有 144 项，分布在日本全国 30 个都道府县中。日本共有一都一道二府四十三县，其下再设立市、町、村，共有 153 个体育"非遗"项目。其中骑射有 9 项，分别分布在广岛县、埼玉县和熊本县。古武术有 3 项，分布在和歌山县、东京都和熊本县，游戏有 7 项，分别分布在秋田县、山形县、鹿儿岛县、福冈县、熊本县。[2]

（二）日本体育非物质文化遗产的保护传承方式

1. 血缘传承

血缘传承这一传承方式都集中在武术项目中。熊本县古称肥后国，拥有日本三大名城之一的熊本城，熊本城在战国时期是兵家必争之地。为此，熊本境内的武术名家与流派层出不穷，最著名的是剑圣宫本武藏，他在熊本市的灵岩洞写下了著名的《五轮之书》，去世之后，被葬在熊本市弓削的武藏冢。

据传承人介绍，目前日本共有一百多个古武术的流派，其中熊本就占到了二十多个，是古武术传承十分兴旺之地，但是这么多古武术的流派中，成为"文化财"的也只有三个，即武田流流镝马、兵法和小堀踏水术。并且，在众多古武术的流派中，有些流派只剩下了师父和弟子两人，正面临着灭绝的危机。成为"文化财"的三个古武术流派中，武田流流镝马就是典型的血缘传承。武田流，是距今 1100 年前的平安时代，由清和天皇的皇子开始，传到源家第七代之后，分裂成武田、小笠原两个流派，和武田家有姻亲关系的细川腾孝、作为家臣的竹原惟成得到了武田流的直传，细川忠兴和忠利在 1632 年入肥后国之后，由于政务繁忙，就由竹原家作为宗家师范继承了一切直到今日。

血缘传承这一方式的不利之处在于，当家族中没有男性继承人或者其子孙对于传承家业并不感兴趣时，依靠血缘传承的项目就将会面临巨大的危机。

① 彭瑶. 中日体育非物质文化遗产保护传承的对比研究［D］. 深圳: 深圳大学, 2019: 30-31.
② 彭瑶. 中日体育非物质文化遗产保护传承的对比研究［D］. 深圳: 深圳大学, 2019: 31.

2. 师徒传承

血缘传承和师徒传承相结合就是兵法和小堀踏水术了。兵法的现任宗家是一名女性，是上代的女儿。其师父是之前宗家的弟子，一时继承了流派，但是又将宗家之位传回现任宗家。

师徒传承这一传承方式在传统武术的传承中有着重大的作用。师徒传承这一通过模拟血缘传承形成的虚拟的血缘传承方式在某种意义上可以说是血缘传承的更高阶段，师徒传承同样有的像血缘关系一样紧密的关系和相似的伦理道德的约束，更是对血缘关系的一种补充，血缘关系和师徒关系的有力结合或许就是日本武术这一项目能传承千年的原因吧。

3. 社会传承

在日本，虽然政府对"非遗"的保护和传承制定了较为完善的法律体系和保护机制，但随着少子化和地区过疏化，传统文化正在逐渐消失，人口越来越集中在大城市，而农村人口越来越少。随着这种情况的加剧，作为体育"非遗"的传承人来说，也不希望看到自己所传承的珍贵的文化遗产就此消失，并在保护过程中也有不断创新，不断改变，在保留了其历史价值的同时也在与时俱进。传承人对于自己所传承的项目极端热爱，从内心深处不想让这些项目的传承断绝。不仅仅是传承人对于项目的传承，各地区的群众为了项目的传承也积极地贡献自己的力量。

"非遗"是各国优秀的传统文化和民俗文化的代表，它需要借助广大人民群众的力量，依靠着人民群众的智慧全民共同传承下去。

4. 校园传承

日本一直以来都十分注重学校教育和传统文化的结合，并且政府也制定了相关的政策以期培养传统文化的继承者。像"以传统文化激发地域性活化"、文化厅的"综合支援事业""民俗文化财传承、活用事业"等在实际操作中常常与学校教育相结合。①

传承人为了各自的项目能够传承下去，也采取了在校园或者课外培训班传承的模式，像小堀踏水术在昭和十多年的熊本高中（那时候还是旧制中学），踏水术的老师们去学校指导，夏天就在泳池或者河川里指导练

---

① 中国"非遗"保护中心, 中国艺术研究院. 中国"非遗"普查手册[M]. 北京: 文化艺术出版社, 2007: 13-17.

习。像阿苏虎舞保存会的人去山田小学校教孩子们学舞。

除了传承人去学校教孩子们之外，各流派还建立培训班，如，流镝马的宗家建立了少年私塾，通过这种课外班的活动将流镝马这一项目传播到青少年间，家长们对此种课外班也大力支持，很多孩子都是因为家长对流镝马感兴趣才来学习的。

5.保存组织

在日本，国家对无形"文化财"的传承方式有三种："个别认定""综合认定""保持团体认定"。一般"文化财"都会有保存会对其进行保护和传承，这也是一般的"文化财"最为重要的传承方式。热爱这些项目的人们自发地组织起来为传承作贡献。依据其不同的保存对象，保存会有财团法人所有的组织和个人组建的组织等多种形式。

保存会的主要活动游有两种，第一种是实地调查，对保存对象的现状进行调查。第二种是记录和保存，对保存对象进行影像等的收集、记录和保存，并且采集传承者的影像。

（三）日本体育非物质文化遗产保护传承的政策因素

日本对"非遗"的保护采取综合立法的形式，并且拥有"文化财"保护的一元式保护机关——文化厅，拥有以《文化财保护法》为核心法律的完整法律保护体系——《文化财保护法》对立法内容的完整性以及制度化具有较高的标准。

日本是世界上最先提出保护文化遗产的国家，早在 1871 年（明治四年）5 月 23 日，大政宫接受了大学（现文部省的前身）的建议，颁布了《古旧器物保存法》，指出全国各地传世保藏的古旧器物所有者都有责任对其进行管理和保护，并且必须按照其公布的三十一个大项目做出分类和整理，并有向当地政府报告的法律义务。1897 年（明治三十年），《古社寺保护法》的颁布标志着日本文化遗产的管理保护工作开始了法制化的管理。1950 年日本颁布并实施《文化财保护法》，开始了文化遗产的保护的系统工作。1954 年（昭和 29 年），《文化财保护法》做了首次较大的修订，充实了无形"文化财"、"埋藏文化财"和民俗资源的保护制度。1975 年（昭和 50 年）5 月，日本推出了有多项修订的新版《文化财保护法》。现行的《文化财保护法》是第四次修改后的法律，总体来说，部分内容有修改，大体框架还是沿用 1950 年的版本。

通过立法和政策体系的建立，日本对体育非物质文化遗产进行了有效的保护。首先，在保护范围方面，日本将无形"文化财"和地下文物也归为保护范围之内。其次，设置了中央和地方文化财保护委员会，负责"文化财—人间国宝"的筛选，认定名单，颁发认定证书及其他日常保护工作。再次，确定"文化财"三级保护名录。最后，对无形"文化财"的认定方式——对"人"极其关注，即"人间国宝"命名制度（国内也叫"传承人"），并明确规定国家资助方式，政府每年补助"人间国宝"200 万日元、用于培养和传承技艺。[①]

三、韩国体育非物质文化遗产保护的经验借鉴

韩国是将非物质文化遗产商业化最早的国家之一，这主要在于政府对非物质文化遗产能够提供非常好的优惠政策，使得非物质文化遗产与旅游业相结合。在韩国经常可以看到各种非物质文化遗产项目的宣传，并且都有明确的价格。韩国的非物质文化遗产项目每年都会吸引大量的外国游客前来观看，这不仅促进了韩国旅游业的发展，而且也让非物质文化遗产项目得到了传承与发展。

（一）韩国体育非物质文化遗产保护的现状与经验

1. 韩国体育非物质文化遗产保护现状

在政府、社会及民间共同协作与配合之下，韩国体育"非遗"保护工作成效显著，其获得联合国教科文组织批准的人类非物质文化遗产中传统体育项目占比甚高，这是韩国体育"非遗"保护成效最有力的证明。截至目前，鹰猎、走绳、跆跟、拔河、摔跤等 5 个传统体育项目已成功列入《人类非物质文化遗产名录》。韩国官方及民间积极利用体育"非遗"保护这一平台，不断寻求更具前瞻性、更广泛的国际合作机会。与欧美发达国家、亚非发展中国家均建立了良好的传统体育外交关系，利用体育用品援助、专业师资派遣、优秀示范团演出等方式对体育"非遗"项目进行展演与传播；通过加大人力、物力、财力的投入力度，已在国际上获得极高

---

① 苑利. 日本文化遗产保护运动的历史和今天 [J]. 西北民族研究, 2004（02）：132–138.

的文化认同度，提升了韩国在国际体育事务中的话语权；将传统体育项目与现代化技术相融合，满足和提升了各国民众的精神需求，体现了韩国在全球化发展中共同发展的宗旨。

韩国将体育"非遗"作为维系、增进与他国关系的重要路径，积极挖掘体育"非遗"在外交关系中促进和平的重要意义。联合他国申遗之举，既是积极响应联合国呼吁和平号召的重要举措，更是向世界宣传推广韩国传统文化的战略部署。以跆拳道国际化推广为例，韩国以竞技跆拳道与大众跆拳道齐头并进为发展战略，自 1973 年牵头成立世界跆拳道联盟（WTF）至今，成员国已达 206 个，拥有跆拳道爱好者 8 万余名，遍布全球 5 大洲、80 余个国家。为促进跆拳道国际化发展，韩国总统文在寅于 2018 年 6 月 15 日签署了《跆拳道未来发展战略的核心课题"跆拳道 10 大文化内容"推进方案》①，将此项传统体育的发展推向了历史巅峰。

2. 韩国体育非物质文化遗产保护的经验

（1）制定健全的法律和政策体系

从 20 世纪 60 年代起，韩国就开始致力于传统体育文化保护。从韩国体育"非遗"保护实践的角度来看，制定健全的法律及政策体系是根本保障。现行的法律中既有《无形文化财保护法》为体育"非遗"保护提供基础保障，又有《传统武艺振兴法》《跆拳道振兴法》《摔跤振兴法》等法律进行专项保护，且在"人间国宝"制度的有力支持下，韩国体育"非遗"保护已切实做到有法可依、有规可循。

《文化财保护法》的前身是 1916 年颁布的《古迹及遗物保存规则》，该法象征着韩国早在 20 世纪 20 年代"文化财"保护工作就已经走上了法制化道路。"1962 年，韩国受到日本'无形文化财'（非物质文化遗产）观念的影响，正式出台了《文化财保护法》"②，该法明确了无形文化财保护的意义和目的，对各类无形"文化财"进行了详细划分，且将容易混淆的无形"文化财"按照价值高低进行分类，制定法律保护条文。1962 年

---

① 文化财观光部. 制定有关推广拳道和创建拳击公园的法律和执法规则[EB/OL]. (2018-03-04) [2019-05-01]. https://www.mcst.go.kr/kor/s_data/ordinance/legislation/legislation View. jsp?p Seq=396.

② 李章烈. 韩国无形文化财政策：历史与发展[M]. 首尔：关东出版社，2005：23.

3月，韩国成立了专门的"文化财"保护机构——"文化财委员会"，由专家、学者牵头，联合民间团体加强无形"文化财"保护，逐渐形成了上下联动的保护体系。通过吸收相关部门的实践经验和聆听国民意见，逐渐促进了《"文化财"保护法》的完善，至今修订已达15次之多。《"文化财"保护法》逐渐构筑了一张完善的网络，覆盖了韩国体育"非遗"保护工作的各个方面。如关于文物档案信息化、文物保护的筹资以及韩朝文化遗产交流合作等事项均有明确规定。

在《文化财保护法》的基础下，韩国《传统武艺振兴法》在传承具有文化价值的传统武艺、增进国民健康、提高文化素养及建设文化强国方面作出了巨大贡献。不仅明确定义了"传统武艺""传统武艺指导者"等重要概念，文化观光部还制定了有关传统武艺的"基本计划"，对振兴传统武艺的基本方向、调查和研究、培养项目、领导人培训、交流合作、资金运转等均有详细规定。《传统武艺振兴法》是一部发展成熟且操作性较强的法律，在它的推动之下韩国相继出台了《跆拳道振兴法》《摔跤振兴法》等专业性强的法律法规，为体育"非遗"保护提供坚实有力的保障，促进相关工作有条不紊地开展和延续，这也是韩国体育"非遗"保护取得丰硕成果的关键因素。

（2）构建科学合理的管理组织机构

韩国为保障和落实体育"非遗"保护工作有序进行，构建了科学高效的组织管理机构。文化财厅、文化体育观光部、各市厅等政府部门之间分工明确、权责分明，将各项工作落到实处，这种官方沟通顺畅的体系促进了体育"非遗"保护工作顺利进行。在韩国，总统被任命为体育"非遗"保护的最高责任人，主管行政机构则是文化观光部的下属部门——文化财厅。文化财厅厅长有义务监督各地文化遗产的管理、运行情况，其通常会将部分权力委任给当地的政府，具体管理工作则由各地市、道知事负责。组织管理机构根据体育"非遗"保护的内容、性质区别，分别设立了行政主管部门，规定其他相关部门在自身职责范围之内必须尽力监督、协助该主管部门的工作。前面所述仅是韩国文化财的管理和执行机构，其真正的决策机构是"文化财委员会"（1962年3月成立），由文化财厅负责组建且隶属于文化财厅。"根据文化财委员会相关规定，为确保体育"非遗"

保护工作的科学性、专业性，文化财委员会的委员须得由德高望重且学识渊博的专家、学者组成，相关官员一律不得介入。"①

韩国不仅积极挖掘体育"非遗"的人文、社会、经济、教育等价值，且已将体育"非遗"保护提升至国策高度，分别设立了国技院、无形文化财研究所、体育"非遗"博物馆、综合传授会馆等专门的保护与研究机构，为传统体育文化的传承与传播提供了重要平台。韩国这种成熟的管理体系不仅为体育"非遗"工作提供了原动力，同时也为传统体育文化社会认同感的提升增加了助力。

（3）完善传承人培养机制

传承人是体育"非遗"传承的灵魂，韩国非常注重对于无形"文化财"传承人的保护与培养。对于优秀的文化遗产传承人，韩国政府不仅会给予他们公演和展示的机会，还为他们提供扩展技能和技艺所需的经费与场所。为解决传承人的后顾之忧，全心全意为传统体育传承作贡献，韩国政府为传承人提供 100 万韩元/月/人（约 6 千元人民币）的生活补助，且提供完善的医疗保障制度。

韩国《文化财保护法》明确规定了体育"非遗"传承者必须履行的责任和义务，他们除了能够获得必要的生活补贴和至高的荣誉之外，还有义务传承他们优秀、卓越的技艺和技能。《文化财保护法》明确规定了公示程序："如没有特殊理由，被指定的国家体育"非遗"必须对外公开；如果传承人对自己的技艺严防死守，秘不传人的话，即使拥有再高的技能或者技艺，也不能获得'重要无形文化持有者'的光荣称号"②；文物厅厅长应为体育"非遗"保护培养专门人才，必要时可提供奖学金，且针对奖学金发放对象、申请发放奖学金方式、何种情况下停止发放或返还奖学金等都有明确规定。到目前为止，韩国已经形成了"传承者—学徒—研究生—奖助生"的传承人培养模式。

由此可见，韩国在体育"非遗"保护工作中已经建立起一整套涉及

---

① 韩国文化财厅. 文化财保护法［EB/OL］.（2018-05-29）［2019-07-23］. http://search. cha. go. kr/srch_org/search/search_top. jsp.
② 韩国文化财厅. 文化财保护法［EB/OL］.（2018-05-29）［2019-07-23］. http://search. cha. go. kr/srch_org/search/search_top. jsp.

保护范围和内容、传承人、资金保障、管理措施等各方面都较为完整的制度，这套制度的特点在于以国家立法为核心，辅以各种配套政策，为体育"非遗"传承保驾护航。

（4）拓宽大众参与路径，充分发挥网络媒介作用

近年来，韩国体育"非遗"保护、传承和发展理念已深入人心，具体体现在传播途径多种多样，传播速度快、范围广。韩国政府组织高水平专家学者深入基层指导，对体育"非遗"进行专业调查研究，为相关工作开展提供理论依据和科学指导；社会参与体育"非遗"保护活动的方式层出不穷，文化遗产研究机构、文化遗产基金会、文化遗产保护协会、文化遗产守卫队等民间组织纷纷成立。通过"文化遗产日"增加国民对体育"非遗"的认知度，动员社会公众广泛参与到体育"非遗"保护中。韩国政府、社会、民间三者相互配合、分工明确，相得益彰。经过长期的努力与实践，韩国体育"非遗"保护还充分发挥网络媒介的重要作用。

第一，韩国充分利用网络时代之便利，在文化财厅官网、旅游观光网积极发布民俗体育庆典相关信息，既有文字、图表，也链接了大量的庆典活动视频，吸引广大民众观看和讨论；第二，政府在文化财厅官网设立"专员聊天室""客户支持中心""人民的声音"等栏目，为民众答疑解惑的同时，也可为体育"非遗"保护集思广益；第三，"电视媒介方面，文化财厅负责与韩国最具影响力的 KBS 广播电视台、覆盖地铁、公交车以及长途巴士等公共交通媒介平台对韩国体育'非遗'保护成效和民俗体育庆典进行宣传"①。如在拔河、跆跟申遗成功之时，一时占据了各大新闻媒体的头条，瞬间营造出一种举国同庆的欢乐氛围，不仅激发了国民的民族自豪感和爱国情怀，也提升了民族凝聚力和文化认同。

（5）本土发展与国际合作齐头并进

在国际上，体育"非遗"保护是关乎全人类的重要课题。2018 年联合国大会在纽约通过了一项题为《体育促进可持续发展》的决议，以鼓励成员国推动将体育作为促进可持续发展的工具，呼吁成员国在所有的层面

---

① 韩国文化财厅. 文化财保护法［EB/OL］.（2018-05-29）［2019-07-23］. http: //search. cha. go. kr/srch_org/search/search_top. jsp.

全面推进体育促进发展与和平的工作。[①]传统体育项目在世界范围内普及推广、本土发展与国际合作齐头并进，是韩国体育"非遗"保护的重要特点，且取得了显著成效。

首先，韩国积极利用体育"非遗"这一平台，不仅与欧洲和美洲的发达国家建立了良好的体育外交关系，还开辟了与亚洲众多发展中国家"联合申遗"的跨国合作模式；其次，利用体育用品援助、专业师资派遣、优秀示范团演出等方式对传统体育文化进行展示及传播；重视援外指导者培养，向国外派遣专业指导者免费进行高质量教学；最后，积极举办国际会议和学术论坛，广邀世界各地专家和学者参加。以上举措有效促进了韩国传统体育在世界范围内的快速传播、高速发展，极大程度上提升了韩国国际体育话语地位。多年来，韩国积极挖掘体育"非遗"在外交关系中促进和平的重要意义，将体育"非遗"作为改善与他国关系的重要途径，其联合他国的申遗之举更是积极回应了联合国的呼吁、响应了和平发展的共同夙愿，在国际上产生积极且深远的影响。

（二）韩国体育非物质文化遗产保护对我国的启示

现阶段，我国在此领域还面临着诸多困境和问题，鉴于中韩的文化同源性，我们有必要借鉴韩国的保护经验，进而构建和完善符合我国国情的体育"非遗"保护体系。

1. 以法治保障为后盾，加大政策支持力度

健全的法治保障体系是做好体育"非遗"保护工作的前提和基础，是促使体育"非遗"保护制度化、规范化的根本保障。为更好地保护和传承中华民族优秀文化，履行联合国《保护非物质文化遗产公约》，我国于2011 年 6 月施行了《中华人民共和国非物质文化遗产法》，在国家多年的不懈努力之下，现已取得了丰硕的阶段性成果。但随着体育"非遗"保护工作的深入开展，也出现了不少新情况、新问题亟待我们关注、探讨和解决。我国体育"非遗"保护正在向纵深方向发展，以往的保护机制已无法满足体育"非遗"保护工作的深入开展，使得体育"非遗"保护陷入有法难依、有规难循的尴尬境地。为解决当前的困境，我国亟需对体育"非

---

① 联合国. 联合国决议承认体育对可持续发展的重要性［EB/OL］.（2018–12–03）［2019–09–05］. https://news. un. org/zh/story/2018/12/1024091.

遗"保护工作进行精准施策，建议出台类似韩国的《传统武艺振兴法》《跆拳道振兴法》《摔跤振兴法》等专业性强的法律法规，为我国体育"非遗"保护保驾护航。当然，在借鉴韩国经验的同时，应当以现有的非物质文化遗产保护法、知识产权法、体育法等法律体系为依托，打造一个科学合理、适合中国国情的体育"非遗"保护法律体系。

2. 明确权责，充分发挥政府主导作用

坚持政府导向是体育"非遗"保护的基本前提。党的十八大报告强调，要建设优秀文化传承体系，弘扬中华优秀传统文化。我国积极推动体育"非遗"保护事业的发展，不仅是出于国家战略层面的考量，更是对长期以来"西化"社会风气盛行的回应。在此过程中充分发挥保护主体——政府的作用至关重要。然而，由于目前政府、社会、公民之间存在权责不明确、信息沟通不对等、工作衔接不顺畅等问题，导致相关工作无法落到实处、责任到人，这极大地影响了我国体育"非遗"保护工作工作效率。为保证体育"非遗"保护项目决策的专业性、公正性及科学性，建议如下。

其一，应按照国家部署的要求完善和规范决策程序，体育行政主管部门应通过体育"非遗"保护工作联席会议，统筹协调保护工作中的重要事项；其二，通过指导、监督、协调和奖惩等方式，促使保护工作落到实处；注重引导社会参与，切实将专家论证与公民建议相结合；其三，从规划到实施环节均充分听取本领域权威专家意见，适时将结果向社会全面公开、公示，通过公示期方可实施和执行，这样既达到实时监督的效果，又能将政府、社会、公民三者有机结合，激发公民参与的积极性，从而达到全民参与的理想目标。

3. 深挖文化和旅游价值，助力经济发展

韩国的体育产业发展极其迅速，已成为国民经济增长的重要助力。其中，传统体育产业已成为韩国经济增长的重要引擎。其中极具代表性的便是韩国著名旅游线路——江南。从 2015 年开始江南地区便与国技院一起运营跆拳道定期演出及其他传统体育项目的展演，由江南地区举办，国技院主管，文化体育观光部、首尔特别市赞助。此旅游路线在世界范围内赢得了良好口碑，迅速确立了江南地区代表性旅游路线的地位，进而为韩国经济增长作出巨大贡献。

为适应现代商品经济的发展，我们必须主动对体育"非遗"进行科学合理的市场化运作和商品化改造，实现向文化产品的转化。首先，树立以消费者为中心的理念，充分体现以人为本的核心价值观。从产品知识、消费理念及生活方式等角度对体育旅游融合型产品进行宣传，在商业产品开发时"通过创意设计、互联网衍生等方式将其转化为一种基于用户体验的新型服务，让人自然而然地接受"①。其次，创新体育旅游的宣传方式。"设计不同类型体育旅游项目的标识系统和宣传口号，制作引人入胜的形象宣传片，编制全国各地区的体育旅游地图，展示各地的体育旅游精品案例"②，通过展览的方式吸引更多的体育旅游企业参展。最后，我们要以国际视野积极发展新经济事业，发挥地域特色体育的优势，助力"互联网＋""智慧城市"等要素，为新时代经济文化建设增添光彩。

4.开放与吸收，坚持走可持续发展之路

2018 年 11 月 26 日，在联合国教科文组织政府间保护非物质文化遗产委员会第 13 次会议上，韩国和朝鲜联合申遗的"摔跤"（씨름）被正式列入《人类非物质文化遗产代表名录》。教科文组织总干事奥德蕾·阿祖莱联合申遗称为"史无前例"之举，是迈向朝韩和解的极具象征性意义的一步，彰显了体育"非遗"在促进和平方面的重要意义③。我们要铸造中华文化新的辉煌，就要以更加博大的胸怀，广泛开展各国文化交流，积极主动地借鉴世界优秀文明成果④，重视体育"非遗"在促进国际合作、和平方面的重要时代意义，具体可以从以下几个方面进行尝试。

第一，协同周边具有文化同源性的国家联合申报体育"非遗"项目，打造传统体育文化保护共同体。第二，联手举办体育"非遗"专题运动会，提高国际传统体育竞赛合作规格和水平，为各国体育"非遗"传承人打造国际交流和展示平台，增进各民族文化互动、文明互鉴。第三，构建体育"非遗"保护国际化理论体系，构筑跨越民族、种族、国界的学术交流平台，为体育"非遗"研究机构、相关社会组织提供思想交流与碰撞的

---

① 宋俊华.中国非物质文化遗产保护发展报告［M］.北京：社会科学出版社，2018：30.

② 宋俊华.中国非物质文化遗产保护发展报告［M］.北京：社会科学出版社，2018：30.

③ 联合国.朝韩和解新象征：教科文组织批准合并申请传统摔跤希日木申遗成功［EB/OL］.（2018-11-26）［2019-08-12］.https：//news.un.org/zh/story/2018/11/1023621.

④ 徐皓.铸就中华文化新辉煌［N］.光明日报，2019-08-24.

契机，凝聚理论共识，凝练保护经验，畅通研究的理论机制。

5.激发文化认同，共享体育文化遗产

"体育文化与人们的现实生活紧密联系，不仅影响着人们的价值观，还影响社会精神文明和物质文明建设，要充分发挥体育在建设社会主义先进文化中的作用和功能，让体育成为社会主义先进文化的传播者和创造者，成为时代精神的倡导者和先行者。"① 人们对传统体育文化核心价值的理解与认同，是传统体育文化得以不断传承和发展的重要基奠。韩国通过多年的经验积累和不断实践，已在挖掘和传播体育"非遗"本身独具的寓教于乐、形神兼具、关注人文、德艺双馨等新时代重要价值观方面拥有独到的见解和丰富的经验。其传统体育文化通过凸显人文价值已在世界范围内获得广泛认可和拥护，韩国民众和海外拥护者对传统体育文化的支持和热爱，已然成为韩国体育"非遗"保护和传承的重要动力。

传统体育文化的社会认同是体育"非遗"保护的重要助推力。我们必须深入挖掘传统体育文化的时代意义和价值，积极传播符合社会主义核心价值观的精神内涵，紧跟时代的步伐。第一，建议规范和改革民族传统体育教育。如丰富传统体育教学资源、调整民族传统体育课程结构、完善和丰富民族传统体育专业器材、建设校园民族传统体育文化、体育教学突出地方民族特色。第二，借助文艺方式加大传统体育文化宣传力度。例如在电影明星李小龙的影响下，多年来"中国功夫"成为外国友人对中国文化认知的重要标签，建议相关文化部门积极参与指导影视剧制作，旨在突出民族特色、中国特色，促进民族传统体育文化的价值传播与精神传播。第三，借助文化展览、文学作品、舞台剧、民族印象系列表演等来扩大中华民族传统体育文化在世界范围内的影响力，最终实现"各美其美，美人之美，美美与共，天下大同"的美好愿景。

---

① 李艳翎，刘哲石.体育文化建设的重要着力点与策略［J］.湖南师范大学社会科学学报，2014（01）：122.

第二节　国内体育非物质文化遗产保护的经验借鉴

一、以江苏省为例

（一）江苏省体育"非遗"空间格局分布

江苏省体育"非遗"资源丰富，从中国体育"非遗"核密度分布示意图来看，江苏省国家级和省级体育"非遗"项目数量较多，位于中国体育非物质文化遗产的次级核心圈内，拥有一定的数量。

在 2007 年，江苏省公布了第一批省级非物质文化遗产名录，随后的几年中，江苏省先后公布了四批省级非物质文化遗产项目名录，共有 543 项，以及包含拓展项目 202 项，同一项目分布在不同地区的，按照行政区域进行划分，经过整理后，江苏省体育"非遗"项目共有 96 项（包含扩展名录项目，截至 2018 年 11 月）。[①]

从级别上看，江苏省 96 项体育"非遗"中，有竹马（东坝大马灯）、竹马（邳州跑竹马）、龙舞（骆山大龙）、建湖杂技、龙舞（直溪巨龙扩展）、跳马伕等9项入选了我国的国家级非物质文化遗产名录，其中，有 4 项入选了我国的第二批，有 3 项入选了我国的第三批，有 1 项入选了我国的第四批。

从地理位置来看，人们习惯上以长江为界线，把江苏区域分为苏南、苏中、苏北三个地区。苏南地区包括南京、苏州、无锡、常州、镇江 5 个市，苏中地区包括扬州、南通、泰州 3 个市，苏北地区包括徐州、盐城、淮安、连云港、宿迁 5 个市。在江苏区域 96 项省级体育体育"非遗"项目中，苏南地区拥有 52 项（第一批 11 项，第二批 24 项，第三批 4 项，第四批 13 项）；苏中地区拥有 20 项（第一批 5 项，第二批 7 项，第三批3 项，第四批 5 项）；苏北地区拥有 24 项（第一批 4 项，第二批 11 项，第三批 5 项，第四批 4 项）。[②]

可以看出，江苏省省级体育"非遗"项目地区分布不均衡，从数量

---

① 侍倩倩. 江苏省体育"非遗"保护与传承研究［D］. 南京: 南京体育学院, 2019: 12.
② 侍倩倩. 江苏省体育"非遗"保护与传承研究［D］. 南京: 南京体育学院, 2019: 13.

上来看，主要集中在苏南地区，占 54%，分析其原因可能与经济发展水平相关，苏南地区经济较为发达，人们生活水平较高，娱乐休闲活动丰富，对于文化的追求表现得比较热情，尤其是苏州、无锡、常州，地处太湖流域，河网纵横，稻作文明悠久，自古以来，沿河流域都是重要的文明发祥地，再看南京，南京有中国的四大古都之称、是首批的国家历史文化名城之一，是中华文明的重要发祥地，经济文化发展水平也较高，因此，苏南地区的体育"非遗"非常丰富。

将江苏省 96 项省级体育"非遗"按照性质进行分类，共有舞蹈类共78 项（第一批有 17 项，第二批有 38 项，第三批有 11 项，第四批有 12项）；杂技类共 3 项（第一批有 2 项，第二批有 1 项）；武术类共 9 项（第一批有 1 项，第二批有 1 项，第三批有 1 项，第四批有 6 项）；益智竞技类共有 1 项，在第四批中；保健养生类共有 1 项，在第二批中；举重类共有 4 项（第二批有 1 项，第四批有 3 项）。[①]

可以看出，江苏省省级体育非物质文化项目类别主要是舞蹈类，占81%。江苏省的省级体育"非遗"项目中的传统舞蹈主要是民间舞蹈，主要展现出江苏人民用于节庆、娱乐等作用；其余的武术、举重、杂技、保健养生、益智竞技类都属于传统体育、游艺与杂技类，此类是按照一定的组织形式、规则、顺序等，带有健身、修身养性、表演等传统体育、游艺的性质，例如铜山北派少林拳、殷巷石锁赛力和彭祖导引养生术等。

（二）江苏省省级体育"非遗"目录批次分析

1.江苏省第一批省级体育"非遗"名录分析

2007 年，江苏省人民政府公布了第一批省级非物质文化遗产名录，其中归属于体育"非遗"项目有 20 项，其中民间舞蹈类别含有 17 项，杂技与竞技类别含有 3 项。从体育"非遗"性质类别划分来看，江苏省第一批省级非物质文化遗产中有舞蹈类 17 项，包括狮舞、龙舞、鼓舞高跷等；杂技类项目 2 项，金坛抬阁和建湖"十八团"杂技；武术类项目 1 项，沛县武术。

① 侍倩倩.江苏省体育"非遗"保护与传承研究［D］.南京:南京体育学院,2019:14.

2. 江苏省第二批省级体育"非遗"名录分析

在第一批非物质文化遗产名录公示后，江苏省于 2009 年发布了第二批省级非物质文化遗产名录，其中属于体育"非遗"项目的有 42 项。项目类型名称有稍微变动，民间舞蹈类别被更名为传统舞蹈类，有 38 项；杂技与竞技类别更名为传统体育、游艺与杂技，有 4 项。根据体育"非遗"的性质类别划分，江苏省第二批省级体育"非遗"中有舞蹈类 38 项——包括傩舞、狮舞、高跷、灯舞等；杂技类项目 1 项，抬阁（东山抬阁，扩展项目）；武术类项目 1 项——阳湖拳；保健养生类项目 1 项——彭祖导引养生术；举重类项目 1 项——殷巷石锁赛力。

3. 江苏省第三批省级体育"非遗"名录分析

2011 年，江苏省公布了第三批省级体育"非遗"名录，其中属于体育"非遗"项目的有 12 项。传统舞蹈类拥有 11 项，传统体育、游艺与杂技类拥有 1 项。从体育"非遗"性质类别划分来看，江苏省第三批省级非物质文化遗产中有舞蹈类 11 项，包括灯舞、龙舞、狮舞等；武术类 1 项——铜山北派少林拳。

4. 江苏省第四批省级体育"非遗"名录分析

在 2015 年，江苏省人民政府公布了第四批省级非物质文化遗产名录，其中属于体育"非遗"项目的有 22 项。传统舞蹈类拥有 12 项，传统体育、游艺与杂技类拥有 10 项。

从体育"非遗"性质类别划分来看，江苏省第四批省级非物质文化遗产中有舞蹈类 12 项，包含高跷、花鼓舞、船舞、灯舞等；武术类含有 6 项——江南船拳、史式八卦掌、太极拳（孙氏太极拳）、六步架大洪拳、刘氏自然拳、形意拳；益智竞技类 1 项——十五巧版；举重类 3 项——摝石锁（无锡花样石锁，扩展项目）、摝石锁（海陵摝石锁，扩展项目）、摝石锁（姜堰摝石锁，扩展项目）。

（三）江苏省体育"非遗"传承保护的经验借鉴

1. 保护性开发策略

传统体育非物质文化遗产的保护性开发是指在某一特定时间段内，为了达到更好地保护文化遗产的目的，针对某一项传统体育类非物质文化遗产，通过政府、专家学者及社会大众等多方介入、跨领域协作的方式做出的合理开发。其开发的目的是在不破坏遗产传统特色的前提下更好地进行保护，同时促进文化形态的发展，实现被开发遗产的实体及其内涵得到整体协调发展。其中，保护是核心，开发为其外在表现，但需要注意的是传承人的传承与商业开发应分别实施，不能放在同一平台，以保持文化遗产的原真性。

传统体育非物质文化遗产保护性开发是一个动态变化的过程，是一种循序渐进、不断深化的状态累积。基于不同的保护性开发阶段，采取的开发模式也有所不同，且不同模式沿时间轴表现出从共性向个性的过渡。随着对传统体育类非物质文化遗产开发认识和理解的加深，保护性开发模式从大众化走向特殊化，更能体现出传统体育文化本身的特色，其状态也从未开发状态逐级优化。随着时间的推进，保护性开发不断升级，被开发对象的状态将趋于优化，最终达到最优化的理想状态——弘扬与发展。因此，保护性开发策略是决定遗产弘扬与发展环节的重要措施。江苏省的传统体育非物质文化遗产主要采用了以下三种保护性开发措施。

（1）传统体育非物质文化遗产内容教材化

传统体育非物质文化遗产教材化，这一举措能够充分发掘民族传统体育非物质文化遗产的课程资源，使民族传统体育的发展借助学校教育的力量，对未成年人进行传统文化培养以及爱国主义教育，激发青少年热爱祖国优秀传统文化的意识。学校是传承民族传统体育文化的主要场所，因为学校教育中的传承具有规范性和稳定性，是传统体育项目走向科学化、普及化和规范化的必由之路。江苏省的传统体育项目中，适合进行内容教材化保护性开发的包括武术类的所有项目（阳湖拳、沛县武术、铜山北派少林拳），杂技类的抖空竹，水上项目类的龙舟，举重类的石锁，养生类的彭祖导引养生术，舞蹈类的龙舞、狮舞、秧歌和高跷等。将民族传统体育项目引入到学校教育中去，使民族传统体育文化得到弘扬与传承，并体现出其民族性，这不仅能起到保护传统体育非物质文化遗产的作用，还能使其得到弘扬与发展。通过学校教育和社会教育等手段的协调配合，加快传统体育非物质文化遗产的传承，能够作为"活的"文化在相关地区，尤其是青少年当中得到继承和发扬。

教材是指教学所用的资料，这是传统体育非物质文化遗产教材化的本质所在。因此，江苏省加大传统体育非物质文化遗产的课程开发力度，加快编写传统体育非物质文化遗产教材，科学、合理、有序地纳入教育教材体系中。例如，"殷巷石锁赛力"就以学校教材的形式被引进南京体育学院等高校，在无锡举行的石锁比赛中，南京体育学院石锁俱乐部代表队就以一套完整、新颖的武术套路完成了一组石锁花样动作，博得现场观众的阵阵喝彩。"石锁进校园"活动也开展得有声有色，江宁区已有两所学校成立了石锁团队，其中清水亭学校石锁团队成立了8年，传承人每周定期到学校辅导训练，提高学生锁技锁艺，使殷巷石锁赛力得以薪火相传。

（2）传统体类非物质文化遗产表现形式竞技化

传统体育项目虽然具有较高的健身价值、文化价值，但是由于古代封建社会中庸文化的影响，其也具有较强的道统性，与现代体育运动项目比较，它的竞技观赏性较差，也就很难迎合现代大众的口味和需求。因此，可以修改规则，改变传统体育的表现形式，如由单一的抖空竹表演到现在的隔网集体对抗赛，增加了竞技趣味化，将空竹与杂技和舞蹈相结合增加了艺术观赏性。江苏省内的传统体育项目中，能够进行表现形式竞技化保护性开发的包括举重类的石锁；武术类的所有项目（阳湖拳、沛县武术、铜山北派少林拳）、杂技类的抖空竹；水上项目的龙舟；舞蹈类的龙舞、狮舞等。

传统体育类非物质文化遗产的竞技化过程主要包括两个方面。

第一，传统体育非物质文化遗产的竞技化。竞技化是现代竞技体育的主要特性，也是现代传统体育发展的必然趋势。它体现的是勇于开拓和进取、彰显个体生命力的精神。要实现传统体育的竞技化就要建立科学的传统体育非物质文化遗产竞技化的评价指标体系，以实现传统体育类非物质文化遗产的趣味性、观赏性和竞技科学性。例如，在传统的"殷巷石锁赛力"中，其竞技比赛内容比较单一，主要是比力气，也就是现在的功力赛。为加快促进"殷巷石锁赛力"的发展，传承人王道全不断地组织石锁竞赛活动，借鉴民运会的丰富竞赛形式，先后出现了花样赛和技巧赛，到目前为止已成功举办六届"秣陵杯"石锁竞赛，并多次奔赴外地参加石锁竞赛交流活动。

第二，传统体育非物质文化遗产的竞技规则化。竞技化的另一个体现就是规则化，它是保证公平竞争的前提，为竞技性服务。制定规范的体育竞赛规程，更加有利于传统体育项目的发展，有效地减小因社会发展造成的差距；也可以在引进民运会现有的竞技规则的基础上不断实现创新，制定出更加合理与科学的竞技规则。例如，仿照竞技运动的比赛形式，现代殷巷石锁竞赛的内容也变得丰富多彩，一般分为花样赛和功力赛两大类，个别比赛也会设置技巧赛。花样赛主要考察参赛选手的技巧程度，内容较为丰富，可以根据自己的技术水平任选动作，最后凭技巧取胜。功力赛一般为固定技术动作，以竞力为主，其中石锁上拳已经被列为全国石锁功力比赛的项目。各项比赛都可分为男子组和女子组。

（3）传统体育非物质文化遗产产业化

所谓体育文化产业则是指体育文化及相关产业的范围，内容包括提供体育文化产品（如图书、音像制品等）、体育文化传播服务（如广播电视、文艺表演、博物馆等）和体育文化休闲娱乐活动（如游览景区服务、室内娱乐活动、休闲健身娱乐活动等），它构成体育文化产业的主体；此外，还包括与体育文化产品、体育文化传播服务、体育文化休闲娱乐活动有直接关联的用品、设备的生产和销售活动以及相关文化产品（如工艺品等）的生产和销售活动，它构成体育文化产业的补充。现如今，如何促进传统体育类非物质文化遗产的产业化发展，来带动社会经济的发展，已经成为一个迫切需要解决的问题。江苏省的传统体育非物质文化遗产产业化的实现主要有下两条路径。

第一，利用现有的传统节日，开展传统体育娱乐、休闲等活动。传统体育非物质文化遗产具有娱乐性、观赏性及竞技性等特点，具有很好的商业开发潜力。此外，传统体育活动往往相伴存在于特殊的节庆礼仪、原生态环境中，不同的节日包含不同的传统体育内容，来增加节日气氛，多姿多彩的文化活动更有利于其商业化的结合。例如，传统的"殷巷石锁赛力"就是在每年农历3月15日和7月30日的清水庭庙会中举行，姜堰市的"溱潼会船"是在清明节举行，等等。因此，江苏省将传统体育非物质文化遗产实行产业化开发策略，充分发掘传统体育项目的娱乐、健身、养生、休闲等价值，这样不但获得了一定的社会效益，而且也使其具有经济活力，促进其传承与发展。

第二，借助区域自然旅游产业，开发民族传统体育资源。旅游资源是旅游业发展的前提，是旅游业的基础。其主要包括自然风景旅游资源和人文景观旅游资源。因其具有吸引性，能带来大量的外来人员和资金，很好地解决了遗产保护的传播、场地和资金问题，因而旅游产业又被称为"朝阳产业"。进行旅游产业整合不但能够拉动当地经济发展，还能够促进文化产业的传播。以江苏省传统体育项目"殷巷石锁赛力"为例，因其产业化程度并不高，因此借助自然资源中的旅游产业力量来促进其发展。南京是历史悠久的文明古城，拥有丰富的旅游资源，在景区内修建"殷巷石锁赛力"的场地，作为练习或表演使用，一方面可促进旅游业的发展，另一方面也可以弘扬与传承中华传统体育文化，做到互利共赢、协调发展。

2. "活态性"保护策略

传统体育类非物质文化遗产是一种"活态"文化，因为它是一种依附于人的文化，是依靠人类去创造、发展和传承，这是它与"固态"物质文化遗产的根本区别。传统体育非物质文化遗产"活态性"保护的重点是传承人，传承人又是连接传承与发展的桥梁和纽带，因此，保护好他们，是解决传承问题的关键。江苏省围绕着传承人而采取的"活态性"保护策略主要包括以下几个方面。

（1）规范传承人的认定流程

传统体育非物质文化遗产传承人的认定应该由专门的主管部门依据对"非物质文化遗产传承人"的定义而进行材料搜集，然后由专家委员会评选得出，推举候选名单和审核建议，连同原始申报资料和专家评审建议一并报送有关的文化行政部门，最后批准和公布。其过程应严格履行申报、审核、评审、公示、审批等程序，坚持做到公开、公平、公正的原则。由于传承人能够决定这项传统体育非物质文化遗产的未来，所以对于传承人的认定工作一定要科学合理，认真严格地进行选拔和认定。

南京"殷巷石锁赛力"的第一位非物质文化遗产传承人是南京市江宁区的王道全。他从事石锁运动多年，16岁开始练习石锁，直到70岁从未间断过，曾拜南京石锁名人胡国荣为师，学习石锁功法，能玩起130斤的大石锁，代表着南京"殷巷石锁赛力"的最高技艺水平。2007年王道全被南京市文化局评为"殷巷石锁赛力"市级非物质文化遗产传承人，2009年被江苏省文化局认定为江苏省省级传统体育非物质文化遗产"殷巷石锁赛力"传承人。

（2）组建传承主体

传统体育类非物质文化遗产的传承主体是指某一项传统体育类非物质文化遗产的优秀传承人或传承群体，即那些代表某项传统体育类非物质文化遗产中深厚的民族民间文化传统，以及掌握着某项传统体育类非物质文化遗产的知识、技艺、技术，并且具有最高水准和公认的代表性、权威性与影响力的个人或群体。传承主体对于传统体育类非物质文化遗产的传承与发展具有重要的推动作用，是传统体育类非物质文化遗产传承与发展的主力军。对于传承主体不仅仅是在技艺上做出严格要求，还要有良好的传承意识和能力，具备优秀的身心素质、文化素养，从而保证文化遗产传承的质量。一般而言，具有优秀技艺的遗产传承人只有1至2名，不能满足文化遗产大面积传承发展的需求，因此，应当加强传承主体的建设，组建优秀、合理、有效的传统体育类非物质文化遗产传承团体队伍。南京"殷巷石锁赛力"传承人王道全在练习石锁的过程中，不断地收纳徒弟、传授技艺，跟随其拜师学艺的不下百人。自王道全被认定为"殷巷石锁赛力"省级非物质文化遗产传承人后，其先后有5名徒弟被分别认定为"殷巷石锁赛力"市级、区级非物质文化遗产传承人。现有省级代表性传承人2名、市级代表性传承人3名、区级代表性传承人1名。他们都学艺多年，多次在石锁竞赛中获得优异成绩，都能玩得起100斤以上的石锁，就连他的女弟子也能玩85斤的石锁，让"殷巷石锁"威震四海。江苏省内乃至全国的石锁爱好者纷纷前来拜师学艺，可以说他们为"殷巷石锁"的传承与发展作出了巨大的贡献，成为南京"殷巷石锁赛力"重要的传承主体。

（3）加强传承人的扶持与帮助

传统体育类非物质文化遗产传承人大都生活在农村或城镇等经济落后的地区，没有稳定的工作和收入，生活比较困难，在这种情况下就难以开展文化遗产的传习活动。因此，对于那些没有经济收入来源、日常生活确实有困难的传统体育非物质文化遗产项目代表性传承人，所在地政府有关部门应当出台相关政策，给予适当的帮助，并积极鼓励社会组织以及个人对其进行扶持与帮助，保障其基本的生活需求。扶持与帮助的方式主要有：①资助传承人的授徒传艺或教育培训活动；②提供必要的传习活动场所；③资助有关技艺资料的整理、出版；④提供展示、宣传及其他有利于项目传承的帮助。

　　例如，为了促进"殷巷石锁赛力"的传承与发展，保证必要的物质条件，南京市政府出资组织修建了我国第一块石锁传习场地，也是目前全国面积最大、设施最完善的场地，场地面积达300平方米，并设有围栏和房屋，此外，还安装了夜间照明设备。这块场地场自2009年起投入使用，并在政府支持与帮助下成功举办了十三届江苏省级上规模的石锁竞赛，多次接纳来自江苏省以及全国各地的石锁爱好者拜师学艺以及交流活动，为"殷巷石锁赛力"的传承与发展提供了传播空间。

　　3.制度性保护策略

　　传统体育非物质文化遗产保护的整个过程中都需要政府制定和建立各项政治、经济、文化、法律制度作为依据和保障，需要健全传统体育类非物质文化遗产保护机构作为依托，需要社会团体和个人的积极参与，尤其是在遗产的确认和保存环节，所以，完善传统体育非物质文化遗产的法制建设是对传统体育类非物质文化遗产保护的根本保证。江苏省传统体育非物质文化遗产的"制度性"保护策略主要包括国家和地方两个层面。

　　我国自 2004 年加入《保护非物质文化遗产公约》以来，便开始了关于"非遗"立法实践的探索，至今为止，各级政府出台了一系列相关的文件。

　　我国宪法中明确提出要保护重要的历史文化遗产，这是制定"非遗"保护法规的依据。在党和国家对"非遗"保护工作的重视下，2005 年印发了《关于加强我国非物质文化遗产保护工作的意见》，2006 年 10 月和 2008 年 6 月，文化部颁布了《国家级非物质文化遗产保护与管理暂行办法》和《国家级非物质文化遗产项目代表性传承人认定与管理暂行办法》，逐渐完善了"传承人保护""项目认定""文化遗产日""评审委员会"等相关政策法规。经过十多年的不懈努力，对"非遗"的普查工作基本完成，建立了名录体系，逐步形成有中国特色的"非遗"保护制度，传承人得到有效保护，建立"非遗"博物馆，民俗博物馆和文化生态保护区的成功实践，"非遗"保护工作体系逐步完善。

随着国家对"非遗"保护工作的深入进行，为了响应国家对"非遗"保护与传承工作的号召，各省人民政府根据自身实际情况，相继发布了省级"非遗"保护条例。在 2006 年，江苏省通过了《江苏省非物质文化遗产保护条例》，对江苏省"非遗"的调查和保护做出了明确的规定，强调政府应该加大对"非遗"活动经费的支持，并对"非遗"项目传承人做出了一系列的规定，具体明确了项目传承人的义务，要积极开展项目传承工作、传播活动，培养项目传承后继人才。该条例将传统的礼仪、节庆、民俗活动和传统体育、游艺与杂技等各类"非遗"列入保护范畴，明确指出江苏省"非遗"项目的普查与申报工作由县级以上文化部门进行，对本省"非遗"进行统筹规划，实行政府主导、社会参与，明确职责、分步实施的原则，对保护措施更加细化。从法律法规指导和保护理念上来看，江苏省都走在全国范围的前列。

二、以四川省为例

四川省地大物博，自古以来便被称为"天府之国"，也是多民族聚居区，巴蜀文化也发源于此，得天独厚的人文地理条件，使四川省从古至今形成了丰富的非物质文化，甚至影响至今。近几年，通过各界努力，四川省体育"非遗"的保护取得了一定的成效。虽然在可持续发展中也存在这样那样的问题，但是，其以往的经验值得借鉴。

（一）四川省体育非物质文化遗产的基本情况

按照《国务院关于加强文化遗产保护的通知》（国发〔2005〕42 号）的精神和有关要求，四川省认真贯彻落实"保护为主、抢救第一、合理利用、传承发展"的工作方针，坚持做到政府官方保护和民间社会保护相结合，财政扶持和社会资金相结合，充分调动社会各方面的积极性，共同推动非物质文化遗产保护工作。这些政策都为四川省非物质文化遗产的挖掘、整理、申报和保护工作提供了有力保障。截至目前，根据国家公布的四批非物质文化遗产名录，四川省共有国家级项目 138 项；省级第一批 186 项，第二批 137 项，第三批 89 项，第四批 36 项，第一批、第二批省级扩展项目 38 项。其中，国家公布的四批"非遗"项目中，体育非物质文化遗产国家级 3 项；省级 51 项。①

目前，四川省的体育非物质文化遗产在国家级名录中有 3 项，省级名录中有 51 项（17 个项目保护单位），有国家级代表性传承人 5 人，省级代表性传承人 67 人，体育非物质文化遗产传习基地 1 个，体育非物质文化遗产研究中心 17 个。②

四川省的 3 个国家级体育非物质文化遗产分别是"雨坛彩龙""峨眉武术""黄龙溪龙灯舞"。"雨坛彩龙"源于四川省泸县、荣昌县（今荣昌区）、隆县三县交界的龙洞山雨坛乡，是当地人为了祈求风调雨顺、五谷丰登而在雨坛上进行"耍彩龙"表演的习俗。在民间，当地人把彩龙作为吉利祥和的象征，口碑颇佳，是首批被列入《国家级非物质文化遗产名录》的项目。"峨眉武术"发源于四川省峨眉山，距今已有三千多年的历史，以门派多、拳种数多、博大精深为主要特征，因其名声享誉国内，所以早已成为四川武术的典范和代名词，于 2008 年 6 月 7 日被列入《国家级非物质文化遗产名录》。"黄龙溪龙灯舞"的发源地位于成都市双流县（今双流区）黄龙溪古镇，作为中国传统舞龙中的杰出代表之一，"黄龙溪龙灯舞"以其独特的民间韵味和民俗文化内涵，吸引广大游客前往观赏，赞誉不断。"火龙灯舞"在其舞动时，火焰艳丽、耀人眼目，既喜庆热闹，也吸引了观众的积极参与，寓意美好，世代相传。与"峨眉武术"同时被列入《国家级非物质文化遗产名录》。

四川省省级体育非物质文化遗产项目如下："安仁板凳龙""安家梓江龙""盐亭桃子龙""盐亭水龙""耍蚕龙""遂宁耍旱龙""龙马火龙""宜宾小彩龙""班打狮子""五通桥龙舟竞技""玄滩狮舞"、青城武术、峨眉盘破门武术、"三雄夺魁"、土家余门拳、"船山桃子龙""羌族推杆""彝族磨尔秋""分水岭镇火龙舞""达州元九登高节""石桥烧火龙"、正月十六登高节、新津端午龙舟会、"谭氏子孙龙"、藏族尔苏射箭节"绿林派武术"、李雅轩太极、藏棋、"高台狮

---

① 肖巧荣，刘晓鸥，陈小荣. 四川省体育非物质文化遗产旅游资源利用研究［J］. 四川体育科学，2018（06）：90.

② 肖巧荣，刘晓鸥，陈小荣. 四川省体育非物质文化遗产旅游资源利用研究［J］. 四川体育科学，2018（06）：90.

子""泸县百和莲花枪""罗城麒麟灯""拗棒"、康定"四月八"跑马转山会、端午龙舟会、赛马节、"永宁火龙""双凤龙灯""平武虎牙"、藏族斗牦牛、"建中高跷狮灯"。其中以舞龙、武术、杂技、竞技运动为主,舞龙大多是在节庆、婚丧活动中进行的耍龙表演,形式不一、龙种不一、各具特色;杂技既具表演性,也具有强身健体之效。

（二）四川省体育非物质文化遗产项目的保护实践评价

1. 保护情况为"优秀"的项目——峨眉武术和"雨坛彩龙"

峨眉武术 2008 年被国务院公布为"第二批国家级非物质文化遗产","雨坛彩龙"是 2005 年第一批国家级非物质文化遗产,两个项目都属于国家级项目,政府在政策倾向、资金支持、场地提供上都给予了大量的投入。比如"雨坛彩龙",泸县政府为了有效地对其进行保护,制定了专门的保护规划——《对我县优秀民族民间文化遗产雨坛彩龙实施保护的规划》,并加大了对"雨坛彩龙"的保护经费投入,对其进行静态（资料整理、归档）和动态（建立传习所、进校园、成立商业公司）两个方面的保护。

在传承群体上,峨眉武术和"雨坛彩龙"都有一定数量的国家级、省级、市级传承人,定期进行项目培训和练习,拥有稳定的传承人群,因为名气大,两个项目的商业赞助都比较多,一方面为"非遗"项目的发展提供了经费支持,另一方面也有效地宣传和保护了这两个项目。如"峨眉武术"有国家级代表传承人 2 人,省级代表传承人 3 人,市级代表传承人 12 人。

作为家喻户晓的"非遗"项目,峨眉武术被纳入了学校课程,有大量的学者对其发展历史、动作招式、健身功效等进行研究,并有《峨眉五脏小炼行》《峨眉伸展功》《中国传统体育养身学》等上千篇文章和专著发表,极大地丰富了峨眉武术的典籍。为了解决"雨坛彩龙"在新形势下的传承问题,泸县当地有条件的中小学均把"雨坛彩龙"编入了课外活动,增加了大量的传承人群。峨眉武术和"雨坛彩龙"虽然保护情况属于"优秀",但是各自的保护情况还存在一定的不足,如峨眉武术经费支持较少,"雨坛彩龙"的学术研究还不够等。

2. 保护情况为"良好"的项目

在四川省体育非物质文化遗产中,保护情况良好的项目主要有武术类和龙舟竞技类的项目，其中有 4 个武术类的、2 个龙舟竞技的。"青城武术"在保护情况为"良好"的项目中排在第一位，说明四川省对武术类的体育非物质文化遗产保护情况较好。

政府的保护情况较好。政府在资料建立、保护手段、经费支持、场地使用上都进行了大力地保护。如土家余门拳，当地乡政府为其建立了一个专门的传习所，传习所内有余门拳的完整谱系和大量的古籍资料、器材道具等。

这一等级的项目在传承群体上保护情况整体情况较好，但有个别项目因为是群众自发参与的集体活动，所以没有官方固定的传承人，如达州的"元九登高节"，但因为这个活动是全民参与的，所以当地长期参与该活动的人群都是传承人。

在四川省体育非物质文化遗产项目的保护实践评价中，也有不少体育非物质文化遗产属于保护情况为"一般"和保护情况为"差"的情况，如保护情况为"一般"的体育"非遗"项目大多为舞龙、舞狮等，或者是偏远地区的项目，如甘孜州的康定跑马转山会、阿坝州的"羌族推杆"。这些项目在政府保护和社会保护方面的得分相对较低，说这部分项目虽然是四川省省级非物质遗产项目，但政府并未引起足够重视，保护力度小，社会知名度小，学术研究少。保护情况为"差"的四川省体育非物质文化遗产只有 5 个。这 5 个项目主要存在三个方面的严重不足，一是政府不重视，不为其保护提供资金，导致其发展困难；二是完全没有商业演出和商业赞助，缺乏宣传报道；三是没有相关的科研文章或者课题，缺乏学术保护。为了对这 5 个项目进行有效的保护，政府方面、传承人自身、社会力量都应采取积极有效的措施提高保护力度。

（三）四川省体育非物质文化遗产保护与传承的经验

虽然存在保护情况为"一般"和保护情况为"差"的情况，但是总的来说，四川省体育非物质文化遗产保护工作还是取得了不错的成绩，使四川省体育非物质文化遗产得到了及时有效的保护和可持续发展，主要归结为以下几个方面的经验。

1. 政府主导，提供良好的发展环境

在体育"非遗"项目的保护上，四川省坚持政府主导。首先，重视体育"非遗"价值的开发，体育非物质文化遗产作为体育类的项目，参与性极强，不但可以强健体魄，而且还能愉悦身心，在竞技类的体育"非遗"中，还能锻炼参与者的意志力。其次，成立专门的保护机构，加强体育"非遗"的申报与保护，派专人负责体育"非遗"项目的资料整理、活动开展、项目培训等事务。再次，文化部门和体育部门相互合作，提高体育部门在"非遗"保护工作中的话语权，当地政府在资金支持上，确保补贴落实到位，经费保障到位。最后，体育非物质文化遗产不同于一般的技艺类项目，在展示或者习练的过程中，需要一定的场地，如武术类项目，需要开阔平坦的场地；龙舟竞技运动，需要宽阔的水面。地方政府与各地的"非遗"项目联系最多，更应意识到体育非物质文化遗产的重要价值和意义，提高保护意识，在条件允许的情况下，四川省各地方政府尽量为体育非物质文化遗产项目的日常开展提供场地或传习所，支持体育"非遗"的发展。

2. 加强宣传，营造浓厚的社会氛围

现代体育项目的快速发展与媒体的传播有着重要的关系，从很多重要媒体上都可以看到关于现代体育项目的报道和宣传，例如：足球、篮球、网球、游泳、田径等比赛，但甚少看见有关传统体育的报道和宣传，如雨坛彩龙、余门拳、搬打狮子等。

为加大对四川省体育非物质文化遗产的宣传报道，由政府牵头，加强与中央、省、市、地方电视台及有影响力的媒体合作，利用节庆活动、各级运动会、高校运动会等载体，进行全方位的宣传、展示，向社会普通大众推广体育"非遗"，如武术、太极拳、龙舞等，在运动会或节庆活动上进行宣传，不断提高大众的知晓率；另外，为具有健身功能的体育"非遗"项目拍摄视频、短片等，编排简单易学的动作，利用广场舞、坝坝舞等平台进行群体性传播；创设和丰富非物质文化遗产的网站、终端数据库、App 等，通过网络进行多方推广，动员全民进行传统体育的传播和传承；除此之外，将有深刻内涵的体育"非遗"拍摄成电影、纪录片、教育片等，让更多的人体会到"非遗"的内在价值，树立了保护"非遗"的责任感，为体育"非遗"的保护和发展奠定了良好的群众基础。

3.重视传承人保护，提高传承人素质

四川省各级政府一方面重视对现有传承人的保护，特别是掌握体育"非遗"核心技艺的传承人，为他们提供最基本的经费补贴，形成良性的激励机制，并为其提供习练需要的活动场地和物质条件，促进传承人主动、积极地传承项目。另一方面积极培养和发掘新的传承者，鼓励高学历的年轻一代对进行体育非物质文化遗产传承，确保传承的延续性；加强对从事体育非物质文化遗产相关工作的民间传承人、管理人员、地方负责人的业务培训，从精神上给予他们力量，从而建立起高素质的保护和传承团体。

4.多元化传播，扩大传承群体

首先，改变单纯的师徒传承或者家族传承形式，鼓励传承人到当地学校进行体育"非遗"项目的传承。传承人通过讲课、教授等形式，让学生参与"非遗"活动，让学生理解体育非物质文化遗产的文化内涵和传承价值，增强学生保护和传承体育"非遗"的意识，培养学生的兴趣，以学生为载体来起到有力保护和"活态传承"的作用，以弘扬我国的优秀文化传统。其次，为了让身边的普通民众也能感受到体育"非遗"的魅力，鼓励体育"非遗"项目和社区合作，通过社区活动，把体育"非遗"引进社区，像李雅轩太极、峨眉武术，这些项目都具有强身健体的功效，能让普通民众更好地接受，也能让体育"非遗"融入普通群众的生活。最后，对各种体育"非遗"的影像、文字、道具等资料进行采集，形成完整的体系，制作相关的模型在四川省博物馆、高校博物馆、"非遗"博览园等进行展览，供人们参观。

5.转变观念，增强自身造血能力

在以市场经济为主的现代社会，体育非物质文化遗产的发展离不开市场，因此，为了加强对体育"非遗"的保护和发展，应将体育"非遗"项目市场化和产业化。作为旅游大省，四川省充分挖掘体育"非遗"项目的旅游价值，特别是少数民族地区的旅游，吸引游客，促进了体育"非遗"项目的产业化，如阿坝州的"藏族尔苏射箭节"，以射箭、骑马、竞技比赛等吸引游客对这个"非遗"项目的关注，以获得项目经费。对于商业价值较大的项目，地方政府鼓励体育"非遗"传承人转变观念，走向市场，参加商业活动或者有偿培训，在获得经济收入的同时也对体育"非遗"项目进行大力宣传，提高了项目知名度，增加保护途径。

三、以大连市为例

大连市是辽宁省副省级城市，是中央确定的计划单列市，地处欧亚大陆东岸，位于辽东半岛，别称滨城。大连市既是沿海开放城市，也是老工业基地城市，肩负着实现全面振兴东北的任务。大连作为辽南文化的重要发祥地，传统文化生生不息，薪火相传，逐渐形成了独具特色、个性鲜明的文化形态，创造出了凝聚着大连人智慧和汗水的非物质文化遗产。

（一）大连市传统体育非物质文化遗产三级名录梳理

目前，已公布的四批国家级"非遗"项目名录分为十大门类，共计1372个项目，其中传统体育、游艺与杂技类有125项。通过对国家级非物质文化遗产名录进行梳理，发现辽宁省共有67个项目入选国家级名录，其中民族传统体育项目有8项入选，分别为：抚顺地秧歌（抚顺市）、金州龙舞（大连市金州区）、海城高跷（海城市）、辽西高跷（锦州市）、盖州高跷（盖州市）、上口子高跷（大洼县，今大洼区）、乞粒舞（本溪市）、朝鲜族农乐舞（铁岭市），其中大连市的金州龙舞榜上有名。①

辽宁省已公布六批省级非物质文化遗产名录，共有294项入选，其中传统体育、游艺与杂技类占42项（内含民族传统体育项目22项），大连市共有4个传统体育项目入选。2006年6月3日，辽宁省公布的第一批省级非物质文化遗产名录中，民间舞蹈类中有8项民族传统体育项目，大连市金州龙舞入选；2007年6月7日，公布的第二批辽宁省级非物质文化遗产名录中，民间舞蹈类中有3项是民族传统体育项目，杂技与竞技有2项，大连市金州梅花螳螂拳（六合棍）入选；2009年4月26日，公布的第三批辽宁省级非物质文化遗产名录中，民间舞蹈类中有6项是民族传统体育项目，大连瓦房店市的复州高跷秧歌入选；2011年7月26日，公布的第四批辽宁省级非物质文化遗产名录中，民间舞蹈类中有民族传统体育项目大连金州狮舞入选，传统体育、游艺与杂技有7项传统体育非物质文化遗产项目入选；2015年7月22日，公布的第五批辽宁省级非物质文化遗产名

---

① 巩淼森.大连市传统体育非物质文化遗产保护研究［D］.沈阳:沈阳体育学院,2020:14.

录中，有 3 项传统体育"非遗"项目入选，大连市无项目入选；2019 年 10 月 23 日公布的第六批辽宁省级非物质文化遗产名录中，有 9 项民族传统体育项目入选，大连市无项目入选。[①]

大连市目前已公布七批非物质文化遗产名录，拥有市级以上"非遗"项目共计 153 项，其中传统体育非物质文化遗产 23 项。2007 年 1 月 9 日，公布的第一批市级非物质文化遗产名录中，有 3 项传统体育"非遗"项目入选。2008 年 4 月 2 日，公布的第二批市级非物质文化遗产名录中，有 3 项传统体育"非遗"项目入选。2009 年 3 月 4 日，公布的第三批市级非物质文化遗产名录中，有 8 项传统体育"非遗"项目入选。2011 年 1 月 13 日，公布的第四批市级非物质文化遗产名录中，有 2 项传统体育"非遗"项目入选。2014 年 1 月 3 日，公布的第五批市级非物质文化遗产名录中，有 2 项传统体育"非遗"项目入选。2015 年 11 月 12 日，公布的第六批市级非物质文化遗产名录中，有 1 项传统体育"非遗"项目入选。2017 年 6 月 8 日，公布的第七批市级非物质文化遗产名录中，有 4 项传统体育"非遗"项目入选。

（二）大连市传统体育非物质文化遗产保护成就

1. 政策法规逐渐完善

近些年来，随着国家不断加大对非物质文化遗产项目的保护，关于非物质文化遗产保护方面的相关政策与法规均已相对完善，各省、市也结合自身实际发展情况制定了保护非物质文化遗产的条例。大连市作为副省级城市，大连市人民政府积极响应辽宁省非物质文化遗产保护部门的号召，贯彻落实国家发布的相关政策，为了更好开展大连市非物质文化遗产保护工作，于 2005 年成立大连市非物质文化遗产保护中心（挂靠在大连市群众艺术馆），2007 年大连市财政设立专项资金，用于大连市非物质文化遗产的管理和保护工作，2014 年大连市财政局与市文广局联合印发《大连市非物质文化遗产保护专项资金管理办法》；2017 年大连市文化和旅游局印发了《大连市非物质文化遗产代表性传承人考核管理暂行办法》《大连市非物质文化遗产基地管理暂行办法》《大连市非物质文化遗产名录申报评审

---

① 巩森森. 大连市传统体育非物质文化遗产保护研究[D]. 沈阳: 沈阳体育学院, 2020: 15.

管理暂行办法》等。经过多年来"非遗"保护工作的推进，大连市已建立健全了四级非物质文化遗产名录，率先在全国范围内实现了"非遗"保护工作的组织机构、专项经费、工作队伍"三大重要保障"，这不仅走在了全省前列，在国家副省级城市中也是名列前茅。大连市目前仅有资金保护扶持性的政策还不够，应该有项目针对性的保护发展计划、传承人的培养计划以及各类别项目的专项保护指导政策等措施。

2.成立项目保护机构

非物质文化遗产保护工作能否取得的显著性的进展，是和保护部门业务人员分不开的，保护人员具备非物质文化遗产基本素养是开展保护工作的关键。通过访谈大连市"非遗"中心主任得知：大连市非物质文化遗产保护中心是 2005 年成立的，是大连市群众文化艺术馆下设八个科室之一，主要担负着大连地区非物质文化遗产项目的普查和申报的工作，定期开展项目传承人的培训工作、年度考核及认证工作。目前大连市非物质文化遗产保护中心负责统筹大连市范围内所有市级非物质文化遗产项目申报、保护和管理工作，主张项目"谁申报、谁管理、谁负责"的保护原则，保护计划和保护措施由申报单位（人）每年来提供。

大连市"非遗"保护中心在开展传统体育"非遗"项目保护工作中，仅在评选非物质文化遗产名录时聘请专业人员参与，以文化工作者为主，体育部门为辅，往往由于保护工作人员专业性不足，业务素养薄弱，造成保护工作进展缓慢。部分地区主要通过设立项目保护协会、研究会等举措来吸纳专业人员对传统体育"非遗"开展保护工作。大连市对武术类传统体育"非遗"项目保护工作开展得相对较好。通过调研发现，大连地区武术研究保护团体最早可以追溯到 20 世纪 20 年代初，1921 年由通背拳名家王茂田与功力拳名家李茂春发起，成立了"南山武术研究会"，对大连武术运动的发展有着深远的影响。在改革开放之后，大连武术各拳种的武术研究会相继成立，如：辽宁省通背拳研究会大连分会、大连八卦掌研究会、大连八极拳研究会、大连洪传太极拳研究会、大连形意研究会、大连武当拳法研究会、大连少林秘宗拳协会、大连内功太极拳研究会等。

3. 设立专项保护资金考核制度

目前，大连市拥有列入人类"非遗"项目 2 项，国家级"非遗"项目 7 项，省级"非遗"项目 24 项，市级"非遗"项目 153 项，县级项目 238 项。根据国家和辽宁省颁布的相关政策，大连市 2014 年颁布了《大连市非物质文化遗产保护专项资金管理办法》，对大连市"非遗"项目、传承人传习活动及"非遗"活动基地补助的范围、补助经费标准、申报评审公示程序及资金管理和监督予以进一步明确。国家级"非遗"项目传承人每年可得到 2 万元补助，省级"非遗"项目传承人每年可得到 3 000 元补助。按照大连市财政工作计划规定，大连市财政每年的"非遗"保护资金为 260 万元，用于支持"非遗"保护活动。大连市"非遗"保护中心对传承人、传承基地、传承项目三部分工作设置审核制度，根据具体审核情况分设不同的级别标准。目前市级代表性传承每人每年可得到 3000 元的补助，但也不是所有项目的传承人均有 3 000 元补助，是根据项目传承发展的情况进行审核，审核结果分为优秀和合格；大连市项目传承基地具体补助标准根据审核等级进行发放：一档 8 万元、二档 5 万元、三档 3 万元；传承项目审核分为一档、二档、三档。

2019 年 8 月 11 日，大连市文化和旅游局发布了《2019 年大连市非物质文化遗产保护项目、基地、传承人审核名单》，对此文件中的项目、基地、传承人审核结果进行整理后发现，2019 年大连市共有 28 个"非遗"保护项目享有补助，有 3 个传统体育"非遗"项目享受补助；17 个"非遗"传承基地享有补助，无体育项目传承基地享有补助；补助"非遗"传承人196 人，其中传统体育"非遗"项目传承人有 25 人。

4. 数字化保护走在全国前列

国家 2011 年正式启动中国非物质文化遗产数字化保护工程，目的是通过计算机等多媒体手段，以数字化、网络化、信息化技术实现对"非遗"项目、"非遗"传承人等数据的大规模存储和管理，同时利用数字化保护成果在互联网上开展更为广泛的宣传弘扬和传承。2013 年大连市被文化部确认为首批"非遗"数字化保护工作的试点城市，2015 年又将金州龙舞列入全国第二批试点行列，目前已顺利通过国家审核验收。大连市"非遗"保护中心在国家试点的基础上，逐年实施大连地区"非遗"数字化抢救工作，包括对国家、省、市各类"非遗"项目的资源采集、数字化转换以及著录编目等，并相应开展系列培训活动，为科学、深入推进培养"非遗"数字化保护人才奠定扎实基础。2016 年大连市文化馆成为全国第二批数字文化馆 15 家试点单位之一，也是东北三省首家数字文化馆，经过两年的试运营，于 2019 年 7 月正式上线。大连市文化馆数字化平台建设运营目前已走在全国前列，累计总访问量达 1600 万次，其中"非遗"传承资源 418 条，共享精品模块上传"非遗"视频 69 个。

大连市的文化馆、博物馆、科教中心均承担着各自的教育培训、展示展览等文娱活动的职能，还不具备长期作为非物质文化遗产展馆使用的条件。目前，甘井子等部分区级"非遗"保护单位已逐步设置了"非遗"展厅，方便市民熟悉了解大连市"非遗"项目，进一步直观了解大连市的非物质文化遗产，利用现有场馆进行短期专题展示。非物质文化遗产不同于文物，大多不是以实物存在的，比如传统美术剪纸制作，剪纸作品是载体，突出的是制作这些作品的手艺，传统的实物展览形式不能对非物质文化遗产项目进行完整全面的展示。大连市"非遗"保护中心对重点项目进行了数字化记录，通过文字、照片、影音等形式，让大连市民可以通过大连数字文化馆，在线上看到大连市"非遗"项目的介绍，感受到传统文化的魅力。

5. "非遗"信息存档保护工作逐步开展

大连市"非遗"保护中心为大连市传统体育非物质文化遗产建立档案库，并由专人负责管理。大连市"非遗"保护中心根据项目的申报书和申报视频资料内容，将各个项目的文本资料，即项目的起源、历史沿革、项目特点、传承谱系、代表性人物的等情况进行综合整理、记录建档，并将各个项目传承人进行的练习、授徒过程及参加展演活动等片段以视频的形式记录，形成视频资料库。目前已公布的七批《大连市非物质文化遗产名录》项目的文本资料整理、录像等存档工作基本完成，并先后出版了《大连非物质文化遗产论文集》《东北民间美术遗产研究》《大连庄河剪纸孙秀英剪纸艺术研究》《大连市非物质文化遗产图典》等专著。大连市非物质文化遗产保护系列丛书《复州皮影》《庄河剪纸》《复州东北大鼓》《金州龙舞》已相继出版。2018 年大连市非物质文化遗产保护中心已将大连市所有的武术类项目整合，拍摄一个长达十分钟左右的《大连武术》专题影像纪录片，将传承人的技术绝活以录像形式留存，全面收录相关图、文、声、像资料，并建立多媒体资源库，对数字资源加以保存和管理，全方位展现大连体育"非遗"武术类项目保护工作的基本情况。

6.定期开展"非遗"活动

经常进行"非遗"宣传，举办"非遗"展示活动是促进传统体育"非遗"的重要保护途径之一。近年来，大连市不断加大对非物质文化遗产的保护力度，积极开展"非遗"项目的宣传工作。每年定期开展"非遗进校园，进社区"活动、"传承人讲述"大讲堂活动、文化和自然遗产日、"非遗"专题展和"非遗"纪录片制作等各类宣传、展示、展演等活动。2015 年开始组织开展"非遗进校园、进社区"活动，截至 2018 年底，累计有 17 个项目的 20 余名传承人走进学校，授课 1200 余次，上课学生达到 2500 余人。大连市"非遗"保护中心选调众多趣味性强的项目，走进学校采取项目展演、技艺展示等形式，让孩子们认识"非遗"体验传统文化的魅力。"非遗"进校园、进社区活动将大连的"非遗"技艺带到校园和社区进行展演展示，在学生、社区居民等群体中进行宣传，每年开展 20 场以上。自 2015 年至今，大连市"非遗"中心联合大连电视台拍摄"非遗"纪录片三十余部，并通过大连电视台播放。通过多种形式的宣传活动，逐渐在全社会营造出文化遗产保护宣传声势，使广大群众提高了对大连市非物质文化遗产的历史、文化、艺术、社会价值的认识，也提高了对"非遗"保护工作重要性的认识。

第四章 我国民族传统体育非物质文化遗产保护模式借鉴

体育非物质文化遗产是古老而鲜活的传统文化，是国家、民族文化软实力的重要资源，是民族精神、民族情感、民族气质、民族凝聚力的有机组成和重要表征。但是，在全球化过程中，体育非物质文化遗产一方面获得了发展的机会，另一方面也受到了极大的威胁，很多原生态的文化，在单一化、标准化的全球商业文化的冲击下迅速衰落。因此，在当前国家提倡文化大发展、大繁荣的背景下，对体育非物质文化遗产，尤其是少数民族体育非物质文化遗产的保护和抢救就显得更为重要和紧迫。

本章以维吾尔族"达瓦孜"、大理白族霸王鞭和海南黎族传统体育项目为例阐述少数民族传统体育非物质文化遗产的保护传承，为我国民族传统体育非物质文化遗产保护模式的借鉴提供现实依据。

第一节 以维吾尔族"达瓦孜"为例

一、"达瓦孜"溯源

新疆是一个有着悠久历史和灿烂文化的多民族地区，新疆的多元民族文化是中华文化的重要组成部分。由于新疆的自然、历史、经济、社会等多种因素，新疆民族文化具有独特的表现特征和发展面貌。新疆自古以来就是丝绸之路的重要通道，由于其地理位置形成了一个多民族聚居区，共有 47 个民族，其中的世居民族 13 个，同时又包含了多种宗教信仰。在漫漫的历史长河中，新疆民族文化又受到了内地文化的影响，这些多元化、开放、融合的特点构成了独具特色的新疆民族文化。新疆文化内容丰富多彩，民族特色浓郁，科学、艺术价值极其珍贵。

2006 年 5 月，维吾尔族"达瓦孜"被列入第一批《国家级非物质文化遗产代表作名录》，遗产类别为杂技与竞技。2007 年 6 月 5 日，经国家文化部确定，阿迪力·吾守尔为该文化遗产项目代表性传承人，并被列入第一批国家级非物质文化遗产项目名代表性传承人名单。

"达瓦孜"是维吾尔族特有的一种表现形式。"达瓦孜"一词，是借用波斯语"达尔巴里"，意思是高空走大绳表演，古时称为"走索""高原祭""踏软索""踏索"等[①]。从史书中发现"达瓦孜"一词最早出现在 1072—1074 年编成的《突厥语大辞典》中，书中有"走软索，走达瓦孜"的记载。"维吾尔族史诗《白头巾女神》中记载，古代维吾尔族人，每至秋收季节，架起绳索，弹奏琴弦，艺人在高空绳索上表演各种惊险动作。"[②]《清朝文献通考》中记载："使用铜绳一根，径二寸，长一丈余；或用麻绳一根，径二寸，长三丈余，横于架木之上，架木高二丈五尺，又用麻绳一根，斜坠于地，拴于橛，一边立桅木一根，高六丈。回人服彩衣，两手执木一根，赤足自地蹬绳而上，履绳而走，往返游跃于绳上。既而又服其靴，足掌下加一铜盘，踏一立木，径二寸许，高五寸许，游于绳上，亦可或履、或新、或跳、或跃，或跃而骑，或坐而起，如履平地然。下立回人一，亦服彩衣，击鼓而喧，于下戏跃，既而毕；左悬弓，右挟矢，抱桅而直上，至桅顶，地设帽球一枚，授弓而射之。"[③]由此可以看出，"达瓦孜"自古以来都是培养人平衡能力和心理素质的体育运动。1953 年，我国将"达瓦孜"定为少数民族传统体育运动会比赛中的表演项目。到目前为止，"达瓦孜"已成为民运会中不可缺少的一个重要组成部分。

"达瓦孜"惊心动魄，兼有体育和杂技的双重特点，它是体育与艺术的完美融合。然而"达瓦孜"与其他民族体育项目不同的是，"达瓦孜"并不是从农业活动中演变而来的，其一开始就是作为一种谋生的表演技巧

---

① 彭立群，吴桥."达瓦孜"的体育文化价值[J].体育文化导刊，2008（07）：48.
② 臧留鸿，张志新.维吾尔族传统体育项目达瓦孜的传承与变迁[J].体育学刊，2010（01）：89.
③ 魏征.隋书[M].北京：中华书局，1973.

出现。在古代时期"达瓦孜"颇为盛行，并且在清朝曾经在皇宫进行表演，由于表演中摔死过人，皇帝不允许在皇宫中再进行表演。但是作为谋生手段的部分维吾尔人代代相传将其保留了下来。维吾尔族的传统体育项目"达瓦孜"，对人的速度、耐力、柔钢、协调都有很高的要求。由于不带任何保护措施进行表演，对从事"达瓦孜"运动的人心理素质要求也很高。正因为如此，它又极具观赏价值，但是随着社会的发展，参加"达瓦孜"表演的人却越来越少，濒临消亡。

二、传统"达瓦孜"存在的意义及发展途径

（一）传统"达瓦孜"存在的意义

首先，"达瓦孜"的存在是一种英雄的信仰。一个民族往往对于一些有别于其他民族的生活方式和风俗习惯等，会赋予强烈的感情，并把它认为是本民族的标志，从这个意义上说，"达瓦孜"是维吾尔族民族传统文化的典型代表之一，参与这项活动的人也被认为是心目中的英雄。这要从"达瓦孜"的由来说起，相传古时，维吾尔族居住地长期被在地面和天空游荡的恶魔母子统治，所有的维吾尔族百姓吃尽了苦头。后来，有一位名叫吾保里沙夫的勇士路过此地，听说了此事，为了救助百姓，拔剑怒杀了魔子，随后又竖起千丈木杆，拴万丈长绳，与呼风唤雨的魔母恶战，终斩魔母双爪。此后，天空晴朗，阳光普照，出现太平盛世。之后，人们为了纪念吾保里沙夫这位为民除害的英雄，发明了"达瓦孜"这一纪念活动，也使得这一活动历代相传下来，沿袭至今。正因为有了纪念英雄这个活动，"达瓦孜"的参与者也变成了为了维吾尔族人心目中的英雄。

其次，"达瓦孜"的存在满足了人们娱乐的需要。从仪式表演的气氛中可以看出，"达瓦孜"存在最突出的特征就是它的娱乐性。一般说来，民族体育活动着重于人的情感满足和身心需要，它并不是以浓厚的文化修养和深邃的思想等条件要求来应对大众，而是消遣性、游戏性、自娱自乐的活动方式来迎合大众，使参与其中的人们不一定要具有高水准的文化素质条件，就直接可以在体育活动中得到愉悦的情感等抒发和宣泄。正因为"达瓦孜"的这一功能，使它产生了很大的吸引力，吸引了很多的人参与。可以说，一次"达瓦孜"活动的举行，就已成为较大的民族盛会。在

"达瓦孜"举行的时候，维吾尔族等各族群众都从西面八方赶来，甚至是方圆几十里的地方，络绎不绝地来到会场，兴奋地观看艺人的表演，场面非常壮观。

最后，"达瓦孜"的存在满足了人们教育功能的需要。"达瓦孜"的教育功能的显著特点是非强制性。"达瓦孜"通过形式丰富、娱乐性较强的活动来吸引大众可以实现其德育功能、美育功能、开发智力和体力的功能。也许正因为它的娱乐性和非强制性，使它具有发挥强大的教育潜能，正好可以弥补少数民族地区正规教育的不足。由于大众生产和生活的需要，在把生活的技能传给下一代的过程中教育是一个必不可少的条件。而对体力和心力方面的教育，是少数民族教育在很长时间里的主要内容，在没有文字和书本的时代，靠身体活动来模仿，因而产生了许多生动有趣的游戏活动，少数民族地区利用竞技、游戏、歌舞等形式进行传统教育，它是把教育变为需求的主动行为。"达瓦孜"作为维吾尔族传统体育项目之一，其包含着维吾尔族在长期历史发展过程中对德育、美育的需求。另外，"达瓦孜"起源的传说不仅体现了维吾尔族人民对美好事物的向往以及对丑恶事物的鞭挞，而且也展示了维吾尔族人民的勇敢才智。可以看出，传说中的吾保里沙夫在不断影响着维吾尔族生活的文化氛围，也使人们在潜移默化的过程中接受了教育，巩固了维吾尔民族文化的传统内容。

（二）传统"达瓦孜"发展的途径

传统"达瓦孜"发展的途径是以家庭式传承为主要手段。

在新疆少数民族地区原始社会经济形态下，体育非物质文化遗产"达瓦孜"的传承与人类对后代的培养和教育可以说是密不可分的。"维吾尔族是典型的家长制民族，在新疆维吾尔族的大多数家庭中至今仍保持着严格的家长制，由男性长者为一家之主，具有支配权，家庭成员的生产活动和生活都由家长做主安排。"[①]家长基本上都是以传统的方式相承袭来的，一般为父死母继、母死长子继，而在维吾尔族家庭里基本上也都非常重视子女的教育，一般为子由父教，女由母教，可以说，在新疆少数民族的职业观念里子继父业是理所当然、天经地义。维吾尔族的"达瓦孜"最早也

---

① 新疆维吾尔自治区对外交流文化协会. 塔吉克民族文化 [M]. 乌鲁木齐：新疆美术摄影出版社，2005：54.

就是在家庭教育中得以传承下去的，一些维吾尔族儿童从小就耳濡目染家族中的"达瓦孜"活动，长大了就不断学习和参与到"达瓦孜"的表演和训练中，特别是在重要节庆活动中，他们都可以从长辈身上学习到"达瓦孜"表演的一些技能。例如：近代阿迪力·吾守尔"达瓦孜"家族的传承人艾买提汗，1889 年出生于洛浦县白玉巴扎的依格孜吾斯唐村，他就继承了"达瓦孜"家族的历史传统，从小跟父亲伊拜不拉阿吉木与哥哥木沙卡热木学习"达瓦孜"的技艺，曾跟随父亲的"达瓦孜"团队在新疆的东部、北部等表演各种"达瓦孜"技巧，在当时的"达瓦孜"表演群体中具有一定的影响。再例如，现代阿迪力·吾守尔"达瓦孜"家族的传承人物艾山江·吾守尔，1948 年 4 月 17 日在喀什的库木"达瓦孜"村出生，从小就跟父亲吾守尔·木沙与叔叔玉素甫江·木沙学习"达瓦孜"技术，1975 到 1989 年做过英吉沙杂技团的副团长。2002 年 5 月 4 日，组织自己的女儿阿依努尔和自己的儿媳米热古丽顺利通过了架在和田乌鲁格阿塔山甜水谷间的钢丝，在妇女表演"达瓦孜"的历史上写下了光辉的一笔，创造了世界性的突破，进一步拓展了"达瓦孜"的发展空间。

在"达瓦孜"的家庭传承过程中，来自父兄之间的教授主要还是利用传统的示范、讲解、练习相结合进行传承，也就是常说的口传心授，在《辞海》中解释为"师徒间口头传授，内心领会"。口传心授基本上可以分两个层次，一为"口传"，二为"心授"。传承者认为"达瓦孜"可以分为两个层面理解，一个是外在的"形"，即"达瓦孜"表演的技巧和手段；另一个是内在的"神"，即"达瓦孜"所表现出的内在文化内涵。"口传"恰好对应的是"达瓦孜"外在的"形"，而"心授"则对应的是"达瓦孜"内在的"神"。口传心授在教授"达瓦孜"的过程中强调反复的练习和琢磨，注重直觉思维，最终达到熟能生巧的地步。目前新疆维吾尔族"达瓦孜"家庭传承中主要采用的就是这种以模仿和加强记忆为主要特点的专业技艺传承。

三、现代"达瓦孜"的发展

（一）现代"达瓦孜"发展的沿革

现代"达瓦孜"发展的前身是英吉沙县"达瓦孜"艺术团。从1953年起，成为少数民族传统体育运动的表演项目，至今已成为民动会中不可或缺的重要组成部分。自此，"达瓦孜"在历届民运会上以它浓郁的地方特色和精湛的技艺，摘取了表演项目的桂冠。新疆维吾尔自治区各级政府也一直大力支持并积极引导全社会自觉参与少数民族传统体育活动，新疆维吾尔自治区除每四年举办一次全区性的民族传统体育运动会外，还经常举办大规模的自治区诺鲁孜节大会。在这些体育盛会和节庆大会上都能够看到"达瓦孜"的表演，使"达瓦孜"努力成为新时代少数民族体育活动的重要组成部分，并日益明确地赋予现代经济、健身、教育、娱乐等意义。同时针对"达瓦孜"保护也出台了一系列政策，延续着"达瓦孜"的发展。

1995年10月28日，被誉为世界空中王子的加拿大人杰伊·科克伦，在中国的长江三峡，架起一根长640.75米、距地面400.2米的钢丝，不用任何保护措施，利用一根横杆，用时53分10秒跨越了长江三峡，创造了吉尼斯世界纪录。这件事对新疆杂技团的"达瓦孜"演员阿迪力触动很大，1997年6月，阿迪力用13分48秒打破了科克伦保持的世界吉尼斯纪录。此时的新疆杂技团虽然是国营艺术团，但是也已经债台高筑。2006年"达瓦孜"被确定为国家级非物质文化遗产后，此项运动再一次得到了党和国家的高度关注，国家给予了相应的政策、财力、物力。"达瓦孜"也再次迎来了自己的春天。现在的新疆杂技团已经将"达瓦孜"与杂技融为一体，"达瓦孜"演员除表演杂技外还要再表演其他一些杂技。阿迪力虽然还是杂技团的演员，但是他本人已经在外面成立了新疆阿迪力"达瓦孜"传播有限公司，成为一个演出公司的老板，他依靠自己的名气带动了"达瓦孜"运动的发展，同时也带来了无限的商机。

现代"达瓦孜"表演主要是根据市场走，只要有客户的需求，现代"达瓦孜"就会出现在那里。现代的"达瓦孜"表演在室内的比较多。它通常被作为招揽观众的广告、旅游观光的热点、精彩绝伦的表演内容出现。如：它可以作为金沙滩旅游的一个景点，金沙滩是新疆库尔勒市的一个旅游景点，到景点游玩的多为本地和外地的旅游观光者。另外，它还有可以作为打破吉尼斯世界纪录的高空生存挑战，一般在著名的旅游景点举行，到场者均为旅游景点的观光游客和慕名而来的媒体、当地的群众。

（二）现代"达瓦孜"存在的意义

从"达瓦孜"的传承来看，自唐代到清朝以至现代，在有关记载中都可以发现"达瓦孜"的史料，容纳了大量的维吾尔族民俗，是展示维吾尔族民间体育文化的窗口。随着当今社会飞速的发展，人民经济生活水平的不断改善和提高，在现代，"达瓦孜"存在的意义也和传统发生着变化。

首先，现代"达瓦孜"存在的意义是创造最大化的商业价值。1990年，对"达瓦孜"来说，对英沙县杂技团的"达瓦孜"艺人来说，都是一个命运发生重大变革的一年。从这一年起，"达瓦孜"不再是一个民间技艺，而成为被国家认可的杂技种类，有了发展的平台和更多的机遇。这为"达瓦孜"的商业发展提供了良好的平台，"达瓦孜"的发展有了广阔的空间。1990年9月，广州举行首届旅游艺术节，"达瓦孜"的演出收到的效果远远超出了艺人们的想象，演出带来了丰厚的利益。此后，"达瓦孜"商业演出不断，开始有了一定的知名度。而被誉为新疆高空王的"达瓦孜"第六代传人阿迪力，率先改变祖宗们走麻绳的传统，1997年6月22日以13分48秒的成绩，在长640米、高400米的钢丝绳上成功跨越了长江三峡夔门，从此，"达瓦孜"这项有着多年历史的民族传统体育项目与阿迪力的名字一道开始名扬全国，走向市场，走向世界。"阿迪力"由此成为创造民族传统体育市场奇迹的代名词。他应邀到全国各地进行表演，每年演出达480多场，最多时一天表演三场，场场爆满。2000年，他和他的阿迪力公司成功策划了新疆喀什地区首届"达瓦孜"旅游文化艺术节，为当地带来3300多万元的经济收入；2001年在北京平谷金海湖国际桃花节上，他的精湛演出吸引来65万人，为当地带来6400万元市场回报；2000年至2002年，他先后出访日本、马来西亚、韩国等国演出。

其次，"达瓦孜"现代存在的另一个重要意义就是拉动新疆地方的旅游经济。可以说，新疆少数民族地区的自然景观和民族风情绚丽多彩，而"达瓦孜"是反映民族文化的重要窗口，"达瓦孜"艺术不仅展现了五彩缤纷的民族服饰，令人眼花缭乱；还展现了各种各样的民族节日，饱含着丰富的文化宝藏，更呈现出乐观向上的民族性格以及历史悠久的宗教文化，使少数民族传统体育文化与民族风情相融，呈现出你中有我，我中有你的形式。"达瓦孜"体育艺术活动是展现维吾尔族民族风情的重要方式之一。如今，新疆"达瓦孜"表演让国内外很多游客倾心不已，为国内外游客的新疆游增加一些惊险和刺激的成分。每年6月下旬到金沙滩和7月上旬到喀纳斯的游客都将看到精彩的"达瓦孜"表演。通过举办"达瓦孜"表演，不仅充分展现新疆维吾尔体育文化魅力，也使新疆文化、体育、旅游有效地结合起来，成为景区新的亮点和卖点，对提升金沙滩景区知名度和影响力起到重要作用。

（三）现代"达瓦孜"发展的途径

乌鲁木齐作为新疆的首府，又是第二座亚欧大陆桥中国西部的桥头堡，向西对外开放的重要门户，其文化受到多元文化的交融。所以在现代化的城市乌鲁木齐，除"达瓦孜"演员外，基本上找不出几个在练习"达瓦孜"的人，这与城市的多元文化有关。"达瓦孜"在新疆首府乌鲁木齐的传承主要是依托杂技团的形式，可以说，目前从整个新疆范围来看，杂技团的传承也是"达瓦孜"传承的一个重要组成部分。"达瓦孜"作为一个表演类的项目，具有强烈的观赏性。新疆维吾尔族最著名的"达瓦孜"，其实除了名声在外的阿迪力外，还有一位也同样具备"达瓦孜"高超技能的表演者叫买买提·吐尔逊。6岁就随父亲练杂技的买买提，早在1982年就已经在呼和浩特的全国第二届民族运动会上表演过"达瓦孜"。他的表演引起了轰动，体育场里4万多观众给了这位第一次走出家门这么远的维吾尔族青年长时间的掌声。他认为自己的"达瓦孜"技艺在多年前就远高于表弟阿迪力。买买提的父亲老吐尔逊当了很多年的英吉沙杂技团长。1990年，英吉沙杂技团合并到了新疆杂技团，自治区批了20个名额，买买提和阿迪力等"达瓦孜"表演者被招入。在英吉沙杂技团合并到新疆杂技团后，"达瓦孜"正式跨出了家族的大门，可以向家族以外的人传授了。

当"达瓦孜"进入新疆杂技团后通过与杂技的融合具有了更多的看点。目前新疆杂技团的演员选拔主要依靠两种途径来解决：其一，由杂技团的队长和教练下到各个地州进行选拔，选拔有天赋，身体条件好的孩子。这些孩子由国家出资在上海进行为期三年的培训。培训包括文化课、形体课以及一些专门的节目。"达瓦孜"演员就从这些孩子中选择一些胆子大的、平衡能力强的进行培训。其二，去新疆艺术学院招收有意向来杂技团工作的学员，在杂技团进行表演和训练，拿到中专毕业证书后与新疆杂技团签订协议。可见，杂技团的传承正在为新疆"达瓦孜"艺术的发展搭建一个良好的、可持续发展的平台，杂技团传承是新疆"达瓦孜"传承的一个重要组成部分。

四、"达瓦孜"保护的特定场域模式借鉴

（一）民间传承

《中华人民共和国体育法》规定：国家鼓励、支持民族、民间传统体育项目的发掘、整理和提高。在长期的历史长河中，民间传承作为一种人际传播的方式，在精神文化和物质文化的传播中起到了尤为重要的作用。可以说，民间不仅是体育非物质文化遗产传承和发展的土壤，同时也是体育非物质文化遗产产生的土壤。在体育非物质文化遗产的民间传承中有一种方式被称为"口传心授"，这种民间的传承方式是一种具有高效率的传统体育传承方式，被传承者在师父或家族中具有传统体育活动经验的长者的指导下逐步学习和掌握民族传统体育项目，尤其是在"达瓦孜"、马球等技巧性和危险性较大的传统体育项目中，对徒弟采用"口传心授"尤为重要。当然，这也要求被传承者要高有超的技艺还要有过人的胆识，被传承者不仅要严格记住该项目的每个动作要领，而且要在心里认真领会，并应用到实际的比赛过程。体育非物质文化遗产项目里不仅蕴含着原汁原味的少数民族文化，而且是少数民族长期生产生活和节庆习俗的生动再现，感染力很强。就像"达瓦孜"一样，起初只是维吾尔族人民用来消遣的娱乐性活动，慢慢从娱乐活动中转化为一种众人熟知的体育杂技艺术活动，逐渐走向全国、走向世界。因此，对于体育非物质文化遗产不易于推广项目的民间传承，应该找到特定的适合项目发展的土壤，而这个土壤就是项目发源地，在那里项目有它孕育发展的基础，通过民间广泛的传播或者通过节日庆典、民族运动会等进行传播，使大众接受并进行尝试。此外，作

为少数民族文化的载体，乡村场域为体育非物质文化遗产项目的保护和传承起着重要的作用。

（二）节庆整合

少数民族传统节日不仅能够积淀和弘扬民族优秀文化，而且能满足人民群众日益增长的物质文明和精神文明需要，增强民族凝聚力。在多民族地区体育非物质文化遗产的传承与发展在很大程度上要依托体育节庆活动的开展，体育节庆活动已成为未来体育非物质文化遗产发展不可或缺的媒介。所以，作为非物质文化遗产的"达瓦孜"也是依托于少数民族传统节日而传承与发展的。维吾尔族"达瓦孜"是人们在各种喜庆节和道大活动、闲暇娱乐时的重要内容，特别是在热闹非凡的"达瓦孜"表演中，人们为现场热烈的气氛和表演者矫健的身姿所耳濡目染，不仅熟悉了本民族的"达瓦孜"运动，也激起了他们对表演者的崇敬和对"达瓦孜"艺术活动的向往，培养了包括儿童在内的所有维吾尔人对"达瓦孜"艺术的兴趣和深厚的情感。此外，新疆少数民族地区正大力发展体育文化产业，以期望把经济活动融入少数民族体育文化内涵中。在新疆大部分多民族地区举办的各种体育赛事和盛会中都会看到"达瓦孜"的表演艺术展示，很多地方已将"达瓦孜"努力打造成当地宣传民族传统体育文化的品牌，并获得了品牌效应，通过"达瓦孜"的表演，将一些具有鲜明民族特色的传统体育服装、器材、饰物等推入国内外市场，同时，在"达瓦孜"表演过程中也将维吾尔族传统体育文化的内涵、风格、特色等展现给世人，在发展经济的同时，也发展了自身的文化。

新疆传统民族节日内容丰富，种类繁多，形式复杂，特别是在喀什、和田等地区欢庆诺鲁孜节、肉孜节、古尔邦节等节日上，都会进行多种形式、难度较高的"达瓦孜"表演。当地政府和上级主管部门也以"达瓦孜"为推动发展的突破口。不少地方开办了各式各样的"达瓦孜"文化艺术节，自觉地利用这些节日推广传统体育文化、"达瓦孜"表演和民族舞蹈等活动，一起来推动当地的旅游、经济等方面的发展。例如：喀什每年在7月中旬都会举办为期三天的"达瓦孜"文化艺术节，高空王子阿迪力都和他的徒弟为家乡人民献艺。每年在喀什"达瓦孜"文化艺术节举办期间，每晚观众的人数最高达到3万至4万人左右，越来越多的海内外的游客和当地群众观看了"达瓦孜"表演，当地及全国近百家新闻媒体给予了热情关注，据大会组委会的负责同志介绍，他们想以每年的"达瓦孜"艺术节为契机，让"达瓦孜"文化艺术节延续下去，让新疆的艺术走向全国、走向世界。此外，"达瓦孜"还频繁地出现在中国农民艺术节、新疆苹果节、哈密瓜节等活动中，在为宾客助兴和增加节日气氛同时也为其的传承提供了发展机会。现在，新疆居民在重要的喜庆和民俗节日中，或欢聚一堂或举行一些特殊的庆典仪式活动，这些民风民俗活动是展现"达瓦孜"传统文化的最好舞台，同样也是进行"达瓦孜"体育表演活动的最佳场合。由此可见，节庆活动是体育非物质文化遗产传播的最简易途径。

（三）少数民族传统体育运动会传播

少数民族传统体育是少数民族文化的载体，少数民族传统体育运动则是展现各少数民族传统体育的舞台。民运会为很多少数民族传统体育项目的传播做出了巨大的贡献，据统计，新中国成立后，通过民族运动会挖掘、展示的少数民族传统体育项目达 200 余项。民族运动会不仅为发掘整理各民族民间传统体育资源起到了非常大的作用，也为促进各民族之间的大团结以及弘扬民族体育文化精神作出了应有的贡献。每一届民运会都有许多的民族体育表演不断出现，也有很多项目在民运会平台上的相互交流中被其他民族不断接受和吸收，有些单一的民族项目通过不断发展演变为多民族共有的体育项目。例如，独竹漂发源于贵州赤水河流域，原是当地老百姓在生产生活中的渡河方式，具有较高的竞技、健身和观赏价值。1999 年在第六届全国民族运动会上以表演项目首度亮相便夺得金奖。本届运动会成为竞赛项目后，独竹漂的名气更大了，知名度的提升无疑极大地推动了这一项目的发展。"达瓦孜"的传播也离不开民运会这个大的展现平台，"达瓦孜"从 1953 年起进入少数民族传统体育运动的表演项目，曾在第四届全国少数民族体育运动会上荣获国家首次设立的表演奖。"达瓦孜"在历届民运会上以它独特的风格，浓郁的地方特色和精湛的技艺，到目前已成为民动会不可缺少的一个重要组成部分。可以说，体育非物质文化遗产"达瓦孜"在全国民族运动会上表演，不仅丰富了我国民族传统体育的内容，而且提升了人们对体育非物质文化遗产的传播和保护理念，促使更多的人来关注"达瓦孜"和保护体育非物质文化遗产。

每个民族都有代表自己浓厚民族特色的运动，但是随着生产生活方式的改变，一些优秀的民族传统体育文化正面临着被遗忘的危险。而正是通过举办民族运动会等方式，让很多项目得以保存并发扬光大，使丰富多彩的民族体育文化获得新的生机。新疆少数民族传统运动非常多，自从有了民族运动会，促进了这些项目的传播。现在新疆少数民族体育运动开展得很好，特别是南疆、偏远地区，比如在秋千、民族式摔跤、马术、"达瓦孜"、民族健身操等项目都非常有特色。最可喜的是，这些民族传统体育项目已经进入寻常百姓家，好多牧区，家里孩子过生日、老人贺寿，都能搞个小型那达慕，几家牧民聚在一起玩摔跤，而且女子摔跤手都能出现在这些家庭宴会上。可以说，民族运动会为体育非物质文化遗产的传播提供了有力的行政支撑和制度保证。

第二节　以海南黎族传统体育项目为例

一、海南黎族传统体育文化的起源与功能

（一）海南黎族传统体育文化的起源

谈及海南黎族传统体育文化的起源，必须追随到黎族居民的原始时期，距今约 3000 年前的殷周之际，发展到今天翻天覆地的变化，主要体现在生产方式和生存环境方面，形成了一种独特的黎族传统文化。

黎族，是中国 56 个民族之一，分布于岭南，最早居住于海南岛上。自原始社会以来，海南黎族主要分布于海南省中部地区，那里风光秀丽，丛林密布，气候湿润，但环境特别恶劣。生活在这样严峻恶劣的环境下，他们一边以捕猎为生，一边要防备野兽的袭击。随着时间的延续，他们狩猎的工具，例如，射箭、弹弓、钉竹尖、伏枪等工具，渐渐形成了传统体育项目，狩猎成为海南黎族独特的传统体育文化。黎族传统体育文化除了源于生活，还源于战争。黎族人民最早不断受到不同种族群落的攻击，为了抵御外来入侵，他们必须抵抗，必须团结起来，利用自然有限的环境制造工具。比如射弩，就是把石头磨成尖锐的石器而制成的一种有危险性的武器。战争不仅需要强壮的体格，同时也需要庞大的作战队伍，这样的战争

最终形成了一种传统体育文化。另外，黎族传统体育文化源于娱乐健身。在恶劣的环境下生存，他们的活动首先是抵御外来侵略，后来逐渐形成了在劳作之余的一种娱乐活动，通过模仿动物搏斗和利用自身劳动方式创造了各种各样、形式丰富的体育娱乐活动。比如打柴舞、打狗归坡和顶牛等传统体育项目，这些活动最终被黎族人民作为休闲体育娱乐活动延续下来，形成海南黎族传统体育项目。

（二）海南黎族传统体育文化的功能

海南黎族传统体育文化的功能主要体现在它每个要素构成的作用，充分发挥自身的职能去展现体育文化的作用，在各个文化要素的相互配合下，形成了特有的文化性质和发展模式。可以说，海南黎族传统体育文化是在顺应和满足海南黎族人民生活需求的过程中积淀下来的传统文化。因此，海南黎族传统体育文化不仅具有坚实的社会基础、广泛的群众性，而且具有娱乐功能、育人功能和社会化功能。

1.娱乐功能

海南黎族具有丰富而有趣的民族传统体育项目，如竹竿舞、钱铃双刀、穿藤圈和打陀螺等。体育运动在强身健体的同时能够使人身心愉悦，这也是人们为什么从事体育运动的主要原因。体育运动不仅能给人带来快乐和健康，还能够促进人与人之间的交往，一个体育运动项目能够让一群陌生人聚集在一起彼此交流，增进友谊。

海南黎族传统体育项目丰富多彩，具有独特的民族色彩。通常，体育活动简单易行，场地不受限制，因此受到黎族人的普遍喜爱。每次举办传统体育文化活动，都会成为一个民族的盛会。例如，黎族"三月三"传统节日这一天，黎族各村寨的人们穿着黎族服装，一大早就从四面八方聚集在一起，载歌载舞，欢庆节日。丰富多彩的传统体育活动是"三月三"这个节日盛会不可缺少的庆祝方式，如："顶牛"、打陀螺、穿藤圈和钱铃双刀等，其中"顶牛"是模仿牛打架而形成的体育娱乐活动。伴随着社会发展，黎族人民通过民俗节日盛会不断地创新传统体育活动内容，逐渐形成了一种独具民族特色的体育文化传承，促进了传统体育文化的发展。黎族人通过传统体育活动展示他们对生活的热爱、对幸福的向往以及对理想的追求，黎族传统体育活动带给人们强健的身体和愉悦的精神，因此，它具有很强的娱乐功能。

2. 育人功能

历史上，海南黎族是一个有语言没有文字的少数民族。1957 年，国家才设计并通过了拉丁字母形式的《黎文方案》来推广黎族文字。因此，海南黎族传统体育文化的发展与传承基本是通过简单的言传身授的方式来完成的。海南黎族传统体育项目大多以模仿动物的活动行为而成。例如，"顶牛"、拉乌龟、打陀螺和打狗归坡等传统体育项目。通过这些体育项目可以看出早期海南黎族群众的娱乐方式和生活状况。

体育具有育人功能，不仅能磨炼人的意志，还能培养人的道德情操与综合素质，是一种较好的实践育人方式。比如，单人体育运动项目能够锻炼人的吃苦精神，团体体育项目能够锻炼人的团队合作精神；竞技体育让人学会如何去拼搏、如何赢、如何看待输，这就是体育文化的内在价值。民族传统体育也一样具有育人的内在价值功能，在寓教于乐的同时，塑造参与者的"三观"，深刻地影响参与者的身心发展，这是其他文化所难以代替的。民族传统体育不只是体育活动，项目本身就有着丰富的哲学道理和道德教育的价值。如武术，不仅是一项体育运动，武术渗透了对练习者的道德教育，武德是练习者进行自我规范的形式。既达到身体锻炼的效果，还使道德升华，促进个体发展。

3. 社会化功能

民族传统体育文化是生活在中华大地这块土地上生活的先民们，对日常劳动生活的经验总结，是智慧的结晶，是历史发展的产物。民族传统体育不仅是体育文化的重要形式，而且充分体现了人类在体育中的共同价值观，是一种特殊的身体文化，不仅蕴含着丰富的精神价值，还具有社会化功能。在悠久的历史进程中，黎族人与大自然的斗争、生产和生活实践中，创造了丰富多彩的体育文化，具有代表性的体育项目的有弹弓、"顶牛"、竹竿舞、钱铃双刀、穿藤圈和打陀螺等。弹弓，主要是五指山一带黎族百姓的一项体育活动，类似于射箭，是以弹射为特点的竞技形式。如今，弹弓不仅成为黎族特色的体育项目，并且在社会上传播应用，只不过活动形式丰富了许多。"顶牛"，起源于黎族人模仿牛打架的架势形成的体育娱乐活动，主要是两人对决，用单脚作为支撑，另外一只脚则需要用手托扶着，以膝盖相互对顶，谁的另一边脚落地，谁就输。黎族的这些传统体育项目经过不断发展，不仅成为黎族青年人喜爱的体育项目，而且在社会上被广泛运用。

通过组织体育比赛、趣味活动，一方面起到在本民族中的宣传、教育作用，另一方面能够吸引本民族以外的人（如游客）慕名而来观赏或者参与，有助于海南黎族传统体育文化的传播与普及。随着社会人员参与的人数越来越多，海南黎族一些传统体育项目在社会上被广泛应用，例如，海南高校、旅游景区和一些体育场所设有竹竿舞的项目，旅游景点、公园游乐场设有弹弓项目，等等，这些传统体育项目深受社会大众的喜爱。

二、海南黎族传统体育非物质文化遗产现状

（一）海南黎族地区传统体育文化活动开展情况

海南黎族拥有独特的民族文化、地方语言和历史文化。在体育文化上也有其独特的黎族传统体育文化，"传统"即是历史发展继承性的表现，因此继承传统文化需要载体作为依托，这个载体可以以社会、学校、乡村作为继承传统文化的场所。

1. 社会传统体育文化活动的开展情况

全国少数民族传统体育运动会是从 1953 年举办的全国民族形式体育表演和竞赛大会的基础上发展而来的，经国务院批准，全国少数民族传统体育运动会每四年举行一届。1994 年 4 月在通什市（现五指山市）举办了海南省第一届少数民族传统体育运动会，截至 2018 年，共举办了六届。在这五届少数民族运动会中有黎族传统体育项目的数量分别为第一届有 5 项，第二届有 4 个项目、第三、四、五届分别为 2、2、3 项，可见黎族传统体育项目在逐渐递减，而且黎族传统体育项目多达几十种，却只有 3 至 4 个项目被运用。2016 年《海南省全民健身实施计划（2016—2020 年）》颁布，其中涉及黎族传统体育项目仅有舞龙舞狮和竹竿舞。

近些年来，每到黎族传统节日"三月三"，海南黎族人都会隆重庆祝，组织规模盛大、内容丰富的文体活动，有文艺表演、传统体育赛事、花灯展览和特色美食展等。"三月三"以其独特的活动方式和丰富的内容吸引了大量的游客，其中最为热闹且最受欢迎的是趣味运动，如巧夹槟

椰、"背媳妇"、同舟共济和提水抗旱等活动，而黎族传统体育项目仅有爬椰子树、拉乌龟和打狗归坡三个项目。虽然近年来，在海南每年都会开展黎族传统体育活动，但是活动规模小，次数少，传统体育项目短缺，不利于海南黎族传统体育文化的发展和传承。

2. 乡村传统体育文化活动的开展情况

新中国成立前，海南黎族乡村处于封建地主经济发展阶段，经常与汉族、苗族统治者斗争，同时还要预防野兽的攻击。当时环境恶劣，经济条件差，文化底蕴薄弱，治安差，也是我国改革最晚的地区。在这样的生活背景下，海南黎族通过他们独特的生活方式，不断发展，形成了独具特色的传统体育文化。例如，为了狩猎，海南黎族人学会了射箭，钉竹尖、伏枪、弹吊、爬树；为了娱乐，他们创造了竹竿舞；为了健身，他们发明了"顶牛"、拉乌龟和打狗归坡等体育项目。

如今，随着社会的不断发展和改革的不断深入，我国乡村经济越来越景气，人们的生活条件越来越好，然而，传统体育活动却几乎消失了。从近几年开展的体育活动看，黎族乡村开展传统体育文化活动的次数几乎为零。究其原因，现在的乡村里大部分只有老人与小孩，年轻人都外出打工，人们忙着赚钱养家糊口，没有闲暇时间举办传统体育活动。只在每年春节时，乡村才举办体育活动，且主要是篮球赛或者排球赛，有村委会之间的联谊，也有各村庄的联谊。据了解，传统体育在乡村没有得到应用和发展，却在海南旅游景区被应用，比如海口火山口、三亚的鹿回头风景区和保亭的槟榔谷等旅游景区都引进了竹竿舞。由此可见，传统体育逐渐商业化，为旅游业添加特色的文化元素，有助于传统体育文化的发展，同时也反映了经济条件对传统体育文化的发展有很大的影响。

3. 学校传统体育文化活动的开展情况

海南黎族传统体育项目的形成是由传统体育文化为基础，是海南黎族人民在生活中创造出来的宝贵财富。在海南的中小学体育教学的内容中几乎没有黎族传统体育的内容。现代体育已成为学校体育课的主要课程，即使学生对现代体育课产生厌倦，体育教师依然按照国家课程标准进行授课，以完成教学任务为目的，学校几乎不开展地方特色传统体育课程。一方面，现在的一些体育项目被列为体育升学考试项目，如游泳、400 米跑和引体向上等体育项目。传统体育项目没有纳入升学考试内容，是不受重视的原因之一。另一方面，许多传统体育项目有很大的危险性，如"顶牛"、射箭和荡秋千等一些危险项目，学校不开展这类体育项目也是出于对学生安全的考虑。归根结底是学校缺乏研究传统体育项目的专业教师，对传统体育项目研究缺乏科学依据，没有规划统一标准的技术动作，规则方法不严密等种种因素，直接影响学校开展传统体育文化活动，影响海南黎族传统体育文化的发展。在海南学校的个别体育教师只泛泛了解大众喜爱的黎族传统体育项目，如竹竿舞、打狗归坡、打陀螺和顶牛等项目，并没有在学校开展专业性学习。

将传统体育引进学校体育课程，虽然得到了教师们的普遍认可，但由于缺乏这方面的专业人才，从而导致传统体育一直以来没有得到学校的重视。在海南大学、海南师范大学、热带海洋学院等高校的运动场上偶尔会出现学生们开展黎族传统体育项目活动，有的是自发组织的，有的是体育课堂上作为兴趣项目穿插进来的。

在海南高校开设的体育课程主要是现代竞技类体育项目，如球类、游泳、田径和体操等，传统体育项目主要以武术为主。目前，海南黎族传统体育项目得到运用的高校分别有海南大学和海南师范大学。海南大学开设 12 个黎族传统体育实验班，共有 11 项传统体育课程运用到教学中，这 11 项传统体育课程都制定了相应的考核标准，并且在教学内容设置上对该项传统体育的历史源头、健身价值、文化价值和民俗风情等进行了梳理，逐步完善教学体系。为海南黎族传统体育文化的传承与发展提供有益的经验，为推进黎族传统体育加入海南国际旅游岛的建设奠定基础。

三、海南黎族地区传统体育文化保护与传承的方式

在我国非物质文化遗产保护政策下，保护和传承海南黎族传统体育文化是积极配合国家对非物质文化遗产保护工作的需要。在保护和传承过程中既需要国家的顶层设计、各级政府的支持，也需要海南黎族地区人民自身保护意识的提升，通过特定的方式方法传承和发展海南黎族传统体育文化。如何使海南黎族更好地保护其体育文化事业，在自身发展的过程中已经成为一个不可回避的问题。因此，保护传承海南黎族传统体育文化必须

依靠有效的方式方法。

（一）以言传身授为传承方式

民族传统体育源于生活，生活方式源于民族习俗，而民族习俗又因民族生活习惯而产生，这也就形成了民族习俗与民族文化的多样化，不同的民族风俗所形成的传统体育文化也各有异同。从民族传统体育文化的整体特点来看，中国传统体育文化的继承方式基本上分为两大类：血缘继承和村继承。血缘继承顾名思义就是有血缘的直属关系，主要是由父亲和子女的正统自然遗传。血缘继承是指通过血缘建立的一个继承的形式，这种关系的建立往往是通过各种指导关系来实现的，也可以称之为家族继承。

海南黎族没有民族文字，以黎族语言交流，语言作为思维符号系统的载体。文化学认为，语言不是一般的符号系统，而是一种文化象征。黎族传统体育的传承是在日常教育和文化传承上通过黎族语言作为指导说明，以身体作为执行者，而"言传身授"的方式正是黎族人文化传承的一种途径。所谓"村继承"是由当地村法规定，在一定时期内，以一个村或几个邻村为基本单位，每个家庭都有一定数量的参与人员，它是集中在某一个地方，以保持一定的时间周期的体育活动。海南黎族通常是以血缘继承和村继承的方式向下一代传授传统体育文化，两者都是属于"言传身授"的一种文化传承方式。在一般情况下，这些传统的继承方式基本上都是在相对小、相对固定的地理空间去应用，这样的继承方式一直延续至今。

文字记录是保存信息的最好方式，因为所有的信息在人脑中随着时间的推移而遗忘，无论记忆力多么惊人，都抵不过时间的摧毁，这使人们不得不以文字或者某种特殊符号记录。早期，在人们生活中的信息传递、文化交流和家庭教育等都是通过语言作为载体，黎族语言对海南黎族传统体育文化的发展和传承有密切联系，人们进行体育活动表演、文艺表演和文化传递都依靠语言进行传播，体现了"言传身授"的价值。

（二）以习俗节庆为传承方式

习俗是一个民族的生活习性和文化的传承现象，是反映各民族不同的政治和经济情况，又能体现一个民族的生活习俗、人文现象、社会现象、经济条件和自然环境等，其形成一种特有的文化行为。传统习俗是一项重大的民族文化遗产，具有独特的历史文化，是每一个民族的精神财富和文化物质。我国有 56 个民族，每个民族都有自己独特的传统习俗。我国传统节日源远流长，内容丰富多彩。例如，海南黎族、苗族传统节日"三月三"是一场盛大的欢庆活动，有着丰富的内容，有传统体育活动、传统艺术展示和戏曲表演等。但是伴随着全球化进程的加快，民族习俗和传统节日也遭到了前所未有的冲击。

海南黎族是一个具有悠久历史的少数民族，经历了原始社会的发展阶段，由于其特殊的地理位置，人们生活节奏慢，经济落后。早期海南黎族人没有科学理论作为依据，遇事没有办法理解，于是寄托于神、天、地、自然和图腾，这是一种民族文化习俗。黎族人还信奉鬼神，举行祭鬼求神活动是祖先保护家族的一种象征。如结婚娶妻、丧葬、驱邪安家等，必要的时候都得请法师做法事。黎族人封建迷信很重，信仰神仙、佛和鬼等，相信世间有鬼神，主要原因是海南黎族当时所处的自然环境生存条件恶劣。随着时间的推移，海南黎族人的各种信仰活动逐渐演变成传统文化和民族习俗，成为了人们生活中的一部分。由于活动规模大，参与人员较多，慢慢就形成了一种具有观赏性的祭拜活动，渗透着传统体育活动的痕迹，是海南黎族传统体育文化产生的源头。

随着社会的发展，海南黎族祭拜活动形成了海南黎族独特的文化习俗，又因为具有娱乐性和健身性，最终被海南黎族当作一种传统体育的团体运动项目。海南黎族的民族信仰对传统体育文化发展具有促进作用，以信仰作为目标，传统体育为载体来发展其文化习俗。如此可见，传承好每一个优秀传统习俗，传播好每一个传统文化活动是文化发展的一个重要的传承方式。

四、海南黎族传统体育非物质文化遗产保护模式借鉴

（一）结合黎族传统文化节"三月三"开展传统体育文化活动

近几年，海南黎族、苗族传统节日"三月三"得到省领导的重视，每年都在不同市县设立主会场和分会场。在"三月三"传统节日上举办各种传统文化活动，包括传统体育文化、传统艺术文化和民俗文化等。在农历三月三这天，海南各个部门基本都放假，有的放一天假，有的放三天，让全民参与其中，共同欢度这个传统节日。近些年来，全国各地来参加海

南黎苗族的"三月三"盛会的人越来越多。由于"三月三"的影响力大、传播广，借助"三月三"传统节日的影响力，海南黎族传统体育文化节与"三月三"传统节日联合举行，有利于增加海南黎族传统体育文化的曝光率，有利于促进其发展。利用媒体和网络信息传播优势，向社会乃至全国直播"三月三"传统节日盛况、传统体育项目活动现场的精彩内容，向社会展示海南黎族的非物质文化遗产，让更多的人了解海南黎族传统文化，有利于黎族非物质文化遗产的广泛传播、传承与发展。

为传承和发展海南黎族民族传统体育项目，政府的主导作用和新媒体的运用，起到了重要作用。第一，政府呼吁广大民众利用实景拍摄、个人媒体、微博、抖音和快手等 App 宣传"三月三"，此外，海南省各个市的媒体都积极宣传"三月三"，制作宣传图册、现场播报等，将"三月三"传统节日最大程度地向社会宣传。提高人们对海南黎族传统体育文化的认知，促进海南黎族传统文化的发展，第二，后期借助互联网的覆盖面，将海南黎族现存的少数民族传统体育项目制作成纪录片，通过省内电视台播放、网络视频定时定点播放的方式，让更多的民间大众直观地了解海南黎族传统体育文化。第三，许多海南黎族传统体育项目已经消失，无法让人们直观地用视觉感受和亲身体验，为此，使用现代计算机三维模型让其通过动画和实物结合复原，重新回到人们的眼前。第四，开设类似博物馆的场所免费向大众开放，让人们体验真实的传统体育项目，实现零距离接触，让人们在这样特殊的环境中体验海南黎族传统体育文化的魅力和独特的乐趣。这对于非传统体育爱好者是一个很好的普及机会，这样的传播方式也更容易被大众所接受，带动越来越多的人去参与、了解海南黎族传统体育文化，以此促进海南黎族传统体育文化的发展。

（二）将传统体育文化与旅游业融合发展

海南省作为一个国际旅游岛，环境优美、气候宜人，具有丰富的地方特色美食。旅游业要进一步发展不仅要依靠得天独厚的地理位置和优越的环境，同时必须倚重于民族文化。海南岛作为国际旅游岛，必定引来大量游客，旅游业结合民族特色文化，可以使旅游文化更加富有特色，也使游客更加了解当地民族文化，增加了旅游乐趣，也增加了民族文化的曝光度。海南旅游业的发展依靠民族特色文化作为产业来推动，对地区的文化传承和经济发展有着重要的促进作用，能够让旅游产品保持原生态的文化特性。海南黎族传统文化迫切需要走向现代化，而海南旅游业的发展是一个具有影响意义的载体，在现代化进程中，将旅游业与海南黎族传统文化融合发展，去腐存精，对海南的旅游业提出新的要求，走一条正确的道路，具有时代的意义。

借助海南国际旅游岛的优势，政府部门合理根据海南黎族独特文化和地理环境，建设黎族村寨文化旅游产业。以黎族村寨文化作为载体，利用其独特的地理位置以及优越的环境，打造具有民族特色的旅游产业，为游客带来全新的体验，既有效促进黎族地区经济的发展，又积极地弘扬了黎族传统体育文化。例如，海南首个非物质文化遗产保护基地——甘什岭槟榔谷，它是一个自然环境秀丽、民族文化资源丰富的旅游胜地，节日期间会选取一些娱乐性、观赏性较强的黎族体育运动项目进行表演。增加了旅客的兴致，也使黎族传统体育项目得到了广泛传播。

另外，每年 10 月份到次年的 3 月初，是外地人来海南的高峰期，经常举办黎族传统体育文化活动，能够吸引大量游客前来观看。例如，将打柴舞和"打狗归坡"等体育项目在旅游景点开展，供旅客观看或参与，既推广了海南黎族传统体育文化，又促进了海南黎族地区旅游产业的发展。同时实现了海南黎族地区产业间资源共享，从而达到经济共同发展的目的。

第三节　以大理白族传统体育项目为例

一、大理白族主要传统体育活动介绍

在我国漫长的历史中，少数民族一直顽强而蓬勃地发展着。少数民族文化缤纷瑰丽，而少数民族传统也独具历史的积淀与文化的魅力。从古至今，民族传统体育沿袭着独有的风俗习惯、宗教习惯、信仰以及民族艺术而不断发展。白族中传播较为广泛的体育活动超过 20 种，有传统的踩刀杆、打胀鼓、舞龙，有受到众多人民追捧的"三月街"民族节日中的赛马和"绕三灵"必备项目霸王鞭舞，还有这些年非常火爆的洱海龙舟赛、洱海环湖自行车赛。而在这些活动当中，尤以白族赛马和霸王鞭开展得最

好，受到许多人喜欢，且影响范围最广。

（一）白族赛马

白族赛马与白族"三月街"紧密相关。"三月街"类似于汉族的新年，是白族最重要的节日。全州人民从农历三月十五日起庆祝"三月街"，要狂欢 5 天，甚至 7 天。作为一个将宗教、文化和贸易融为一体的传统盛大节日，"三月街"包含了白族传统的体育活动、艺术活动等内容。同时，物资交换也是其中重要的一部分。在这一天，滇西北的一些其他少数民族，也会从各地赶来，大家聚在三塔周围，聚在苍山下举行一系列重大的庆祝活动。"三月街"的主要内容有赛马、射箭、文艺表演等。庆祝的内容里，体育活动最为重要。"三月街"不仅承载了白族人民的喜乐与祝愿，同时也展现了各个民族之间和谐繁荣发展的景象。举州狂欢的"三月街庆典"历史颇为悠久，史上将其起源推算到了唐朝永徽年间，距今也有一千多年的历史了。在古老的云南地区，"三月街"的主要呈现形式就是一个巨大的物资交流市场，同时也是大理州各族群众的体育和文艺的表演舞台。从古至今，"三月街"的主要庆祝地点都在大理古城西门外。每到节日到来，各个民族，各地的商人、游客都会集结于此。这一天的主要内容一个是文艺体育活动，一个是物资交流活动。如今，随着人们物质生活水平的提高，"三月街"开展物资交流的比重开始下降，体育活动的比重逐年上升。到今天，"三月街"的体育项目越来越丰富了，不仅保留了传统的经典项目并将其重点打造，比如赛马，同时还有射弩、秋千、陀螺这一类创新了赛制的比赛。值得一提的是，"三月街"目前已位列第二批国家级非物质文化遗产名录。这说明"三月街"当中的赛马活动，已经冲出了地域的限制，进入了全国人民的视野当中。其蕴含的深厚白族传统体育文化，也将受到更多的关注。

白族赛马的历史十分悠久。唐朝时佛教被传到了当时的南诏，于是白族人民开始将盛大的观音庙会搬到了苍山脚下，这一天，物资云集，商贾遍布，更有无数骏马在苍山脚下飞驰。赛马不仅是牲畜交易的重点，同时也是骑师比拼技艺，比拼马术的重点。各队都要选最好的骑师参加赛马，此后便演化为一年一度的白族民族盛会。说到赛马，明代旅行家徐霞客就有栩栩如生的描述："入演武场，俱结棚为市，环错纷纭，其北为马场，千骑交集，数人骑而驰于中，更队以觇高下焉。时男女杂沓，交臂不辨，仍便行场市。"①这位见惯了大场面的旅行家说出的这番话让我们可见当时"三月街"的盛况。赛马大会分为民族组和混合组，通常要举行 4 至 5 天。而对于马王的争夺每一年都是大家关注的热点。对于这一点涂序波在《今年"三月街"赛马有"大动作"》中有过详细描述："去年的'三月街'赛马场，我有幸目睹这一盛会。只见赛马场上，各民族剽悍骑手云集，万千骏马生龙活虎地展示着雄壮与力量。赛场上一声号令，只见各路骑手策马扬鞭，英姿飒爽，展示着少数民族的力量与智慧。去年白族小伙于学文摘得马王桂冠，他激动地表示这是他第二次夺冠，也把这一份白族骄傲，展示在了各路选手面前。"②此外，赛马并不是"三月街"的专属，白族凡大型民族节庆都会有赛马活动，并且会普及到各个村寨和乡镇。比如剑川地区在每年7月份的骡马会就要进行赛马，邓川地区的渔潭会也是如此。

随着白族体育的发展，大理政府及有关部门越来越重视白族赛马的有序化管理。在近些年，更是通过专业的指导机构来指导民间的各项赛马活动，不仅使这些赛马活动更加有组织、有秩序，而且也更有计划性，这也推动了白族赛马的大力发展和广泛拓展。参与人员也从青年到少年，从男性到女性有了更多的普及。比如在 1982 年少数民族运动会上就有白族女孩摘下一千五百米赛马决赛的冠军。据了解，"三月街"赛马中的优秀良马或战马，还会参与到国内甚至国际上的赛事，在一些赛事中屡创佳绩。这为白族赛马冲出民族与地域限制，走向世界提供了前提。

（二）霸王鞭

霸王鞭与白族的传统盛会"绕三灵"密切相关。"绕三灵"历史悠久，含义深远。"绕"的意思就是游走，游逛。"三灵"一般指的是"佛都"崇圣寺、"神都"圣源寺、"仙都"金奎寺。"绕三灵"从字面上解释就是游逛这三个寺庙的意思。每年的农历四月二十三到二十五，大理附近各地的白族人都会盛装参与。南诏古大理国的国王曾出兵援助缅甸，帮助他们抵抗外来入侵者。他死后百姓为了纪念他，于是建庙"建国

---

① 杨镇主.白族文化史[M].昆明:云南民族出版社,2002: 152.

② 涂序波.今年"三月街"赛马有大动作[N].大理日报,2007–03–22.

神宫"，之后便在他的生日这一天，成群结队地来朝拜他，沿袭下来便成了独特的风俗。古时人们在祭奠时会手持杵棒，举行仪式。随着时代的变迁，过去的哀伤氛围已经淡去，渐渐变成了各地民众着盛装进行表演和竞赛的歌舞庆祝活动。在这 3 天里，"绕三灵"的人们从大理出发，一路边走边唱，要行走四十多公里路程，吹吹打打，载歌载舞，对歌应答。当初的杵棒变成了霸王鞭，而霸王鞭舞成了"绕三灵"的主要内容。

霸王鞭舞是白族节日如"三月街""绕三灵""田家乐""火把节"等必不可少的重要组成部分。霸王鞭舞有着深厚的文化底蕴。白族的音乐、舞蹈文化均是在白族先民"踏歌"的基础上发展起来的，其实也就是今天大理的"打歌"。当时的白族先民生活在高山密林之中，加上雨季湿寒，人们通过"打歌"来驱除体内湿气与寒冷。这种形式与当时的生产、生活环境紧密联系，再加上白族特有的语言的发展，配以独特的韵律和节奏之后，这种白族最早的舞蹈形式也就随之形成了。

白族民间舞蹈不仅体现了白族的民族价值观与民族特性，还能体现白族人民与其他民族之间的文化交流。经过长久的发展，白族民间舞蹈的种类也越来越丰富。到今天为止，可收集到分布于全省的白族民间舞蹈共有74 种。霸王鞭舞不仅是这些舞蹈的代表，也是各大节庆的主要体育项目。大理、丽江、怒江、玉溪等地的白族聚居区都有分布。

简单来说，霸王鞭舞就是在轻快的背景音乐下，运用霸王鞭有节奏地打击身体的各个部位和关节的运动。舞蹈中霸王鞭通过杵地脚踢的敲，以及擦击身体的肩、胸等部位发出响声；金钱鼓在舞中一般用掌击鼓，使其发出"嘭嘭"的声音，所以金钱鼓又称手鼓。霸王鞭是一种可以集体性又可以单人性的项目。一般由两人以上进行表演，根据场地的不同，需求的不同（比如是表演还是竞赛），人数也会相差极大，几十上百上千都是可能的。一般来说，使用霸王鞭的主要是女性，男性同台表演则使用八角鼓。活动行进时和普通舞蹈一样，动作和队形都可随意变化。

霸王鞭舞节奏跳跃明快，具有非常强烈的感染力和视觉冲击力。白族人民在不同的音乐伴奏下，依据不同的动作造型，击出各种花式的舞姿。伴奏可以是吹拉弹唱，有专门的乐队，也可以是弹唱艺人，带来大理白族历史悠久的"大本曲"，再配合绚丽多彩，款式各异的白族服装和精致的霸王鞭，形成了一道道亮丽的风景线。人少时，霸王鞭舞带给观众以优雅轻快的视觉享受，人多时，霸王鞭舞展现出体现白族热情豪放的一面。

二、大理白族传统体育的突出特点

（一）与节庆高度结合

民族传统体育在完好保留本民族独特文化的同时，也一直在发展中不断融合和表现着其他民族的特性与精华。民族传统体育都有一个共同的特点，也是与汉族较为不同的，即少数民族传统体育大多数都依托于民族节日的开展而产生和壮大，随民俗节日而动。这与少数民族的民族特性、风俗习惯与宗教的发展都有密不可分的关系。因为少数民族的民俗节日的开展必然伴随大量民族特性的表达，是民族风貌的集中展示。作为云南省发展历史较为悠久的白族，其传统体育与民俗节庆尤为明显。白族的主要民俗节日与其民族特性、风俗习惯、宗教信仰息息相关。比如，白族特别盛大的"三月街""绕三灵"、谢水节、火把节等节日都体现着这些特点。这些节日有些来自远古的风俗，有的与宗教密切联系，有的来自神话传说，还有的来自大事记，大人物，等等。

总而言之，白族体育活动大多都在民族节日中开展。白族有着众多且形式多样的民族节日，白族人民在长期的劳动与生产中，形成了独特的庆祝方式。在这些庆祝方式当中，体育活动就占据着相当大的比重，并且节日规模越大，体育活动范围越广影响力越大。正是借助于频繁举行、内容多样的节日，一些珍贵的体育项目也代代相传下来。这些节日为白族体育的发展和延续提供了丰厚的条件，并且培育了白族传统体育生生不息的火种。如果离开了白族民俗节日的依托，白族体育的保护和传承很可能就沦为空谈。当今文化渗透和掠夺并不鲜见，而文化的冲击则更加频繁。因此，肯定白族民俗节日与传统体育的辩证关系，有助于白族传统体育文化不至于在冲击中被削弱或消亡，有利于白族传统体育非物质文化遗产的保护与传承。

（二）与宗教密不可分

白族的众多体育活动基本上都在民俗节日中开展，这些传统体育活动与民俗节日相得益彰。由白族人民各大节日可知，不仅如"三月街""绕三灵""耍海会"等节日的由来都与宗教祭祀密切相关，而且，经过漫长的发展和演变，白族传统体育与宗教依旧关系密切，这也是白族体育，以及少数民族传统体育，与汉族体育非常不同的一点。白族体育文化广泛存在于各节庆当中，以一种依附的，不独立的状态与节庆当中的宗教文化息息相关。如果轻视白族体育的宗教性，就不利于白族体育文化的把握。白族的大多数体育活动，都蕴含丰富的宗教文化。比如在火把节中，白族通过"打歌"向上天祈求后嗣；谢水节中通过舞龙运动祈求丰收以及雨水丰沛；"耍海会"中，人们为了祈求洱海的太平，还会举行龙舟大赛。这些都让我们看到白族节日与宗教的特殊联系。祭祀活动中，还有一类表演难度极高，运用轻功一类的功夫——上刀杆。这些动作通常带有武术基础，但难度更大，通常只有一些专攻此法的"巫师"来表演，需要表演者有强大的臂力而不是足力，用脚尖踩着刀刃而上，直至登顶。

说到宗教就离不开"本主"了。"本主崇拜"是白族专属，是白族独有的宗教信仰。"本主"是"本境福主"的简称。大理白族几乎全民信仰"本主"。"本主"是白族传说中各朝代的民族英雄人物和对国家对人民的有功之臣，白族人民为纪念其丰功伟绩而尊奉他们为"本主"。白族人民认为"本主"能护国佑民，保佑人们清吉平安，风调雨顺，六畜兴旺，五谷丰登。每逢节庆他们都会祭拜"本主"，祈求福运，展开祭祀"本主"的各种活动，如"朝山会""耍海会""绕三灵"等实际都包含有民族体育活动的内容。这些祭祀活动通常顺应节日开展，具体又以体育竞技与表演的形式开展，而霸王鞭舞就是主要项目。

（三）群众广泛参与

白族民众对节庆节日有着骨子里的热爱，他们无论从事何种工种，在每一个节日来临甚至之前，都会积极参与其中，这也就奠定了白族传统体育广泛的群众基础。在大理地区，小镇和村舍是民间节庆活动最集中之地，如大理古城附近的喜洲古镇，该地也是旅游热门景点之一。这里有着历史悠久的文化大院，更有各种保留已久的传统活动。新年期间，便会有一系列精彩的体育表演，比如跳竹竿舞、霸王鞭舞、舞龙，等等。这是白族人民，用来迎接新年祈福一年好运的特殊方式，与此同时各地的喜庆活动也在同步开展。在除夕之后的几天内，各村社如火如荼地展开一系列的民俗活动，霸王鞭舞成为主要项目。以各村为单位组成的舞蹈队纷纷参与其中。通常在当天的清晨，每个村落的舞蹈队在村头集中后就会共赴镇上，不仅有很多的当地人参与到活动中，也有大量的外地游客，聚集于此，成为最忠实的观众。各个舞蹈队之间是竞争的关系，他们将会把由他们自己亲自编排的节目展示给观众们。与此同时，各乡镇也会派出代表来为其进行打分，获得名次者将有特别的奖励。所有的参赛队伍，无论获得名次与否，都非常地享受比赛，享受节日的欢乐。他们用当地富有浓郁民族特色的歌曲，经由现场的民间弦乐艺人或弹唱或伴奏，配以他们精心编排的霸王鞭舞蹈。这些霸王鞭舞蹈展示方法各异，传达的内容也各不相同：有的融入了"本主"的祭祀文化，在祈福新年的运势，祈福一家人的平安喜乐；有的庆祝农田的丰收；有的以民族服饰的展示为侧重点，多姿多彩的舞蹈体现的是款式丰富、色彩绚烂的民族服饰。不仅参与其中的人得到了快乐与释放，也让观众们感受到了少数民族舞蹈的美妙。

通常来说，在城市地区除了将舞蹈作为个人的职业以外，很多人仅作为平时的业余爱好，不论是坚持的时间，还是参与比赛的热情和频率都无法与少数民族相比。由于农村和乡镇地区举行节庆活动的频率和热情更高，这些地区多数人从事农业劳动，那么，一年当中的农闲与农忙就将他们的时间变成了较完整又独立的时间段。每年的农闲时间便将他们从繁重的农业劳作当中解放了出来，因为有了这样的外部条件，他们有大量的时间去投入到这些体育运动当中去，自然成为全民健身的一部分，而且在农村的天然条件下，邻里之间的联系非常紧密，这为他们能够经常集结在一起，不管是共同排练节目，还是相互监督锻炼身体，都创造了很好的条件。加上白族人民对传统节日非常重视，有大量的节日，需要这样的表演与竞赛活动。大理本地也会组织众多的比赛，因此他们会投入更多的热情参与其中。由于少数民族天生好歌舞的天性，这也就使得更多的人可以参与到其中，再加上品类繁多的节庆活动也为他们提供了大量的舞台。尽管他们对于竞技的观念并不如汉族人在参与大型赛事时那般强烈，但是进可以为家乡争荣誉，退则作为休闲保健的重要手段，因此有大量民众参与，群众基础广泛。

三、大理白族传统体育非物质文化遗产保护模式借鉴

（一）结合旅游、节庆发展传承白族传统体育

众所周知，外界对于整个大理地区的认识与了解，普遍以其得天独厚的自然地理条件、优美的风光以及灿烂的民族文化为主。大理坐拥得天独厚的地理资源和自然环境，大理的自然环境对其体育运动的产生和发展有着不可忽视的作用。大理优质的旅游资源也为近些年来白族体育向多样化赛事发展提供了可能。比如，大理国际马拉松赛事就是大理凭借其旅游与户外优势打造的个性化比赛，比赛赛道围绕洱海滨海带，途经大理三塔，参与其中的选手不仅能感受到清爽的"海风"、沿途的风景，还能体会到这座古城的历史韵味，可谓美不胜收，运动与旅游兼得。

旅游产业是大理当之无愧的支柱产业。旅游文化产业的兴盛，必定会引来大量的游客。根据大理州旅游局统计的数据显示，2020 年大理州共接待海内外游客 3921.2 万人次①。近些年来，随着一些影视作品的宣传，大理更是成了世界各地人民竞相追逐的度假天堂、旅游胜地，这为大理带来了源源不断的客源。伴随着旅游的火热，大理加快推进了体育发展新模式的探索，将体育旅游纳入体育发展的重点上来。

体育旅游，字面上来理解就是指体育与旅游交叉、相互融合而产生，同时具有旅游和体育两种特性的新型旅游市场，它的产生和发展离不开这两大产业的支持。依托大理地区强大的旅游资源和吸引力，使得体育旅游产业的比重越来越大，不仅人数逐年增加，体育发展的形式也越来越多样化，而这些，都与大理地区独特的气候、文化等资源优势密切相关。白族人民应利用天赐的自然条件、底蕴深厚的社会人文环境，将民族体育与当地地情完美结合起来。比如，大理苍山脚下成片的缓坡与绿色草场，可以作为高端体育旅游发展的基础，举办高尔夫赛和高端俱乐部体育旅游路线；利用湖泊水域优势，山脉连绵激流险滩等旅游资源，开发户外探险、极限挑战类的特色产品，并且融入陀螺、白族霸王鞭、赛马、龙舟龙船等特色民族体育旅游产品，形成很好的嫁接。

---

① 大理白族自治州2020年国民经济和社会发展统计公报［EB/OL］. http://www.dali.gov.cn/ xxgkml/c103138/202102/c23c0aea6490497a9a2e33e394d8c719.shtml.

比如，2017 年大理举办第 21 届少数民族传统体育运动会，推出了"三月街"民族节"洱宝花香梅杯"赛马大会。白族人民正是依托如火如荼发展的体育旅游，将"三月街"与全国性民族体育运动结合，对重点项目——赛马进行扶持推广。这次大会吸引了 12 个省市地区参与，选手遍及全国。这次盛会对白族赛马的宣传与发展都起到了很大作用。

据估计，2025 年我国体育产业总规模将超过 5 万亿元，这可以说是大理体育发展的绝佳机会。利用这样的机会，白族传统体育可以迎来一次全新的变革和发展。参照国家体育总局近些年和文化和旅游部的合作，大理应继续推进旅游与体育的常态化发展，通过旅游人口的流动，将白族体育的影响推向更广的天地。

（二）顺应全民健身浪潮，扩大白族传统体育影响力

我国近年来十分重视全民体育的发展。这些年，大理也非常重视全民运动的推广。2017 年大理国际马拉松赛，参与人数就超过了 10 000 人。同年，大理首次举办了全民运动会，几乎家家户户都参与到这场运动中。白族霸王鞭舞在这次盛会上大放异彩，不仅众多队伍参与进来，还有很多年轻人，开始去了解并学习这项入选"非遗"的传统体育项目。这项运动不仅受场地限制小，而且兼具观赏性，节奏明快，比普通健身操更具律动变化，深受大众喜爱。顺着全民健身的浪潮，越来越多的人加入这项运动中。作为全民健身的"花魁"——时下非常流行的广场舞，在大理地区也变成了中老年广场霸王鞭舞，场面不可谓不壮观。霸王鞭还可以和学校体育有机结合，成为集健身性和竞技性的校本课程。在传承上，体育非物质文化遗产与物质文化遗产有所不同，它不是通过物本身而是通过人的活动来传达思想或内容，重点在人。大理白族独特的体育项目，就是需要通过人的力量更加广泛地扩散出去。基于白族传统体育项目与节庆活动高度结合的特点——既然白族的体育活动多在喜庆节日展开，而白族人民对于节庆的参与和推崇又是普遍性的，因此，应当将全民健身与白族体育发展，尤其与"非遗"体育项目发展更好地结合起来。因为受限于场地，加上参与人数众多，除少数项目以外，白族传统体育项目一般没有很激烈的竞技性，但由于参与人数众多，形式多样，与节庆活动的高度融合，又使得白族传统体育项目具有较高的审美性、娱乐性和健身性。从这个角度来说，白族传统体育项目可以完美顺应新时代全民健身的热潮。

第五章　雄安新区民族传统体育非物质文化遗产分析

　　雄安新区地处京畿重地，雄县、容城、安新三县均为千年古县，具有悠久的历史文化。雄安新区作为我国未来的科技创新中心、示范性生态城市，在几千年的历史长河中，诞生了以"容城三贤"为代表的著名历史人物，以"宋辽榷场"为特色的商业文化和民族融合文化，以"雁翎队"为代表的红色文化以及以各类国家级、省级、市级"非遗"为代表的民俗文化。自新区设立以来，加强雄安新区文化的保护与传承一直是新区建设的重要环节。当地政府在新区成立仅 5 个月时间便完成了整个新区的"非遗"普查工作，并于 2018 年 8 月由河北省牵头再次组成专家组对雄安新区雄县、容城县、安新县开展为期1个月的调查工作，对雄安新区"非遗"的调查和保护工作做进一步的梳理及加强。经普查，雄安新区有 400 多项"非遗"项目，涵盖了"非遗"的十大类别。

　　雄安新区这些宝贵的"非遗"资源是雄安新区人民祖祖辈辈繁衍生息在这片广袤的热土上，劳动、生活、创造，积淀下丰厚的文化蕴藏。一代又一代乡民通过口口相传的方式，使中国传统文化得以穿越千年历史绵延至今，这些最具民族性和地域性的原生态传统文化，留存有我们中华民族最珍贵的 DNA。这些原生态传统文化，虽然历经战乱、政治运动和社会现代化转型的冲击，但仍在当代社会显示出其顽强的生命力，在民间百姓的日常生活中担负起多样的文化功能。雄安新区的新机遇带来了新课题，该地域上延续了几千年的传统文化不能丢，历史文脉不能断，社会现代化必须是中国的现代化。中华民族的伟大复兴，文化的复兴是其基础。雄安新区的腾飞，也要以文化的保护和建设为重要前提。为了雄安新区现代化发展的千年大计，为了地方历史文脉的续存与发展，理清自己的文化家底，这是当务之急，也是雄安新区"非遗"保护与传承的重要意义所在。

本章从雄安新区的非物质文化遗产现状分析入手，对雄安新区的非物质文化遗产做概述，并分析雄安新区"非遗"资源特点及保护现状；在此基础上，指出雄安新区的民族传统体育非物质文化遗产保护面临的困境；最后重点剖析国家级"非遗"——鹰爪翻子拳的现状及保护策略。

第一节 现状分析

一、雄安新区的非物质文化遗产概述

雄安新区的非物质文化遗产蕴藏深厚，品类齐全、数量众多，包括民间文学、传统音乐、传统舞蹈、传统戏剧、曲艺、传统体育游艺与杂技、传统美术、传统技艺、传统医药、民俗等多个方面。

（一）民间文学

民间文学是指民众在生活文化和生活世界里传承、传播、共享的口头传统和语辞艺术。从文类上来说，包括神话、史诗、民间传说、民间故事、民间歌谣、民间叙事等。民间文学深深植根于生活文化中，是一个地域的历史、文化的载体，是一方百姓生活和劳作的教科书。许多世代相传的古老神话和传说，不但记述了地方性的历史知识，还给广大人民群众以精神上的鼓舞。

雄安新区的民间文学比较有代表性的有："东王村传说""容城八景""圈头乡传说故事"等。"东王村传说"讲述了雄县东王村从山西移民及明朝的历史、村内原有五座庙宇的传说等；"容城八景"是对容城县清代已有的八个景观及县域历史、文化的概况性描述；"圈头乡传说故事"包括当地名人类、世情民风类、地名来历类、白洋淀生物类、神话传说类的民间故事约三十多个，记载了圈头村村民在这一方水土生活的历史、生活经验和喜怒哀乐，成为蕴藏于民间的活态叙述文本。

（二）传统音乐

雄安新区传统音乐类的"非遗"项目主要有"音乐会"——南乐会、吵子会、吹打班等器乐艺术形式。在"非遗"的十大类中，传统音乐类"非遗"在项目数量上占据了第一位。在传统社会中普遍存在的号子、小调等民歌，由于社会现代化转型带来的人们生活样态、劳动方式和审美情趣的改变和城市流行文化的影响，今天已经很难见到它的踪影了。

"音乐会"是冀中地区和京津市郊广泛存在的大乐种，又有"音乐会"（又称北乐会）和南乐会（又称"吹歌会""南'音乐会'"）的区别。"音乐会"的乐器编制、演奏曲目、音乐风格大都与当地佛教寺院音乐类似，是一种世俗化的类宗教音乐。"音乐会"的活动与中国传统礼仪规范、当地的民俗和民间信仰有着非常紧密的联系。历史上"音乐会"和南乐会都是义务为村民服务的，但是随着社会环境和人们思想观念的变化，诸如民间丧事这样的活动，除个别乐社外，这一带的"音乐会"和南乐会也大都在向着有偿服务的方向转变。

"音乐会"与南乐会以雄县和安新县居多，容城县较少。在雄县，有葛各庄、韩庄、高庄、古庄头、邢村、十里铺、开口、亚古城等16个"音乐会"，赵岗、杜庄名为"音乐会"而实质是主奏乐器为大管的南乐会，还有近些年由北乐向奏俗曲的南乐发展的北大阳"音乐会"；在安新县没有南乐会，有圈头、同口、端村、关城、北六村、赵北口等村落的"音乐会"12个；在容城县的北张村和西牛营村，也有2个南乐会。

雄安新区的十番——吵子（大鼓）会，属于吹打乐或打击乐系统的武十番，而且以纯打击乐形式的演奏居多。十番——吵子会类型的乐社共有17个，其中雄县和安新县各6个，容城县5个。其中雄县小庄村十番会和容城县西牛营村、西牛村的吵子会，属于有唢呐主奏旋律的"文吵子"，而雄县张神堂村吵子会、容城县午方村北庄大鼓会、安新县大东庄大鼓吵子会等则属于纯打击乐的"武吵子"。

吵子会的演奏技法比较易于掌握，热烈喧闹的乐声能够极大地满足人们追求热烈氛围的心理需要，当地的婚丧嫁娶、商业庆典都有邀请吵子会等乐社助兴演出并给予一定报酬的习惯，这一切都有助于吵子会的存续和发展。这一带的其他民间文化组织如秧歌会、武术会等，以及当地的一些民间仪式，还多邀请吵子会参与助兴，这使吵子会与当地的许多乡土文化形式形成共生的文化生态关系。

吹打班在这一带历史悠久、数量众多，艺人被俗称为"吹鼓手"。民间将吹打班用于红白喜事等活动，早已成为一种传统礼俗。与音乐会所不同的是，吹打班自古就是冀中地区营利性的音乐组织，婚丧嫁娶、商业庆典、老人祝寿等都是吹打班以艺营利的商机。吹打班是一种鼓吹乐的合奏形式，以唢呐、管子、笛子等管乐器与鼓、钹（板）等各式打击乐器为主，但雄安新区一带吹打班所使用的乐器，要更为丰富多样。吹打班一般为六至十几人左右，乐队规模，乐手人数的多少，要视雇主的需要及所付报酬而定。

由于吹打班的数量众多，其组班方式又极为自由，我们这次普查仅录入了雄县杜庄村刘家吹打班等 6 个乐班。吹打班因适应了市场经济的需要而在今天活力不减，他们是民间音乐里的专业团队，因凭艺吃饭而有着比一般乡间业余乐师更为精湛的演奏技艺。吹打班在演奏曲目方面广泛接纳，继承了大量本地域和外地传入的传统乐曲。作为中国传统音乐文化的承载者，吹打班也理应受到我们的关注。

（三）传统舞蹈

传统舞蹈在河北省民间亦称"花会"，作为一种人民群众广泛参与的大众艺术，在雄安新区这一带有着历史悠久、受众广泛、形式多样的特点。20 世纪 50 年代上半期这些花会十分活跃，每年春节期间都有不同规模的演出活动，50 年代末趋于消沉，80 年代又逐渐恢复。21 世纪以来，民间花会又有较大的复兴趋势，春节期间大多数村落都有花会活动，而且有的村落还有多道花会。目前，雄安新区传统舞蹈项目共计 23 个，其中雄县 7 个、容城县 6 个、安新县 10 个。在这些传统舞蹈项目中狮子会最多，共有 8 个，其他有高跷会 6 个、秧歌（小车）会 5 个、龙灯会 4 个。

传统舞蹈在新的时代也在悄悄发生着种种变化。第一，民间秧歌类的歌舞由过去年节期间才举行的娱乐活动，被赋予了健身运动的新功能，演变为城乡中老年人日常的运动形式，但是，原来扮装表演的传统秧歌各式角色行当消失了，人们的服装也统一为花花绿绿的秧歌彩装。各种繁杂的队形变化和不同角色之间的逗趣表演，被整齐的舞步和律动所代替。与此同时，原生态的扮装秧歌仍然在农村节日中普遍存在，角色众多、表演风趣的传统秧歌，在节日中更容易受到村民的欢迎。第二，三两个人以叙事性演唱为主的小场表演的消失。秧歌的"小场"表演，是秧歌队在街上边行进边进行"过街"表演和所有参演者喧腾热闹的"大场"集体表演后，再以三两个人进行的以唱为主的表演。但在今天，过去群众喜闻乐见、叙事兼抒情、诙谐风趣的秧歌"小场"表演，除了在一些村落发展为"秧歌戏""小车调"之类的戏曲形式外，普遍有逐渐消失的趋势。究其原因，是社会文化背景变化的结果，在今天，叙事性的现代艺术形式非常多，让人目不暇接，甚至产生了审美疲劳，在此文化大势之下，叙事性质的"小场"表演就显得魅力不在了，它的消失也成为必然。

民间歌舞在今天仍然广泛存在的原因，笔者认为有以下几点：一是传统习俗的顽强生命力，逢年过节要兴花会、扭秧歌、踩高跷，在这一带农村已经形成一种民俗；二是民间歌舞的表演因其大众艺术属性的通俗易学造成的参与者众多，一般人只要愿意参与，稍微学习一下即可下场表演；三是民间艺术的因时顺变，秧歌类的民间歌舞顺应当代百姓企盼身体康健的诉求，被赋予了健身锻炼的功能后，成了城乡百姓（尤其是中老年女性）日常生活中的一种新时尚；四是政府部门在官方场合中对民间艺术进行的"征用"，也在客观上起到了鼓励民间艺术存续和发展的作用。

（四）传统戏剧

雄安新区所处的京畿一带一直是中国的文化中心在戏剧艺术逐渐繁荣发展的元、明、清三个历史时期，河北的戏曲艺术也因之比全国其他地域显得更加繁荣。明末至近代，除昆腔、高腔、梆子、皮黄四大传统声腔外，在各地民歌、歌舞、说唱的基础上，还纷纷衍生出了许多各具特色的地方小戏。戏曲艺术的兴旺局面在这一带一直持续到 20 世纪 80 年代。

随着 20 世纪末以来中国社会的现代化转型，传统戏剧艺术已经难以再现农耕时代的那种盛况了。1985 年后民间剧团逐渐减少。这三个县的国营剧团，在改革开放以后先后解体，但其演员仍游走在县域内各个私营剧团以艺谋生。另一方面，传统文化的巨大惯性、农村节日和民间礼俗对戏曲艺术的市场需要、民间戏曲局内人对自己文化的坚守、国家"非遗"保护和鼓励传统戏曲发展政策的实施，都给了传统戏曲在未来社会继续生存下去的理由。雄安新区的传统戏剧项目共计 24 个，其中雄县 5 个、容城县 4 个、安新县 15 个。除容城县高腔戏（保定市级"非遗"项目）因传承人故去而失传外，其他项目均活态存在。可以看出，戏曲艺术在城乡仍有一定的市场和相当数量的受众群体，既有本土小剧种"云车会"和"老秧歌"，又有安新县圈头村评戏、马庄村河北梆子等民间会戏，还有民间私营的容城县师庄村狮子会的舞狮表演。

河北梆子剧团，以及京剧协会、河北梆子协会、评剧协会等众多票友组织，这些以兴趣为纽带、完全靠民间供养的戏曲组织，至今仍生机勃勃。也许是白洋淀水乡地域相对封闭的原因，使该地域的传统文化保存得要比其他地方更丰富、更完好一些。

一些本土小剧种值得我们格外关注，如雄县东王村的"云车会"和韩庄村的"老秧歌"，都是在当地民间歌舞小场表演基础上生发出来的地方小剧种，这些艺术风格独特的小剧种在雄县具有"文化地标"的性质。这些小剧种的文化意义在于它的历史认识价值——作为中国戏曲发展历史某个阶段的标本，能够让后人清楚地洞悉和了解中国戏曲是如何沿着民歌、说唱、民间歌舞走向完整成熟大戏的。

（五）曲艺

雄安新区一带的曲艺形式，主要是西河大鼓。雄安新区共有曲艺项目 6 个，其中雄县 1 个、容城县 1 个、安新县 4 个，这些项目共包含西河大鼓演唱和伴奏艺人共约二十多人。西河大鼓是清朝末年安新县艺人马三峰在木板大鼓的基础上创立的。在 20 世纪 50 年代，这一带尚有西河大鼓艺人一百多人，其中著名的有雄县王魁武、李国春和王魁武的弟子李成林、李全林，容城县的王书祥等人。李国春曾在 1950 年代任河北省曲艺队队长、曲艺团团长，李成林、李全林也曾在河北省曲艺学校任教。李成林还作为特邀演员参加全国曲艺汇演，受到周恩来、彭德怀等中央领导的接见。

改革开放前，由于社会大环境没有变，这期间虽然因社会的动乱使乡土艺术的发展起起伏伏，但是当社会环境趋于平静正常时，这些乡土艺术总是又复归繁荣。20 世纪 80 年代以后，中国社会的现代化转型，却使这些乡土艺术赖以生存的社会土壤有了较大变化，人们的生产生活方式、艺术审美趣味等都发生了极大改变，城市的流行文化也开始向县域及农村蔓延，这一切改变使得曲艺这类乡土艺术越来越难以为继。随着人们娱乐方式的多元化和城市流行音乐的冲击，艺人们走码头唱曲谋生逐渐消失，专门靠曲艺演唱养家糊口的艺人越来越少，西河大鼓表演者队伍迅速解体。

21 世纪以来，随着国家对传统文化的重视和非物质文化遗产保护政策的实施，具有曲艺历史文化传统的雄安新区三县，又在向传统复归。如在雄县，著名西河大鼓演唱家赵连方经商致富后，又义无反顾地回归他的西河大鼓演唱本行，联络各方开创了连方书社，力图振兴传统的西河大鼓演唱艺术。他的徒弟郭祥斌先生也创办曲艺协会、兴办书场、编创表现新生活的新段子，多次参加国内、省内的曲艺比赛并获得较好成绩。年轻的西河大鼓女艺人赵冬英也崭露头角，积极学习西河大鼓传统唱段。在容城县，有王凤仙、邵振清夫妇一直以说唱西河大鼓为业，表演足迹遍及文安、任丘、高阳、蠡县、定兴、高阳、高碑店、天津各地，忙时一天三开箱。在安新县的小王村、南 / 北边吴村、东 / 南喇喇地村等村落，也有为数较多的西河大鼓艺人，民间的红白喜事、开业庆典等都是西河大鼓的演艺场合。

总的来看，尽管这种传统的复归是由过去的大众艺术转为今天只有特定人群才喜欢的小众艺术，毕竟显示了在一个多元文化的社会，传统的曲艺形式又为自己争得了一片天地。从这些艺术家的身上，我们看到了传统文化局内人高度的文化自觉意识，看到了他们对民间艺术传承保护的积极性。鉴于西河大鼓从艺人数锐减的现状，对于西河大鼓的"非遗"保护工作，也应该提到重要的议事日程，以维护这个曲种在未来社会的活态续存。

（六）传统体育、游艺与杂技

雄安新区传统体育、游艺与杂技类的非物质文化遗产项目，主要是各种武术（徒手或使用器械），杂技项目有叉会和容城县张和群的杂技绝活等。雄安新区传统体育、游艺与杂技类的非物质文化遗产共 43 个项目，其中雄县 22 个、容城县 7 个、安新县 14 个；武术项目共 35 个、杂技类项目共 8 个。在"非遗"的十大类中，该类项目数量仅次于传统音乐而位居第二位。

雄安新区可以称之为"武术之乡"，这一带的尚武之风是有其历史渊源的。雄县自唐代起就有武术运动，明清时期武风鼎盛。历史上曾涌现出武进士 23 名，武举人 74 名。清末至民国初期，又涌现出董宪周、陈子正等 76 名武术名家。曾经流传于雄县境内的武术派别有少林、翻子、鹰爪翻子拳、形意、太极、晋子、洪掌、绵张等八个门派，而这些门派在当代雄县民间大多都有续存①。安新县的武术活动自明清时期就较为兴盛，尤以圈头、新安、关城、留村等村落习武成风，村民自购刀、枪、剑、棍等器械聚合演练，农闲时则多赴县城、庙会进行表演，曾涌现出郝恩光、郝家俊、李玉琳、李天骥、郑怀贤等众多著名武术家。在武术类型上，安新县主要有形意和少林两大门派②。容城县的武术之风也兴起于明清，分五虎、少林两个门派。在传统社会，农闲时期即是练武的时节，春节及庙会则是进行武艺交流的好机会，人们串村表演切磋技艺互相促进。南张、北张、西牛、大八于等村落都有历史悠久、武艺高强的武术会。③

　　由此可见，雄安新区的武术活动仍十分兴盛，既有闻名全国的国家级"非遗"项目鹰爪番子拳，又有岳氏散手、阴阳八盘掌、太极梅花螳螂拳、太极拳、八趟掩手、两翼通背拳、戳脚等省市县级和大量未列入"非遗"名录的武术门类，还有被冠以武术会、少林会、江洲会、回族武学、五虎会、宝剑计、双龙会等各种名目的民间武术组织。平时的傍晚时分、传统节日如春节、民间庙会期间等，都是武术组织和民间练家传习武艺、展示功力的时机。在中国社会向现代化转型的当代社会，虽然许多年轻人外出打工，留在村中长期习武的人难以再寻，但是，武术的健身价值也日益为当代人所认识，历史悠久的习武活动培养出村民的尚武传统，在当代社会也仍然存在着，这使得民间武术活动在这一带仍然生机勃勃。

　　叉会组织所用的叉是古代兵器之一，也作古代宫廷中的娱乐、仪仗之用。据说后汉三国时期一些武士习练耍叉，后来渐渐传入民间，成为一种杂技形式，又叫耍叉、飞叉。这类杂技项目与武术的不同之处在于它只具有表演性而没有比武对打。在传统的杂耍武档中耍叉是专门的功夫，耍起来叉光闪闪、上下飞动，叉杠还能在脖子上绕来绕去，十分惊险。雄安新

① 雄县县志编纂委员会. 雄县志［M］. 北京: 中国社会科学出版社，1992: 508.
② 安新县地方志编纂委员会. 安新县志［M］. 北京: 新华出版社，2000: 947.
③ 容城县地方志编纂委员会. 容城县志［M］. 北京: 方志出版社，1999: 448.

区三个县的民间都有这类叉会组织。

容城县历史上就有各种杂耍,旧时贫苦农民没有其他出路时,就凭自己的技艺撂场谋生。1979—1991年容城县还曾经有一个杂技团,成员约有二十多人,团长刘通民善于表演杂耍、魔术等。著名杂技绝活表演艺人张和群,15岁时随本县北后台村朱占申师傅学艺,技艺学成后在容城及全国各地巡演,多次获得河北省电视台"有才我来秀"表演比赛第一名、首届"河北省杂技绝技绝活展演"突出贡献奖等荣誉。他的杂技绝活有吞铁球、吞剑、吞剑取丹、吞剑拉汽车、刀山剑影、线走七窍、眼睛喷水、寸板钉钉等,奇、难、险、怪,引人入胜。

(七)传统美术

传统美术类的"非遗"项目目前收集的不多,雄县有剪纸2项、容城县有木雕画1项,安新县较丰富些,有芦苇画、玉石雕刻、烙画、剪纸、古建艺术等共5种9项。

剪纸是新区广泛存在的传统美术形式。这里民间的"随手剪"不用提前描样,而是随心所欲、信手剪出各种吉祥图案或文字,题材十分广泛,有喜鹊闹梅、有凤来仪、福禄平安、福寿延年、连年有余等喜庆吉祥的图案。这些图案非常精美、线条流畅、构思精巧。在不同的时令或重要的日子,剪纸的构图和内容都很有讲究,体现了农耕社会里人们的审美观念和文化追求。雄县瓦桥一带的剪纸一般为"折叠剪",这是民间最常见的一种剪纸方法,即经过不同方式折叠剪制而成的剪纸。这种折叠剪纸折法简明,造型概括而有一定变形,尤其适于表现结构对称的形体和对称的图式,如花鸟鱼虫、植物、动物图案等。

芦苇画是水乡白洋淀的特产,由明代简单的苇编画到清代着色、火烤使图案更加丰富的苇编工艺画,再到现当代借鉴绘画技法和发挥苇子材料特点的芦苇画,展现了芦苇这种特定自然环境的产物从用于生活、美化生活到艺术作品的民间艺术发展道路。1989年随着安新县旅游事业的不断开放,以杨丙军、杨丙珍为首的民间艺人在安新县寨南村最先发展了芦苇画的生产,创办了河北省安新县京淀工艺美术制品厂、天意工艺厂、芦苇工艺美术制品厂、寨南旅游工艺制品厂等,主要代表作品有"钟馗像""五福临门""关公像""一帆风顺"等,将这种民间美术工艺发展为富裕一方百姓的文化产业。

木雕画是用铲、刻、挖、割等方式将纹样、花鸟、动物、山水、吉祥图案等雕刻在木板上，在雕刻类别上属于浮雕。容城县大南头村李志国等人的木雕画以木屏风为主，有挂屏、座屏、立屏三个种类，用于家中摆设、装饰和隔断。木雕技巧复杂，用料用漆考究，图案纹样优美，木屏风作为摆设装饰，具有审美观赏价值。

中国人历来有佩玉、把玩玉石件的习惯。玉石雕刻作为一种传统民间手工技艺，具有很高的历史文化价值。安新县于庄村玉石雕刻艺人刘炳辉自幼随母亲学习雕刻，用萝卜、山药等做练习，博采众长，逐渐掌握玉石雕刻技术，开始专业从事玉石雕刻。他的作品以人物、摆件、手把件、鸟兽等造型为主。

烙画古称"火针刺绣"，近名"火笔画""烫画"等，是珍贵的稀有画种。安新县北边吴村的薛小菊、周小丽、杨俊成和苏果庄村的彭花格等人都在各自的美术、工艺技法基础上学习并发展了烙画技术，她们在木板、葫芦上以电烙铁为笔，创作出了许多艺术作品。这一群体的每个人创作风格各异，促进了烙画在安新的推广与传播。

中国古代建筑艺术具有悠久的历史传统和光辉的成就，技术高超、艺术精湛、风格独特的古代建筑，在世界建筑史上自成系统、独树一帜，是我国古代灿烂文化的重要组成部分。安新县东明街陈永江初中毕业后跟随父亲学习瓦匠手艺，继承了祖传古建艺术，目前主要给民间建筑仿古庭院，也承接一些古建修复的工程。

（八）传统技艺

传统技艺是指有着悠久文化历史背景的技术、技能，并且需要经过一定的深入研究学习才能掌握。每一门传统技艺都与人民群众的生活密切相关，烙印着一个民族、一方百姓的文化记忆。雄安新区的传统技艺"非遗"项目数量较多，雄县有 15 项、容城县有 6 项、安新县有 11 项。从种类上，可以分为食品加工技艺、劳动技艺、生产生活用品、工艺品和酒曲的制作技艺等。

属于食品加工技艺的项目有摊面菜、白傻子烧鸡、糖瓜、白果、麻糖、大糖、肉食、酱菜、荷叶茶的加工制作技艺。雄县民间旧时农历六月初一有过"半年节"、摊面菜、祭神的习俗，在今天祭神的习俗减淡了，但摊面菜的饮食传统仍然广泛存在。当地的颐泽园食府、瓦桥大酒店等餐馆，还将摊面菜作为具有地方特色的招牌菜进行推广。糖瓜、白果、麻糖、大糖制作则是雄安新区农村传统的食品加工工艺，一般在秋冬春三季生产。糖瓜等麦芽糖类食品是农耕社会的产物，并与春节糖瓜祭灶的风俗密切相关。今天人们的生活水平逐渐提高，但是糖瓜、麻糖等麦芽糖类食品作为一种食品传统和民间风俗，仍然具有一定的生命力。荷叶茶的加工制作则体现了安新县人民靠水吃水的生活智慧，随着旅游业的发展，荷叶茶也作为白洋淀的特产得到商业性开发，来此旅游的人纷纷购买品尝。

属于生产生活用品制作技艺的项目有造船、铁器、木杆秤、干碗蜡、耧、车马挽具、竹柳荆编制品、苇编用品、土布的制作技艺等。在水乡白洋淀，人们的生产生活都离不开船，木船制造技艺闻名全国。安新县马家寨村的造船业兴于北宋，元、明、清津一保航运的兴盛，促进了该村造船业的发展，至民国年间有"东兴"等八大造船作坊，从马家寨走出的造船工匠遍及全国。如今虽然机械船占据了船业的主角，但木船仍有一定市场，传统造船技术仍在民间传承。木杆秤、耧、车马挽具、竹柳荆编制品等各种农耕时期人们生产生活中不可或缺的用具，在今天虽然已经逐渐淡出了我们的生活，但是作为我们民族发展历史的见证，仍然有对这些技艺进行"非遗"保护，使其在一定范围内活态传承。

属于工艺品制作技艺的项目有雄州黑陶、京簧竹刻、掐丝珐琅彩、走马灯、盒子、纸花、布老虎、面塑、糖塑的制作技艺等。这些项目有的生发于本土，有的受京城文化的影响，有的是中国北方乃至全国都存在的文化形式。雄州黑陶是黑陶的一个重要分支，属于无釉陶器，原料为雄县特有的纯净细腻的红胶土，制作上由选料、压滤、练泥、拉坯、干燥、修坯、压光、刻制、磨光、干燥、烧制等一系列工艺组成。近些年来雄州黑陶声名鹊起，产品已远销美国、加拿大、日本、新加坡等十几个国家，成为中国传统手工艺制品的优秀代表。京簧竹刻、掐丝珐琅彩工艺的源头都在北京，是明清宫廷制作技艺散播于民间进而扩散到京畿乡间的结果，作为从宫廷传到民间的手工技艺，它们具有很高的历史文化价值。走马灯、盒子、纸花、布老虎、面塑、糖塑的制作技艺体现出民间百姓的生活情趣，这些具有艺术性的工艺制品，或用于民间仪式，或用来装点生活，至今仍在满足着一方百姓的生活需要。

我国的制酒及制曲历史悠久。酒曲是酒类生产中用于发酵粮食等酿酒原料的酵头，制曲工艺作为酿酒的一个前期环节，有一整套经过历史积淀的工艺流程，这是中国人的智慧代代传承积累的结晶，具有一定的工艺研究价值。容城县的西牛村有着酒曲制作的传统，改革开放以来，西牛村先后建立了多个酒曲制品厂，产品畅销华北、东北、西北各地约40家酒厂。

劳动技艺类的项目有圈头村捕鱼（保定市级"非遗"项目——白洋淀捕捞）。北宋沈括在其所著的《梦溪笔谈》中描写白洋淀："自为潴泊，奸盐遂少，而鱼蟹菰苇之利，人亦赖之。"[①]记述了捕捞生产在淀区人民生活中的地位及与淀区人民生存的关系。响板惊鱼入网、箔旋捕鱼、鱼篮捕鱼、扳罾捕鱼、鱼鹰捕鱼、撒网捕鱼等多种方式，体现了劳动人民的聪明与智慧。

（九）传统医药

传统医药承载着中国人民同疾病作斗争的历史经验和理论知识，是在古代朴素的唯物论和自发的辩证法思想指导下，通过长期医疗实践逐步发展成的医药学理论与实践体系。雄安新区传统医药类"非遗"项目包括中医外科、针灸医术、中医正骨、中医不孕不育专科、中医诊疗等5类7项传统医术项目。

雄县东侯留村刘书贤的祖传中医外科诊疗颇具特色。他认为一切发病其原因首先是整体气血失调所致，提倡"调整体，治局部"的治疗原则。治疗范围包括治疗疮疡、乳房病、瘤、肛门直肠疾病、皮肤病、外伤性疾病与周围血管病等各种外科疾病，他的医术独特之处在于用自己制作的升丹类药，代替西医的许多手术治疗，如各种手术感染、腰椎结核、皮肤癌等均不用手术且安全可靠。容城县南河照村沈山林的针灸医术，一方面来自家传，一方面是刻苦自学的结果。他业余时间义务行医多年，治好了许多病人（尤其是半身不遂者），深得一方百姓拥戴。安新县大河南村赵铁伦、三义村李新元的中医正骨都是当地的特色治疗术，他们的正骨、

① 安新县地方志编纂委员会.安新县志[M].北京:新华出版社,2000:356.

推拿、点穴疗法具有疗效迅速显著，操作方法简便易行，医疗费用经济，极少副作用的特点。容城县北剧村张栋、安新县东角村潘衍新的中医诊疗术，也都有各自的特点。张栋积累了一些经过实践验证的独特癌症治疗药方，具有很好的疗效。潘衍新以家传儿科诊疗为主，尤擅贴敷治疗。安新县三义村张子育的中医不孕不育专科继承了家传医术，具有较高的治愈率。

（十）民俗

民俗是指一个民族或一个社会群体在长期的生产实践和社会生活中逐渐形成并世代相传、较为稳定的风尚、习俗。民俗蕴藏于民众生活之中，其范围十分广泛，有生产商贸习俗、消费习俗、人生礼俗、岁时节令、民间知识、民间信仰等。目前，雄安新区已确认包括人生礼俗、民间信仰等内容的 8 个民俗项目，而这只是这一地域民俗类"非遗"项目的"冰山一角"。

雄县双堂村的冰雹神信仰，是华北地区一种比较广泛的民间信仰。起初只是祭祀冰雹神，期盼风调雨顺，免受雹灾祸害，后来又赋予了这种仪式阖家幸福、婚姻美满、万事如意等吉祥内容。"冰雹会"作为一个民间信仰组织，包容了这个地方的许多民间文化形式，有路灯会、吵子会、牌坊会等，成为一种以信仰为核心，以众多文化形式为具体内容的民间文化组织。雄县南庄子村的五龙圣母信仰是雄县一种比较广泛的民间信仰，华北、东北等地也有信众来此朝拜，与中华民族的龙文化有一定关联。它有较为悠久的历史脉络、有具体的崇拜物龙母坟（龙母庙）、有核心香会组织、有成体系的定期仪式活动、有为各种仪式及香会事务服务的志愿队伍、有范围广泛人数众多的民间信众，如此成体系的民间信仰活动在今天的中国北方并不多见，因此有着重要的民俗文化价值，值得学术界认真研究并长期跟踪观察。其他如雄县北菜园奶奶庙信仰、容城县小南头村刘爷信仰、安新县西喇喇地村民间信仰、安新县刘庄村药王信仰等，都是当地较为著名、有一定影响的民间信仰。这些以驱灾辟邪、求福祈祥为宗旨的民间信仰，在今天能够以非物质文化遗产的名义得到国家政策的保护，意味着国家文化政策的一个大转向——对自己民族的传统文化，从文化"革命"转为文化保护。

雄县的孔家码头村是孔子后裔的聚居地，"文化大革命"时期这里的祭孔仪式作为"四旧"遭到批判，家庙彻底被毁。在今天复兴传统文化的大环境下，此村的家庙得以复建，家族的祭孔仪式也得以恢复。祭孔仪式成为中华民族集体缅怀先圣、继承优良传统、弘扬中华美德、增强民族自信、推动人类文明的有效途径和方式。孔子家族的祭孔仪式，则又加上一层怀念前辈祖宗、凝聚孔姓族人的作用。

安新县的白洋淀丧葬习俗是河北省级"非遗"项目，整个丧葬仪式分上床、穿寿衣、报庙、停尸、送路、入殓、起灵、发殡、埋葬、圆坟、烧一、四、百期纸等程序。丧葬习俗体现了一个地域的人们对生死、天地万物的认识，也是中国传统孝道观念的外化表现形式。

二、雄安新区非物质文化遗产资源特点

（一）雄安新区"非遗"与自然生态环境、人文环境相互依存

雄安新区与周边的自然环境和人文环境相依存，其历史积淀丰厚，特色鲜明，保护存续状态良好。依托白洋淀的得天独厚的自然条件，淀区形成了独特的民俗。受淀区自然环境和生存条件的长期作用，形成了其特有的民俗文化体系。雄安新区内的一些古村落、古建筑等，都是非物质文化遗产赖以生存的重要场所。如十里铺音乐会与吕祖庙、财神庙、奶奶苗、药王庙、娘娘庙、火神庙和三官庙等，韩庄村古乐与菩萨庙、观音庙，北大阳村音乐会与药王庙，东王村传说与东王庙等。

（二）传统武术类项目集中

因地理位置优越，雄县、安新县、容城三地习武者人数居多。练习传统武术不仅能培养人坚韧不拔、自强不息的意志品质，且利于修身养性，有益人的身心全面发展。如鹰爪翻子拳是以八个闪翻技法为基础，吸收少林拳术"岳氏散手"融合发展成为一个有"鹰爪"手型特点的翻子拳新拳种。如圈头村少林会传承历史悠久，技艺名目繁多，大体分长拳和花拳两类，动作要领讲究稳、准、狠，以扎马步、扔腿、捺腰等作为基本功练习。

（三）冀中传统音乐类项目集中

雄安新区与冀中传统"音乐会"紧密相连，互为一体。冀中传统"音乐会"的历史悠久，源远流长，主要流传于冀中平原，即廊坊、保定、沧

州、定州、雄安新区一带的三十余个县市，如雄安新区圈头村"音乐会"与鄚州庙会。圈头村原属任丘（鄚州），历史上圈头"音乐会"有去鄚州药王大庙参加庙会祭祀药王的传统；如雄县古乐与民俗活动。雄县古乐包括 4 个"音乐会"。亚古城村"音乐会"承载的药王信仰在逐渐淡化，乐社为乡民的白事服务也正逐渐由无偿转为有偿。开口村"音乐会"服务于祭祖活动，还参与药王祭祀仪式和散灯花等民俗活动。赵岗村"音乐会"参加散灯花仪式。杜庄村"音乐会"参与春节祈祥、中元祭鬼和民间丧事。

（四）水域文化项目集中

雄安新区的白洋淀是国家 5A 级旅游景区，淀区景色秀丽，物产丰富。独特的地域特点，为白洋淀非物质文化遗产提供了天然的原材料，使众多的古老技艺得以传承至今。如白洋淀苇编，早在北宋《太平寰宇记》中已有记载：淀中有蒲柳多葭苇，俗称苇子，有"铁杆庄稼，寸苇寸金"之说，苇子可造纸、织席、打箔、编篓、打帘和制作苇制工艺品；白洋淀传统造船技艺发源于安新县城东南马家寨，长期以来以造船为主，津、保航运历经 200 年而不衰，改革开放后，造船、修船遍布北方各省，造船技术远近闻名；白洋淀传统捕鱼技艺，渔具种类繁多，按照季节变化，水的深浅，地域环境，捕捞方法也各有特点和技艺。

（五）与百姓生活、信仰紧密相关的"非遗"项目集中

非物质文化遗产与人民群众的生产劳动、日常生活有着紧密的联系，形成了各种风俗习惯。逢年过节，当地村民就要搭台唱戏，举行一系列相关的民俗活动。如每年正月十五远至天津、北京、山东、河南、石家庄及东北等地的五龙圣母信众都会前来参加祈请法会，祈请龙娘、龙爷，保佑国泰民安、风调雨顺；农历的四月十五是龙娘的诞辰日，更是热闹非凡，四面八方信众来贺，十里八乡的高跷队、锣鼓队、秧歌队等都会聚于此地助兴表演。

三、雄安新区非物质文化遗产保护现状

（一）"非遗"与教学机构的深度合作

自 2017 年雄安新区成立以来，当地乡镇学校相继成功举办了"西河大鼓

进校园""芦苇画六一特别节目"等"非遗"宣传活动。以端村学校为例，该校针对文化教育构建了专业课程，形成了"精神、空间、课程、特色、主题"5大文化支撑，学校还特别把省级"非遗"项目———芦苇画的制作纳入学校课程规划中，使学生可以近距离体验"非遗"独特的文化魅力，并激发学生对"非遗"的兴趣与热爱，从而提高下一代保护、传承"非遗"的意识。

2017年6月，北京服装学院容城时尚产业园开园。园区自投入运营以来承办了包括雄安时尚创新高端论坛、第二届白洋淀国际服装文化节等各类文化活动，接待来自清华大学、浙江大学、北京大学、北京服装学院等多所国内著名高校的师生调研团到园区交流沟通，促进校地合作的深入发展，引发了业界的热烈反响和广泛讨论。此外，园区还举办了"非遗"手工传习体验课、设计师品牌展售会等多项互动性、趣味性的活动，使园区成为新区的文化时尚中心并进一步对"非遗"起到宣传作用。同时，依托北京服装学院的优质资源和行业影响力，一些"非遗"项目可以与多位国内外知名设计师和品牌进行资源对接，开展深度合作。目前，有八十多位有志于传承中国文化元素的设计师和十余个原创品牌进驻园区，未来拥有无限潜力。

（二）地方积极推动档案建设

文化是一座城市的精神与灵魂，没有文化传承就没有雄安的未来。《河北雄安新区规划纲要》提出：保护历史文化，形成体现历史传承、文明包容、时代创新的新区风貌。自新区建立以来各乡镇政府积极开展当地的文化建档规整工作，以雄县张岗乡（张岗乡为当地有名的文化之乡）为例，其开口村"音乐会"及韩庄村"音乐会"分别入选了国家级与省级非物质文化遗产名录。此外，当地的武术、剪纸、石雕等传统文化技艺发展迅速，深受民众喜爱，也已形成较为完整的产业化链条。为了不断保护和弘扬此类传统文化技艺，当地政府对"非遗"等特色文化开展采集建档工作，先后在多个村庄对多种传统文化进行拍摄、记述，丰富了雄安"非遗"的特色文化档案。

（三）打造当代特色文化品牌

2018年，河北省带着"文化+"的文化理念亮相深圳文博会，其独具燕赵特色的精美文创产品，在"文化+"理念的带动下，文化产业新活力和新魅力得到了充分展示，吸引大批游客驻足欣赏和购买。"文化+"意在将燕赵文化进行"文化＋创意""文化+科技""文化+推广"等多方面融合，使传统工艺融合新技术、新工艺、拓展新的表现形式。中国工艺美术大师、烙画"非遗"传承人郝友友曾表示，希望新一辈的传承人能承担起传统文化创造性转化和创新性发展的双重任务。在新科技及新创意的推动下，古老瑰宝焕发出全新光彩，让"非遗"文创产品在饱含河北地域文化特色的同时，又彰显了与时俱进的时代新时尚，向世人展示了河北"非遗"产业今天的传承与发展。此外，未来河北省还将在"文化+"理念引领下积极推动文创产业的开发、技艺改进及数字化建设，继续推动文化产业转型升级、融合发展，使文创产业成为高质量发展的新动力。随着科学技术的迅猛发展，燕赵大地的文化瑰宝都将在"文化+"的引领下创新发展，在交流与融合中焕发出新的活力。

（四）丰富的"非遗"文化活动

雄安新区自成立以来，便为"非遗"文化提供了良好的宣传与展示平台，陆续推出或参与了多项文化展览、论坛、文化讲座等。例如，2018 年5 月，雄安新区举办了雄安新区全球推介活动，其中众多"非遗"元素在活动现场得到展示，充分展现了雄安新区悠久的历史、灿烂的文化以及人民群众对美好生活的追求。6 月，雄安新区携传统音乐类"非遗"项目雄县常庄村"音乐会"和雄县北大阳村"音乐会"以及传统技艺类的安新芦苇画、造船技艺等，参加了在全国农业展览馆举办的"流动的文化——大运河文化带'非遗'大展暨第四届京津冀'非遗'联展"，向公众展示了大运河沿线包括雄安新区在内的 8 省市与大运河相关的具有地域文化特色的"非遗"代表性项目及作品。亚古城"音乐会"也应邀参加了中国民族民间音乐周，赢得了同行及观众的充分肯定。同时，雄安新区也已成功举办了多届白洋淀国际服装文化节、雄安新区"非遗"展演等活动，展现出了浓郁的"振兴传统工艺、弘扬工匠精神"的文化氛围。此外，新区还将鼓励"非遗"项目在新的历史条件下进行转型升级，形成新的业态，使其具有更多的市场活力。

第二节 面临的困境

一、口传身授的传承方式面临挑战

雄安新区民族传统体育非物质文化遗产主要是依靠口传身授形式进行传承与传播的，即使处在技术发展迅速的今日，口传身授的形式依旧占据主要地位。雄安新区民族传统体育非物质文化遗产传播活动是以人为本进行的，而在雄安新区三县范围内，不少传统体育项目面临着传承人年岁大、后继无人的情况，面临消亡。因此，必须做好对三县传统体育的保护与传承工作，加强其知名度，呼吁各方的关注，吸引更多的年轻人加入传统体育之中，为其传承注入新生力量。

媒介技术的不断发展，对于以口传身授为主要形式的传统体育提出了挑战。传统的口传身授已经满足不了新时代的传播需求，网络的发展，使原本分散的世界变成了"地球村"。网络的发展，便捷了交流，与此同时造成的是线下活动的减少。人们通过网络几乎可以获取所有的信息，而传统体育以口传身授形式面对面传播所面对的受众人数便会随之减少。特别是青年群体，他们对于现实信息的获取也往往来自网络。因此，在技术发展迅速的新时代，三县的传统体育也应顺应潮流，加强在网络上的传播活动，采用当下最受欢迎的传播形式以及最受用户喜爱的传播内容，吸引用户的点击与关注，特别是吸引青年人的兴趣，加强传播，引导更多人加入传统体育的保护与传承之中。

二、空间迁移带来的危机

联合国教科文组织在 1998 年发布的《宣布人类口头和非物质文化遗产代表作条例》中，首次明确提出对"文化空间"进行保护，即对特定文化形态的整个生活空间进行整体性保护。这一条例强调了文化空间对于"非遗"的重要性。然而，为促进经济的发展，难免会给文化空间带来变动。雄安新区正在如火如荼的建设之中，不少村落面临着搬迁，城市文化空间的破坏、社区邻里的解体使雄安新区"非遗"的保护与传承受到挑战。只要族群聚居一处，其文化就能够得以保护；而族群分散，文化往往也会随之灰飞烟灭。"文化空间"指的是特定文化意义的场所，这个场所专门为某种文化活动设置或保留，会定期地或不定期地根据特定事件的发生而举行传统文化活动或展现传统文化事项。

雄安新区的传统体育、游艺与杂技在传统社会中，多在农闲时期进行交流和切磋，如春节和庙会是进行武艺交流的好机会，人们串村表演，切磋技艺，互相促进，也有一些是在祭祀、婚礼或葬礼的活动中进行的，脱离了特定的空间进行的传播必定是不完整的。雄安新区内的一些传统文化空间与传统体育相依存，进而产生了独特的文化内容，如雄县的鹰爪翻子拳、容城的杂耍等都与地域空间有着不可分割的关系。另外，雄安新区三县传统体育能够源远流长、流传至今的重要原因便是其依靠着当地村民的文化自觉，通过人际传播、群体传播等形式不断扩大其在周边的知名度与影响力。雄安新区建设发展迅速，外来文化的进入与空间的迁徙，村民的分散，必将对其保护与传承产生新的挑战。

三、后继乏力的危机

雄安新区的"非遗"保护仍处于起步阶段，目前尚有部分"非遗"项目受困于与当下热点文化的消费需求联系不足，以及宣传力度不够等问题，还散落在村镇里，平时靠演出赚取一些费用，却仍难以为继，甚至连本地人都很少知道，令人堪忧，还有一些非物质文化遗产存在后继无人的问题。

非物质文化遗产传承中最重要的莫过于传承人，通过口传身授的形式进行传承，政府出台了一些鼓励传承人的政策，通过给予非物质文化遗产传承人资格、政策支持、资金支持等来激发传承人对非物质文化遗产传承的责任。政策在一定程度上鼓励了大部分传承人，但仍有小部分传承人"重申报、轻保护"，申报成功后便高枕无忧，对非物质文化遗产的传承履职不力、不上心，最后难免陷入"人亡技绝"的境地。这不仅给非物质文化遗产带来毁灭性的灾难，也是对中华民族传统文化致命的打击。

四、民众的认识不足问题

当前，在社会群体中普遍存在对传统体育认知程度偏低、对其自身所蕴含的文化价值认识不足的问题。在体育非物质文化遗产保护中，只有充分了解遗产自身的内涵与价值，才能进一步激发人们保护与传承的自觉性。我国体育非物质文化遗产项目众多，每一项都是一个民族智慧的结晶，是他们在特定历史时期生产生活的真实写照，是一个民族的重要标识，无论时代如何变迁，这些遗产自身所蕴含的文化价值是永恒的。近年来，从国家层面到地方政府，对体育"非遗"的关注不断加大，保护力度不断提升，学术界相关的研究和文献也不断增长，但对于普通百姓来说，依然有很多人无法认识到这些文化遗产的价值，很多农民甚至不知道体育非物质文化遗产是什么，更别说对其价值的认识了。

以雄县为例。雄县隶属于河北省保定市，县域面积 524 平方千米，以汉族为主；民间历史文化悠久，有长达 65 千米的宋辽古战道，有著名的杨六郎镇守的瓦桥关遗址，曾被命名为"中国古地道文化之乡""中国古地道文化研究中心"；建有中国北方最大的古玩交易市场，每到古玩交易市场开放时，各式花灯高悬街头。具有浓厚古文化的雄县，民众却对民间体育的历史不了解。据有关资料显示，只有 1.1% 的人知道民间体育内容的历史，1% 的人对民间体育内容的影视资料有所了解，2% 的人知道民间体育内容的发源地，3% 的人能够口述民间体育内容的神话、谚语等，并且在这小部分人中大部分是鹰爪翻子拳传承人，对一些跳绳、踢毽子、放风筝这类项目及其历史、文献资料等并不了解。[①]

五、创新不足的问题

体育非物质文化遗产是一种活态文化，它是依托于人本身而存在，通过人的肢体动作或对实物器具的使用来展现，并通过人与人之间的心口相传而得到延续，因此在体育"非遗"的保护过程中，让其"活起来""动起来"是关键所在，只有不断地操练、演示，才能赋予它生命力，而不是

---

① 王荣.雄县农村初中民间体育课程内容资源开发研究 ——以鹰爪翻子拳为例 [D]. 石家庄: 河北师范大学，2014: 15.

将其束之高阁。但是，随着社会的发展，人们的生活方式和观念也在不断发生变化，越来越多的年轻一代对民间艺术没有兴趣，不愿意学习，特别是很多传统的非物质文化遗产无法给人们带来相应的利益，因此，除了很少一部分与旅游产业相结合、生存与发展得比较好以外，很多非物质文化遗产处境都不容乐观。

雄安新区的许多非物质文化遗产保护与传承仍停留在以前的观念中。现如今"80后""90后"成为消费主体，而大多数传统的非物质文化遗产很难让现在的年轻人接受与欣赏。雄安新区的非物质文化遗产大多为较传统的形式，再加上宣传不够到位，年轻人不容易接触和了解，存在创新不足的问题。其实，融入新的元素并不代表改变了味道，在原有的基础上加上具有时代特色的元素，使更多的人了解非物质文化遗产。知道和了解的人多了，在传承方面就有了一个很大的提高，不要让代代相传的中华传统文化只局限于昙花一现。

六、缺乏真正的校园传承

在非物质文化遗产保护的过程中，校园传承是重要的一部分。让非物质文化遗产进校园，一定要遵循客观规律，要在合适的时机，进入合适的校园，特别是体育非物质文化遗产，由于涉及体育的因素，很多项目都对身体素质有相应的要求，只有在遵循身心发展规律的基础上，走进校园的非物质文化遗产才能发挥出其应有的功能与价值，否则就会适得其反。

近几年，雄县相关部门为了促进鹰爪翻子拳的传承，契合国家"非遗进校园"的精神，在雄县部分乡镇小学展开了试点工作，让鹰爪翻子拳走进校园，但是在实际操作过程中却存在一些问题。第一，学生、教师对民间体育认识不足。体育教师对民间体育项目兴趣度不高，学生、教师接触民间体育较多，但对民间体育的文化、历史不了解，特别是对雄县特有的鹰爪翻子拳，了解不多。第二，学校、教师、学生行为消极。学生课业负担重，很少参加体育锻炼，选择民间体育内容的概率小。学生主要通过体育与健康课学习相关知识与技能、相关文化与历史等，对流传于民众之间的鹰爪翻子拳的练习、巩固与提高、其历史文化的学习还需在体育课程中获得。部分农村初中学校已开设民间体育内容，如跳绳、踢毽子等，而鹰爪翻子拳未在农村初中开展。学校定期举行趣味比赛，如拔河比赛等。而荡秋千、放风筝由于受场地器材设施的制约，不能在学校顺利开展。第三，学习环境的制约。开展民间体育的经费不足，缺乏民间体育相关教材，进行民间体育所需的场地器材匮乏。部分民间体育内容受学校场地、环境、设施限制不能正常开展。

第三节　国家级"非遗"——鹰爪翻子拳现状

鹰爪翻子拳是流行于我国北方的一个优秀拳种，也是雄县特有的民间体育资源，被称为中华传统武术中的一枝独秀。它是我国著名的国术大师、鹰爪王陈子正先生经过三十年悉心研究、充实、试验而成，具有"快""翻""变""连""抓"的特点，具有独特的技术风格、丰富的传统文化内涵和显著的民族特征。2006 年 5 月 20 日，鹰爪翻子拳经国务院批准被列入第一批国家级非物质文化遗产名录，这一举措为鹰爪翻子拳的发展传播提供了一个广阔的平台，也进一步推动了其他传统武术的挖掘整理和保护工作，为向世人更多地展示中华民族优秀传统文化迈出了重要的一步。

一、鹰爪翻子拳的历史沿革及发展脉络

（一）鹰爪翻子拳的孕育发展时期

1.鹰爪翻子拳与岳氏散手

关于鹰爪翻子拳的起源，众说纷纭，迄今未能统一。其中较有影响的说法是，此拳为宋代岳飞所创。最初仅九手，其中上盘三手，中盘四手，下盘两手，左右互换皆为散练手法，故名岳氏散手。如，陈子正之侄徒陈国庆就认为鹰爪翻子拳是"吸收少林拳术'岳氏散手'的擒拿技法和鹰爪功法的叼抓擒拿的手型、手法，融合发展成的一个具有'鹰爪'手型特点的翻子新拳种"[①]；李佩弦认为："鹰爪派翻子门的起源，据先师陈子正

---

① 陈国庆. 鹰爪翻子拳 [M]. 石家庄：河北人民出版社，1986：43.

讲是'传说在北宋末年抗金名将岳飞参合少林拳法创岳氏连拳一百零八手'"[①]；陈子正之嫡传高徒、河北鹰爪门名师刘法孟先生也认为"其术源于岳飞"。但他又在其《鹰爪翻子拳术摘要》中说："岳氏鹰手，一名散手。专以刁抓肘靠，分筋错骨，点穴闭气等技为主。其源出于沥泉僧，后以此术授岳武穆，故世以岳氏鹰手呼之。"[②]不过据笔者考证，这里虽有多种文献资料记载鹰爪翻子拳是源于岳飞所创的岳氏散手，但由于缺乏充足的史料依据，目前，只能认定它仅是一种猜测，而且这其中避免不了有假托、附会的可能。为进一步澄清这一疑点，笔者试图从岳家拳入手找出岳飞创拳的依据。据查，《中国武术拳械录》指出："流传于湖北黄梅等地的岳家拳古朴实用，与岳氏有密切的渊源关系。初步认为系岳飞所创……，岳飞曾两次到黄梅。岳家因此而世代相传，历久不衰。"据《宋史》《序资治通鉴》和岳飞之孙岳珂所著《金佗綷编》记载，岳飞曾两次到黄梅。而关于岳家拳，据《岳氏宗谱》记载，岳震（岳飞四子）在岳飞首次到黄梅后被留下，岳霆在岳飞蒙难后投奔岳震也来到黄梅隐居，其后，岳家子弟无日不想复仇，他们操练兵马，习拳演武，直至宋朝灭亡。这个时期的岳家拳的基本套路从一字拳到十字桩，按数字排列。套路有"一字拳""二连拳""三门桩""四门架""五法""六合""七星""八法""九连环""十字桩"。这套岳家拳套路编排讲究的是一去一来，往返重复，动作相同，方向相反，这与岳氏连拳和鹰爪翻子拳行拳来回重复的套路编排形式极为相似。另外，岳家拳的硬功有铁砂掌、鹰爪力，这也与重视掌功和爪力的鹰爪翻子拳有共同之处。另据湖北省体委武术挖掘整理组的考察资料来看，岳家拳在实战中，不断总结经验，加以改进。据了解，最初只是以单、双推掌方法为用，继以散手对敌，发展成为套路，并有岳家枪、勾连枪、双锤、双锏等器械。由"散手"到"连拳"，说明岳家拳的技击方法有了进展。[③]然而，这些依据仅可判断岳飞创拳的可能性，至于他有没有创编包括岳氏散手在内的其他拳术依然无确凿依据。尤其不能忽略的是，岳氏散手自宋代起经元代至明代的传承信息中断，所以其是

---

① 李佩弦. 鹰爪翻子门十路行拳［M］. 北京：人民体育出版社，1988：12.

② 陈子正. 鹰爪翻子拳术摘要［M］. 北京：人民体育出版社，1984：8.

③ 湖北省体委武术挖掘整理组. 岳家拳［M］. 武汉：湖北省体育出版社，1987：14.

否由岳飞所创更是无从考证。

史料记载，明末清初有武术家访名师于终南山，得《岳武穆拳谱》，据其拳理创编形意拳而自成一派。有观点认为现在的形意拳、翻子拳、连拳等皆出于岳氏散手。清代中期有传说："丽泉和尚擅于岳氏散手，并将它传于道济、法成和尚。"

李佩弦在《鹰爪派翻子门十路行拳·鹰爪派翻子门之源流》中指出："至清代中期，有丽泉和尚得承真传。丽泉和尚原习翻子门拳术，因见岳氏连拳古朴精妙，技击性强，不尚花架子，故兼而练之，随形成鹰爪派翻子门之雏形，后传道济和尚。道济又传法成和尚。'以上源流只是传说，编著者由于条件限制，无法进一步考证。"①据《中国武术拳械录》的考查资料来看，在清道光年间，河北雄县拳师刘仕俊在京师军营传授岳氏散手招式，其时，岳氏散手共有九手，刘仕俊的弟子刘德宽将九手发展成了套路，使散手技术不但易学而且连贯，因而取名岳氏连拳。关于沥泉、丽泉、道济、法成这几位僧人的存在依据和历史背景并无详实的史料记载。但如果沥泉和丽泉同指一人的话，则有些资料记载又是冲突的，颠倒了师承关系，这一点还有待于进一步考证。而关于拳师刘士俊、刘德宽、刘成友的明确记载则较多。如《雄县县志》《鹰爪翻子拳谱》及相关史料档案中就有这样的记载：刘士俊，清末同治年间武术宗师，河北雄县孤庄头村人。最初习拳于当地拳师尹万全，二十岁左右时武术已有心得。某日偶遇云游僧人道济，学得"岳氏散手"，但只学了九路。几年后，又遇道济师兄法成和尚，法成再授以"岳氏散手"和刀枪器械。除了精于"岳氏散手"，刘士俊还擅用长枪，被誉为"大杆子刘"，又称"雄县刘"。刘德宽（约 1826—1911），沧州人。幼时拜本城老武师田春奎为师，精习少林六合门拳术，尤精六合大枪，并擅长马牙剑及飞镖。华北颇负盛名，人称"大枪刘"。在北京曾投师董海川门下习八卦，投刘仕俊门下习岳氏鹰手，为此兼得两派精华；刘成友为刘士俊之族孙，清末民初著名鹰爪拳师和翻子拳师。初学武术于雄县的飞腿杨景山，后又跟刘德全、董宪周学习翻子拳。②

---

① 李佩弦, 简世悭编. 鹰爪派翻子门十路行拳[M]. 北京: 人民体育出版社, 1986.
② 昌沧, 周荔裳. 中国武术人名辞典[M]. 北京: 人民体育出版社, 1993: 172.

2. 鹰爪翻子拳与"八闪翻"

据《中国武术大辞典》中记载，"八闪翻"为明代民间拳种。戚继光在《纪效新书·拳经捷要篇》中也说它是明代流行拳种中的"善之善者"之一。当代武林拳家多认为"八闪翻"即现代流传于北方的翻子拳，但并无明确的史料依据。据鹰爪翻子拳名家刘法孟载述：翻子门沥泉僧因见鹰爪手法可取，便将其渗入翻子拳术中"兼而练之"。若此说法可靠，则鹰爪翻子拳当是形成于明末清初，是由沥泉僧将鹰爪功和翻子拳融合发展而成。然而，笔者认为武术拳种的形成是社会、政治等综合条件下的产物，因为当今许多拳种均是在明代大环境下产生的。无论是"岳氏散手"，还是"八闪翻"，或是"鹰爪功"，都在明代武术拳种的书籍中有明确的记载。关于鹰爪翻子拳的前身问题，笔者认为，与众多武术拳种源流一样，鹰爪翻子拳可以由某人来给拳术命名，却不能由一人独创。因为每一拳种的最终定型都是从简单到复杂，都是学习他人、自悟和借用相结合，历经世代、先人的实战检验，用鲜血和智慧逐渐总结完成的。这其中当然会不乏与某别派相似的东西，如翻子拳，但仅从其名称和拳术体系中便能看出其与岳氏散手、少林拳术、翻子拳、鹰爪功的渊源关系和血脉联系未免太过于武断。作为一个学术观点，关于翻子拳的渊源问题仍需继续研究，希望不断有新的材料和证据被发现。

（二）鹰爪翻子拳的形成完善时期

1. 上海精武体育会的影响

精武体育会，简称精武会，是一个武术社团。1909 年 6 月，霍元甲在上海闸北创办"精武体育学校"，培养武术人才。同年秋，霍元甲逝世。鉴于"学校"这种名称与形式限制了招生范围和武术的广泛传播，在霍元甲的学生陈公哲、姚蟾伯、卢炜昌等人的倡议下，议定改"精武体操学校"为"精武体操会"，后又改名"精武体育会"，主要传习潭腿、功力拳、节拳、八卦刀、五虎枪、大战拳、套拳以及各种器械和对练等。精武体育会高举"爱国、修身、助人、正义"的旗帜，以"提倡武术，研究体育，铸造强毅之国民"为主旨，开展健身活动，使武术走出训练馆，走向大众社会。

"鹰爪王"陈子正是精武体育会的优秀拳师之一。据鹰爪翻子拳门人陈国庆所述，早在 1916 年，陈子正在齐齐哈尔学校任教期间，就已开始了鹰爪翻子拳的整编。1919 年应聘到上海精武会任教后，他在"以前辈的岳氏连拳及翻子门融为一体的基础上，及根据本身的实践，把岳氏连拳之一百零八手进行了多次整理，终于形成了风格别致的'鹰爪连拳'和'鹰爪行拳'等，确立了'鹰爪翻子门'这一武术流派[①]。"陈子正在中年时曾被邀远赴黑龙江、上海、汉口、广东、香港及新加坡等地教拳授徒。在上海精武体育会期间是其拳术造诣上的一个鼎盛时期。此间，他不仅广收门徒授以鹰爪拳技，且潜心研究技术动作，钻研拳术理论，任上海精武体育会副会长期间，由于鹰爪功精湛而被誉为"鹰爪王"。陈子正教人有方，且绝不隐技，因此，随其学艺者甚多，桃李满门，当时得到他的真传的徒弟有陈国俊、陈国庆、陈国贤、外甥鲍希勇、刘凤池、张树青等人；而在广东及香港则有黎耀文、梁子鹏、张静齐、李佩弦、李明德、陈展璞及张俊庭等人。陈公哲先生在其所著《精武会五十年》一书中讲述了一段 1928 年冬天在南京举办的国术比赛的场景，其中提到了陈子正也参加了比赛。他"面戴铁丝罩，拳打脚踢，俱无限制，……点名上台搏斗，于是血流被面者有之，断筋折骨者多人。各省会拳师之明白事理者俱不参加。有参加者，因闻对方盛名，多临时礼让，如某拳师之让陈子正是也[②]。"由此可知，陈子正在当时的武术界已名声斐然。

2. 鹰爪翻子拳技术、理论体系的完善

在鹰爪翻子拳的发展传播和技术、理论体系的完善中，精武体育会起到了至关重要的作用。"精武会集合了各门各派的武术精华，共冶一炉。如黄河流域少林专家赵连和、螳螂派罗刚玉、长江流域陈维贤、珠江流域莫家、闻名华北的翻子门鹰爪派大师陈子正等等。精武会打破了门户派别之见，各家各派精诚团结，互相学习，取长补短。"[③]这一交流形式极大促进了鹰爪翻子拳的演进、传播和发展。另据《精武本纪》记载："本会教员，各派具备，惟初级科目有规定，以正始基，初级科目共十种，潭腿、功力拳、接潭腿、八卦刀、五虎枪、大战拳、套拳、群羊棍、单刀、串

① 陈公哲. 精武会五十年[M]. 沈阳：春风文艺出版社，2001：102.
② 李佩弦. 精武体育会简史[J]. 体育文史，1983（01）：34.
③ 陈公哲. 精武会五十年发展史[M]. 广州：科学普及出版社广州分社，1985：37.

枪，必熟悉种，方及他技"①，这就是闻名武坛的"精武十套"。"陈子正原为关外有名番子门（又名鹰爪门）拳师，初由上海精武会、中国商会、中国商团总会联合聘请南来，三月期满，遂由精武会独聘为专任教师。陈子正初偕其徒刘志祥来，众欲一观其技，请其表演，步多用虚式，拳风霍霍，善擒拿，故名鹰爪，拳法稳健，功夫老到。"②陈子正不仅熟悉这些拳术套路，在与其门徒商榷后，对岳氏散手进行了改革，将少林拳、翻子拳及其他多种拳术的精华融于其中，形成了兼具内、外家特点的新拳种"翻子门鹰爪派"或"鹰爪翻子拳"。其套路主要有鹰爪连拳五十路和鹰爪行拳十路。1921年，陈子正去香港精武会传艺，令其侄陈国庆、陈国俊分别在上海精武会、广东精武会任教。1922年，陈子正又赴新加坡任教，不及五日，就于擂台上仅用半个回合击败英国拳击家，被授予"印度尼西亚短剑"一把，剑上刻有"中国拳王"的字样。

1928年，南京举行首次武术擂台赛，中央国术馆派专人相邀：愿子正与会，以壮声色。盛情难却，子正遂带弟子郭成尧、孙成之去南京。郭、孙各登台一场，皆击败对手。最后一天陈子正上台，对手见之，甘拜下风。中央国术馆馆长张之江为陈子正亲笔题书———"国术大师"。之后，陈子正根据自己的长期实践，吸取少林拳、鹰爪拳、岳氏散手、翻子拳中的精华，创编了别具特色的新拳种——鹰爪翻子拳（即翻子门鹰爪派拳术，包括鹰爪行拳十二路、鹰爪连拳五十路、连环剑、六合枪等），对当时的武术事业做出了较大贡献。

对于优秀传统拳种，精武体育会不仅广而习之，以推动技术发展传承，而且还特别注重其理论研究和传播。为了更好地传播武术，1921年，精武体育总会创办了《中央杂志》（后改为《精武杂志》）向社会传播精武精神和武术文化，另外还出版了许多武术的相关书籍和理论著作，丰富了武术的理论研究体系。

据上海体育文史委员会搜集，目前已发现的精武体育会出版的书籍达63种。由于精武体育会历来提倡"无文不能行远"的指导思想，这一时期鹰爪翻子拳的理论体系也得到了空前的丰富与发展，我们今天能见到的鹰

---

① 陈铁生. 精武本纪[M]. 上海: 1919.

② 陈桂学. "鹰爪王"陈子正[M]. 北京: 人民体育出版社, 1986: 32.

爪翻子拳的相关重要理论著作就均成于此时期。例如，由陈子正与其徒所著的《鹰爪翻子拳术摘要》《鹰爪十路行拳》《鹰爪五十路连拳》以及由其徒刘法孟所著《少林鹰爪翻子拳术大观》《雄拳百式》等。"陈子正在他师傅刘成友的支持与指导下，由刘凤池等人帮助，编写出了《鹰爪拳艺书》一册，并出版了《鹰爪连拳五十路》《鹰爪翻子拳摘要》等书"[1]，1921年在刘凤池、郭成尧、由述孔、曲乙新等人协助下，编辑出版了《拳术摘要》一书；1928年陈子正回到上海，在黄维庆、李明德的协助下又编写了《十路行拳》和《五十路连拳》，刊载于当时的精武刊物中。

由此可见，精武体育会在鹰爪翻子拳的广泛传播和成熟演进过程中发挥了极为重要的作用。

（三）鹰爪翻子拳的广泛传播时期

在陈子正及其门徒将鹰爪翻子拳的体系逐步完善以后，鹰爪翻子拳便开始在全国乃至世界各地传播并落地生根，开花结果。传播的主要套路除了鹰爪翻子本门的代表套路鹰爪行拳十路、鹰爪连拳五十路、鹰爪罗汉拳之外，还有陈子正在精武体育会期间所研习和教授的其他拳派的拳术套路。主要有：潭腿（十二路）、功力拳、大战拳、脱战拳、硬揾拳、节拳、少林揾、五虎拳、四六拳、八步拳、太祖拳、大棉掌、小棉掌、大雄拳、小雄拳、八步揾、大八面、小八面、五花豹、前溜势、梅花拳、罗汉拳、雁行拳、六合拳、醉六躺等。由于这些拳术套路包括鹰爪派拳术是精武体育会当时所教习的主要套路，因此，后来也被鹰爪派传人一并传习和继承下来了。刘法孟《雄拳百式·杂录》中的记载就证明了这一点："此篇所述，乃余历年在各处所授各种拳术名称，此项名称，虽似无裨于实用，然间中有一二要诀，常可补助学力之不足。"[2]20世纪50、60年代以后，鹰爪翻子拳的门徒和主要继承人开始奔赴各地授拳，形成了不同的本拳派支脉并逐渐发展壮大。南方鹰爪翻子拳主要代表人物有刘法孟、李佩弦等；北方主要有由述孔、刘凤池、孙成之、鲍希勇等；华中各地区主要有河北雄县陈国俊、陈国庆及其后人陈正耀等。当前，发展较为突出的主要有河北陈子正后人陈桂学、陈德新等，海外有侨居美国的刘法孟之女刘

---

① 张选惠.民族传统体育概论[M].北京：人民体育出版社，2006：24.

② 刘法孟.雄拳为武[M].北京：祥记书局，年代不详——笔者注.

莉莉。

二、鹰爪翻子拳内在价值

（一）鹰爪翻子拳的健身、技击价值

众所周知，传统武术有着历经千载实践验证的防身、强身和修身功能，尤其是动作迅猛、招招实用，以技击著称的鹰爪翻子拳，无论是将其技击动作应用到国家安全、防暴部门训练，还是个人防身练习中，都会产生良好的效应。现列举几个鹰爪翻子拳的典型招式动作。

1. 高挑低压

敌右手击来，我右手叼敌腕上挑，上步近敌；左拳击敌，敌撤步收夺右拳，或左手封我左拳，我以右、左手捋敌右臂（或抄抓敌左臂捋之），并下压使敌失去反抗，以拳击敌。

2. 叼手闪步掌

敌左击我，我左手叼敌腕，向左后方拉带；上右闪步开正面，右掌击敌面；敌防时，我右掌成抓，抓敌后拉，再以左掌、右掌推击敌面。

3. 拗步杀腰掌

敌右拳击来，我右手向上叼挑之；敌又左拳击来，我左手叼挑之并后拉，右手掌顺势砍敌胸肋，敌顾左，我击其右。

4. 退步抡打

敌以左拳击我，我左手叼之并挑起，进右步，右拳击敌；敌挂压我右拳，我左手抓住敌挂压之手，右手抡回，让过双方之手，右手随撤步之势后拉敌手，敌必夺之，我借敌后夺之势上步击敌。

（二）鹰爪翻子拳的文化、教育价值

教育是一种社会实践活动，是承载社会文化、传递生产经验和社会生活的基本途径。西汉司马迁在《史记·太史公自序》中说"非信廉仁勇不能传兵论剑，与道同符，内可治身，外可以应变，君子比德焉"[①]。武学中也有"未曾学艺先识礼，未曾习武先明德"。在武术传习中，每位师父收授徒弟时都非常重视对徒弟品德的考察和培养，因为这是决定习武者

---

① 转引自马明达. 武学探真 [M]. 台湾: 台湾逸文有限公司, 2003: 114.

具有高尚人格和素质的先决因素。鹰爪翻子拳中蕴含的中华武术文化源远流长，经过几百年的历史沉淀，它已经成为中国传统文化的一部分。其中技击理论与人生哲理交融互生，内以修心、修身，外至使人懂得"万物可学"，从而具备宽容的精神。因此，习练鹰爪翻子拳可以培养练习者尊师重道、讲理守信、宽以待人、严以律己等良好的道德情操；可以更好地继承和发扬中华民族重礼仪、讲道德的优秀传统。此外，鹰爪翻子拳的功力练习过程累且枯燥，练习鹰爪翻子拳不仅能培养人坚韧不拔、自强不息的意志品质，且利于修身养性，有益人的身心全面发展。

（三）鹰爪翻子拳的经济、商业价值

鹰爪翻子拳在经济上的价值功能是潜在的、间接的，主要表现在两个方面：其一，鹰爪翻子拳的健身修心的效果有助于改善人的亚健康状况，具有巨大的潜在经济效能；其二，鹰爪翻子拳具有浓郁的民族文化特色和特有的运动特点，可以成为开展相关经贸活动的契机。当今武术文化搭台、经贸唱戏的各种集文化、经贸于一体的活动在全国十分引人注目，例如"武林大会""太极拳年会""世界传统武术节"等就从不同层面展示了传统体育项目服务于经济建设的强大生命力。鹰爪翻子拳所具有的浓郁民族文化特色，无论是与人文旅游相结合，还是开发其附属产业，如鹰爪翻子拳图书、音像、器材、服装、办班、年会、交流大会、竞赛等，其开发运营，都将产生可观的经济效益。

（四）鹰爪翻子拳的艺术、观赏价值

鹰爪翻子拳技术内容丰富，风格独特，既有鹰爪功的迅猛和少林拳的刚健，又有翻子拳的灵便，招招相接，式式相连，不仅能在实战中尽显其用，表演起来也甚为引人夺目。平时人们谈到鹰爪拳，马上就会联想到猎鹰捕杀动物时的凶猛、迅疾和犀利，鹰爪翻子拳单从名称上就已呈现出绚丽的艺术色彩，这与以鹰爪拳为题材的影视片及武侠小说不无关系。20 世纪 70 年代拍摄的功夫电影《鹰爪铁布衫》片头中对鹰爪拳有一段简短描述，虽缺乏考证，不足为研究史料，但可谓将鹰爪拳术魅力展现得淋漓尽致。观之令人热血沸腾，激情高涨，久久难忘，同时也激发了无数人对鹰爪拳术的崇拜与向往。鹰爪拳创自南宋岳飞，而盛于明朝，先有一百零八手，后称鹰爪五十路连拳。鹰爪拳术专以抓、打、擒、拿、分筋错骨为

主，专攻人体关节、穴道与要害。习鹰爪拳者，则手练指劲，运全身劲力于双掌，令十指轻巧通灵。擒拿时如棉之柔，错骨时如铁爪之刚。鹰爪拳多以静制动，击人于旧力已过、新力未发之时，乃拳术中最猛毒之一种。此足以显示鹰爪拳的强大艺术渲染力和巨大的观赏价值。当前，随着社会需求的发展转变，传统鹰爪拳也被改变成竞赛套路，融入了更多凸显雄鹰特点的象形技术动作。早年河北武术运动员徐向东所演练的现代鹰爪拳堪称经典，独树一帜。赛场上他雄健的身姿、犀利的眼神、灵活的步法、刚爆的发力，博得了观众的喝彩，给人留下了深刻的印象。因此，笔者认为鹰爪翻子拳本身所蕴含的较高艺术价值辅以鲜明的时代特征，使其拥有了巨大的观赏价值

三、鹰爪翻子拳发展现状

（一）鹰爪翻子拳传承力量散落，没有形成合力

1.名称不统一

目前，通过文献梳理、走访调查等途径了解到的鹰爪翻子拳相关名称主要有：鹰爪翻子拳、鹰爪拳、鹰手拳、翻子门鹰爪派拳术、鹰爪门翻子派拳术、鹰爪翻子门拳术、少林鹰爪翻子拳、岳氏鹰手、鹰爪门擒拿术、鹰爪连拳、鹰爪行拳等。这些纷繁复杂的拳术名称让本来就说法不一的鹰爪翻子拳更加混乱。另外，在各家传承拳谱中的动作名称也有差异，严重影响和阻碍了鹰爪拳术的理论研究和发展传播。

2.各自为营，独立发展

当前鹰爪翻子拳的传承主要有以下几个方面。

一是以河北雄县陈正耀为代表性传承人的省级、部级非物质文化遗产——鹰爪翻子拳。陈正耀为鹰爪翻子拳名师。2008 年 6 月，陈正耀先生先后被河北省文化厅和文化部评为省级非物质文化遗产项目和国家级非物质文化遗产项目——鹰爪翻子拳代表性传承人。陈正耀先生是民国初年被誉为"鹰爪王"的陈子正先生的族裔，其父陈国庆曾在上海精武会及各地分会传授鹰爪翻子拳，在鹰爪翻子拳的传播和发展方面做出了重要贡献。陈正耀自幼随父习武，继承家传拳学，同时继承了先辈弘扬武术不遗余力的精神，把传播武术作为毕生责任，主要拳术著作有《鹰爪拳》。

二是以河北雄县陈德新为负责人的省级文物保护单位——鹰爪王陈子正故居。"鹰爪王"陈子正故居，建于光绪三十一年（1905年），位于河北雄县昝刚镇李林庄村，四合院及外跨小院占地约860多平方米，房屋共计11间。2008年10月这里被列为河北省文物保护单位，其负责人为鹰爪翻子拳传人陈子正的后裔陈德新、陈增代等人。在故居内，陈子正当年的练功、生活用品保存完好，包括当时练功用的石杠铃、缸、坛子以及上海精武体育会赠授的刻有"德艺兼优"字样的银牌等。在百年的历史长河中，陈子正故居不仅见证了鹰爪翻子拳一段重要的发展历程，更反映了当时的社会生活情况，具有重要的历史文化价值，值得关注和保护。

（二）鹰爪翻子拳的传承方式

中国传统武术的传承本是以"打练结合"为本的，其中"打"是用以检验"练"的，而"练"是达到"打"的根本途径，两者相辅相成，缺一不可，关于这一点马明达先生也曾指出"打练结合是大多数传统拳术所共同追求的"[①]。以实用技击而闻名遐迩的鹰爪翻子拳亦理应如此。现今鹰爪翻子拳在传承上却主要是以套路为主，而且在练习时把原有的许多技击方法幅度化了，缺乏对抗意识，另外，鹰爪翻子拳在器械上的对抗也已不多见。鹰爪翻子拳发展到现在，面临这样的窘境是我们不难想象的，经历了无数次的社会变革和灾难，特别是新中国成立后经受了一场严重的"文化浩劫"，在批评"唯技击论"的强烈遣责声中，鹰爪翻子拳也与其他拳种一样，失去了擂台比武的横向交流平台。在这样的前提下，它也只能是传习自家各类拳术套路，实战对抗形式已不多见。另外，众多鹰爪翻子拳的名家为保自身发展多次调整教授内容，长此以往，鹰爪翻子拳原有的技术体系不仅不能得到充实和完善，反而还面临日渐缺损的危机。鹰爪翻子拳作为精武体育会曾经推广传播过的拳种之一，应该继续借鉴精武体育会的武术传播经验和模式，使更多的人了解、关注和习练这一不可多得的优秀传统拳种。

---

① 康戈武. 中华文明传承的缩影序——鹰爪翻子拳 [M]. 北京: 中国人民公安大学出版社, 2009.

第六章　雄安新区民族传统体育非物质
文化遗产保护的基本原则及路径

　　一方水土孕育一方文化，一方文化影响一方经济、造就一方社会。文化对一个地域的社会发展来说，具有基础性的作用。要实现雄安新区的腾飞，就必须尊重这方土地上源远流长的传统文化，保护和利用好地域文化资源。雄安新区领导对此是有明确认识的，河北省委常委、雄安新区党工委书记、管委会主任陈刚 2017 年 6 月 27 日在"雄安新区历史文化与遗产保护座谈会"上曾明确提出一个口号："无文化传承，无雄安未来！"①

　　随着雄安新区整体现代化建设的步伐加快，当地一些村落面临着变迁，作为当地民众日常生活重要的组成部分，雄安新区非物质文化遗产赖以生存的土壤将受到严重的冲击，"非遗"的传承人群也将有所变化，与其相关的一些民俗活动也会受到一定的影响。积极探索长远、有效的保护原则与路径，是推动雄安新区"非遗"可持续发展的重要手段。

　　本章以对雄安新区传统文化未来的展望为切入点，探讨雄安新区民族传统体育非物质文化遗产保护的基本原则和路径。基本原则包括以人为本原则、活态性原则、创新发展性原则和整体性原则和依法性原则等五个正确合理的保护原则，以促进保护工作稳步推进。在保护路径方面重点探讨民族传统体育非物质文化遗产与旅游业的融合发展以及校园传承，打造"特色文化小镇"的"文化+旅游"文旅品牌，建立与地方院校科研机构携手培养传承人的传承机制，最终实现政府、市场、社会的良性互动，从而

---

① 肖光明，吕子豪，王天译. 雄安新区建设欲守住文化底线：无文化传承，无雄安未来_中国新闻 网 [EB/OL]. http://www.chinanews.com/gn/2017/06-27/8262749.shtml, 2017/06/27.

建立起有效的保护体系。

第一节　对雄安新区传统文化未来的展望

文化对于社会发展的重要作用是什么？传统文化在未来将会走向何方？在雄安新区刚刚建立，在即将发生社会巨变的时间节点上，这一问题非常紧迫地摆在了我们的面前。

中国社会正在经历着由传统农耕社会向现代化社会的沧桑巨变，社会环境的变化，给生存于农耕社会背景下的传统文化造成了前所未有的生存危机。人们的生产生活方式改变了，一些附着其上的传统文化（如劳动号子等民歌）也就随之消失了，但是，还有一些传统文化与信仰和民俗紧密相关，由于信仰和民俗具有较强的恒定性，附着在其上的传统文化也显示出了较强的生命力。

对于不能在当代社会活态存续的传统文化形式，我们可以将其用音像的方式做博物馆式保存和做舞台再现式利用。雄安新区的"非遗"大多与信仰和民俗紧密相关，这些乐社、曲艺、戏班、花会与武会由于与信仰或民俗有着较紧密的联系，只要信仰和民俗还存在，就会对这些民间文化有刚性需求，这些文化形式也因此得以存续和发展，甚至在消失一段时间之后还可能再"枯木逢春"。

国家非物质文化遗产保护政策的实施，给了民间文化以强有力的保障，"非遗"保护政策也因之受到了对自己的传统文化一向有着强烈保护意识和极高文化自觉的百姓发自内心的拥护。基层百姓对自己传统文化的苦心坚守和竭力维护，以及他们为此做出的种种努力，是民间文化能够自强不息地顽强生存和发展下去的内在原因。社会各界对国家"非遗"保护政策的理解和民族文化自觉意识的萌醒，都使民间文化的社会生存环境产生了良性变化。人民群众物质生活的改善、生活的富庶，使得民间文化的经济供养有了更多财力保障，并促使人们对精神生活层面的内容有了更积极主动的追求。当代社会的多元化与包容性，也使得传统文化有它生存的一方天地。无论世事如何更迭，总会有许多人喜欢并继承和延续这些有着巨大价值的传统文化。因此，在当代社会的多元文化格局中，历史悠久的中国传统文化一定能够在与社会的良性互动中顽强地生存发展下去，不会完全消亡，不会失去其活态存在的方式而变为一种标本。

第二节　雄安新区民族传统体育非物质文化遗产保护的基本原则

体育非物质文化遗产是由历代先民所创造的、历经历史长河的洗礼而流传至今的文化财富，它是一个民族永恒的文化符号。以什么样的方式或原则来保护传统体育非物质文化遗产，是传统体类非物质文化遗产乃至整个文化遗产传承的一个核心问题。传统体育非物质文化遗产的保护要兼顾多方因素，实现多层次、多纬度的保护，这就要求我们要认识和把握体育非物质文化遗产的保护规律，坚持正确合理的保护工作原则与方法，使保护工作稳步推进。因此，要做好抢救和保护雄安新区民族传统体育非物质文化遗产工作，应该遵循以下原则。

一、以人为本原则

"人"是"非遗"保护的核心概念。首先，非物质文化遗产传承的主体是单个人和群体，群体是由一个个单个人组成的，核心都是"人"。其次，非物质文化遗产法第九条中鼓励和支持公民参加"非遗"的保护工作，即"人"也是保护的主体。而非物质文化遗产中，保护和传承过程中都是以"人"为主导的，没有"人"的参与，也就没有"非遗"的保护。在实际保护过程中，要注意区分和协调各种"人"以广大群众的需求为导向，以"非遗"保护的需求为出发点，保护好现有的"非遗"成果，更要保护那些创造它们的人。

二、活态性原则

非物质文化遗产与物质文化遗产的最大区别就在于它是无形的、"活态的"文化，脱离不开民族特有的生产生活方式，是依附于"人"本身而存在的。人们依靠自身的学习能力和记忆能力，对非物质文化遗产进行理解和传承，使其可持续发展。活态性原则要求我们要对非物质文化遗产的传承人和传承活动进行保护，因为"传承"是人的传承，对传承人的保护就是对传统体育类非物质文化遗产的保护。

2017年9月12日，雄安新区"非遗"普查完成，结果显示，雄安新区共有"非遗"213项，其中有211项活态存在。可见，雄安新区"非遗"的活态性之高，遵循活态性原则，加强对传承人的保护与支持，是雄安新区民族传统体育非物质文化遗产保护与传承的关键所在。

三、创新发展性原则

在一定程度上可以说保护、开发是传承的重要手段之一，很多文化形式沉寂于人类发展的历史长河之中或是早已消失在人们的视野之外，是因为其跟不上人类发展的脚步，与现实脱节。对民族传统体育非物质文化遗产进行创新，一定要在传统文化的基础上进行改良和再造，"取其精华，去其糟粕"，使之更趋于完善，与时俱进，使之更适合于新时代人类的生产生活方式，更适合于世界文化的竞争，使传统文明升华为现代文明，具有新的功能，造福当代。

四、整体性原则

体育非物质文化遗产是由多种文化元素构成的一个整体性的文化事项，不是某种文化元素或文化碎片能代表的，它既包含丰富的文化形式和内容，又依附于特定的文化环境和自然环境。对体育非物质文化遗产的整体性保护而言，要以全方位、多层次的方式来保存遗产自身的多样性和丰富性，保留它的全部面貌，既要保护它的内容、形式，也要保护它的流程、器具，同时还要保护遗产所处的文化环境、自然环境和风俗习惯等。

五、依法性原则

要想对体育非物质文化遗产进行有效保护，首先要做到有法可依。体育"非遗"的法律保护不仅要在传承、保护、开发等方面进行保护，与体育"非遗"相结合的文化产业也要遵循相关的法律法规，以及在这期间所涉及的商标权、著作权等知识产权也受到法律保护，切实做到依法治业。

我国的体育非物质文化遗产法规建设不断完善，有一套自上而下的法律体系。第一层面是宪法，由全国人大制定。宪法明确提出要保护我国历史文化遗产。第二层面是由全国人大及其委员会制定的法律。如体育法中第 15 条就规定："国家鼓励、支持民族、民间传统体育项目的发掘、整理和提高。"非物质文化遗产法专门将"传统体育和游艺"作为保护对象，进行保护。第三层面是国务院及其直属机构单独或联合制定的行政法规和部门规章。如 2006年，国家民委、体育总局颁布了《关于加强少数民族传统体育工作的意见》，对民族传统体育安排专项经费及普查，认定和登记工作提出针对性的要求；2009 年《国务院关于进一步繁荣发展少数民族文化事业的若干意见》中第 11 条和第 12 条分别提出举办文化展演和全国少数民族传统体育运动会以及对少数民族文化进行普查，登记和保护；还有《全民健身计划（2011—2015）》以及《中国体育非物质文化遗产保护与推广五年工作计划》和《中国体育非物质文化遗产保护与推广管理办法》（2013）等文件。第四层面是各种地方性法规和地方政府规章，其中包括民族自治地方，经济特区和香港、澳门特别行政区（不在本文讨论范围之内）制定的法规，规章和专门文件，相关文件等。

第三节　雄安新区民族传统体育非物质文化遗产
保护的实现路径

新文化是新经济、新政治的反映，是文化变迁和文化发展的必然规律，中华民族新文化是中华民族文化发展的必然要求。我们重点强调和重视中华民族优秀传统文化的传承发展，核心是要处理好继承和创新的关系，重点是如何实现中华民族优秀文化的创造性转化和创新性发展，而中华民族传统文化的创造性转化和创新性发展的最终结果一定是中华民族新文化的产生。中华民族新文化，主要是新的发展理念和新的价值观，是国内外时间发展的客观需要。从创新、协调、绿色、共享、开放的新发展理念出发，其核心就是造就一种新的生活方式，以新文化为引领的、更加适应人民群众对美好生活期待的生产生活方式。《河北雄安新区规划纲要》对于雄安新区文化保护主要集中于历史文化保护上，保护和合理利用文物古迹，保护和发展历史古城、传统村镇、传承与弘扬优秀传统文化狠下力气。①关于保护和传承历史文化，关键传承要传承好自己的文脉，"无文化传承，无雄安未来"②。

一、构建雄安新区民族传统体育非物质文化遗产保护体系

（一）加强政府引领，健全工作机制，完善保护体系

一是各级政府应充分认识到"非遗"保护与开发的重要性，充分发挥政府的引领作用。进一步健全和完善工作机构与机制，重视"非遗"的基层组织建设，扩大专业人员队伍，引进人才，明确人员工作职能，提高人员工资水平，做到各司其职，恪尽职守。

二是继续完善"非遗"的建档标准建设。对满足要求的"非遗"传承人或团队增加录入内容，针对文字、录音、影像等存储方法及收集、整理、鉴定、保管等具体环节做进一步的完善。

三是建立赏罚分明的奖惩机制。定时进行"非遗"考核，对于积极探索、努力传承的传承人和团队给予奖励表彰；对于相对生活困难的传承人加大扶持力度；对于传承懈怠、投机取巧的传承人或团队施行警告、处罚，直至取消资格等惩罚措施。

四是加快出台及完善针对雄安新区的"非遗"保护的法律法规。争取每一项措施都有法可依，切实提高"非遗"保护的法制化、规范化。

---

① 本书编写组. 河北雄安新区规划纲要读本[M]. 北京: 人民日报出版社, 2018: 22-23.

② 肖光明, 吕子豪, 王天译. 雄安新区建设欲守住文化底线: 无文化传承，无雄安未来_中国新闻网[EB/OL]. http://www.chinanews.com/gn/2017/06-27/8262749.shtml, 2017/06/27.

五是鼓励国家标准化管理委员会、国家文化和旅游部以及博物馆、文化研究机构等相关机构、民间组织、专家学者参与到"非遗"的建档、立法、监督等各项建设中去，广泛听取专业人士与民众意见。

（二）定期普查，重点保护

定期对雄安及其周边所辖范围内的"非遗"进行普查，对于当前发展受挫或者停滞不前的"非遗"做好记录，及时向上级汇报、制定针对性计划，运用文字、录音、影像等多媒体技术对"非遗"进行真实、系统、全面的记录，按照不同种类、层次分好等级，建立网络虚拟"非遗"博物馆，保证工作的科学化、规范化和系统化。

（三）丰富宣传模式，拓宽宣传渠道

首先，政府及相关组织应定期举办"非遗"宣传活动。坚持"文创项目推介会""传统工业振兴论坛"等专业学术论坛与"雄安'非遗'文化节""国际服装艺术节"等文娱活动交叉举办，让专业人士与普通百姓都可以乐在其中。

其次，邀请相关专家与传承人深入基层、社区定期开展"非遗"保护讲座，传授简单的"非遗"保护方法，让"非遗"进一步深入到群众的日常生活中，提高群众的"非遗"保护意识，使其自觉参与"非遗"的保护与传承。

再次，要善于利用新兴网络媒体，如抖音、微信公众号、直播平台等，开设官方或传承人账号，聘请专业团队负责运营及日常更新与"非遗"相关的视频与资讯，多与当下网络流行内容结合进行二次创作，尽量"出圈"，多与粉丝互动，做到网络宣传最大化。

最后，对相对成熟的"非遗"项目在电视、电台、网络等投放广告，设计"非遗"专属综艺 IP，各省市选出"非遗"代表参与节目，按季播放，让人们能够全方位、近距离地了解"非遗"、感受"非遗"、爱上"非遗"。

（四）加大资金投入力度

对于"非遗"保护与传承的资金投入需要制度化、规范化。"非遗"的保护与传承需要大量的资金投入，而且这种资金投入并不会立刻得到相应的经济回报，同时"非遗"需要的是长期而又持续的资金周转①，因此需要建立国家、省、市、县层层递进的资金投入机制，各级对于"非遗"项目的活态维护、传承人培养、档案建立的侧重点各有不同，保证资金的合理利用，并逐步加大投入力度。结合分级及奖惩机制，确保资金的落实到位，将资金留给更需要的传承人与项目。此外，要拓宽"非遗"融资渠道，培养一批优质的"非遗"项目与当下流行的消费趋势相结合，做好招商引资，对于积极参与保护与投资的个人、企业及民间组织，政府提供相应的奖励与补偿。

（五）提高传承人收入与健全培养制度

要加大对生活困难的传承人的补助力度，对于没有固定收入的帮助其就业，对于发展受阻的"非遗"项目与传承人进行一对一重点扶持，解决部分"非遗"传承人收入较低，甚至日常生活都难以为继的问题，提高传承人的收入，肯定其作用和价值与传承人的培养相辅相成。构建一套完整的传承人培养制度尤为重要，针对雄安设立"非遗"人才培养基地，结合京津冀"非遗"基地办学理念及培养体制，设置针对雄安地区的培养机制，将优质"非遗"项目结合美术、音乐等课程融入中小学课堂教学中，打造"非遗"特色课程，为培养传承人才夯实基础。

（六）制定"非遗"独特品牌化发展战略

文化品牌是文化经济价值与精神价值的双重凝聚，体现了文化的核心竞争力，对"非遗"产业的发展有着巨大的提升与带动作用。雄安地区应借助全面推进雄安新区建设的发展优势，打造雄安专属的"非遗"文化"品牌"，最大程度地整合现有资源优势，与服装、图书、音像制品、旅游业等产业相结合，吸引人力、物力与资金，提高"非遗"产业增值力，形成专业化产业链条。寻求与知名名牌产品的商业合作，拓展市场空间，充分发挥品牌的经济竞争力和文化感召力，打造具有强大竞争力的文化品牌，使之成为新的城市名片。

（七）切实解决"非遗"保护工作中出现的各种问题

以往的保护工作，雄县和安新县做得较好，容城县差一些（他们仅有

---

① 鲁春晓. 新形势下中国非物质文化遗产保护与传承关键性问题研究［M］. 北京：中国社会科学出版社，2017：181.

两个保定市级"非遗"项目，且其中的"高腔戏"已消亡），但总的来说仍然存在着一些问题。努力改进保护工作中的不足，才能使传统文化有一个更健康的存续环境。

我国的"非遗"保护名录，本应该有国家、省、市、县四级名录体系，但是在雄安新区的三个县里，只有雄县刚刚建立了县级名录，容城县和安新县没有县级名录，只是在某个项目需要申报保定市级"非遗"的时候，才临时在县里走一个手续以符合相关规定。县级名录不健全的现状体现的是县级相关部门对"非遗"保护工作的重视程度不够，对县域"非遗"资源现状的不完全掌握。从"非遗"保护工作的具体实施情况来说，县一级文化部门的工作是最基础的，是直接与一个个"非遗"项目打交道的，只有各个县的"非遗"保护工作做好了，才可能有市、省乃至国家"非遗"保护工作的良好局面。

民间的"非遗"相关人对于申报"非遗"项目是有积极性的（就在我们进行"非遗"普查的同时，省级"非遗"传承人和市级"非遗"项目申报工作也在进行中，普查组为此额外加班填写的申报书就有近百份），但是填写申报书、拍摄申报视频，对一个个老农民来说，确实是难以胜任的事情，许多人因此就知难而退了。为了做好"非遗"申报工作，我们的政府部门是不是能够提供一些额外的服务以帮助"非遗"相关人克服这些困难？

随着社会的发展，一些"非遗"项目自发地走上了产业化的道路，但是这条路走得也非常艰难。如容城县素有舞狮表演的传统，一些"狮子会"还开始了商业性演出活动，他们舞狮表演的足迹已经遍及了大半个中国。中央电视台、河北电视台等媒体的大型晚会活动，也常常邀请这些表演团体登场亮相。这些舞狮艺人几次到文化局和工商局办理演出证和营业执照，因各种原因至今未曾申办成。由于办不下来演出证，常常给他们的营业性演出活动带来种种不便。这些实际问题需要得到圆满解决。

目前我们的"非遗"保护政策亦有不足之处，如国家级、省级集体项目的补助资金却只发给个别"非遗"传承人，增加和激化了"非遗"群体的内部矛盾，起到与"非遗"保护原初目的相反的作用，该政策亟须调整。在一时不能修改现行政策的情况下，申报国家级和省级传承人时，可以就传承人补助资金的使用问题提前在"非遗"群体内部达成一个大家都可以接受的协议,以避免矛盾的产生和激化。

在保护过程中,重申报、轻保护也是一个老生常谈的问题。各级领导部门在申报非物质文化遗产项目时,往往表现得非常积极。在年终季末进行工作总结时,也常常将其作为一项政绩、一种荣誉写于纸上、挂在嘴边。可一旦项目申报成功后,却见不到申报材料中所写后续保护措施的具体实施和落实。雄安新区三县的"非遗"保护工作也同样存在类似问题,许多在申报"非遗"项目时允诺的保护措施并未见施行。"非遗"项目的申报成功,实际上意味着要承担起曾经向国家、向全民族允诺过的责任——要努力、踏实地落实好各项保护措施,为保护我们民族的这个"文化 DNA"而尽好政府的一份职责。只将其看作一项政绩、一种荣誉,无益于"非遗"保护工作的推进。

雄安新区有着多种多样的民间信仰,它们与普通百姓的日常生活息息相关,是中华文化不可分割的组成部分。人民群众将自己对生活的种种美好愿望,以民间信仰的方式表达出来,我们应该做的是尊重这些民间信仰,并帮助人民群众实现这些美好愿望,而不是单纯地扣帽子、打压和批判。"封建迷信"是"文化大革命"时期对民间信仰习俗的贬称,在国家保护文化多样性的新时期,这种称呼已经不合时宜了,这些传统文化也是需要加以保护的。

二、雄安新区民族传统体育非物质文化遗产保护的文化生态路径

(一)保持文化本真

体育非物质文化遗产项目的生存的与发展一直受到少数民族地区民族文化生态环境的影响和制约,可以说,有些体育非物质文化遗产项目的衰落与周边的文化生态环境的改变具有密切的关系。当人们像发现新大陆一样发现体育非物质文化遗产项目,并感受到体育非物质文化遗产项目的文化及运动魅力时,很多人都为现代工业社会下,自己对本民族的体育传统文化日益麻木而愕然。正因为体育非物质文化遗产是民间和民族文化的活态形式,在工业化日益发展的都市中,在商品社会和时尚文化的冲击下,体育非物质文化遗产项目传承所面临着严峻的形势,距离原生态的非物质

文化遗产项目越来越远了。在这个时代生活的人们，很难有机会看到原汁原味的体育非物质文化遗产项目，感受到最古朴、民间的少数民族体育文化及其丰富内涵，所以有可能会造成群体价值取向的偏差。如何行之有效地保护体育非物质文化遗产项目赖以生存的文化生态环境，控制和预防少数民族文化资源的过度开发与破坏等，是摆在我们眼前的一项重要任务。笔者发现许许多多的体育非物质文化遗产源于乡村和民间，这与当地人民的生产生活和劳动密切相关，就像是在人民心中的文化印记一样，蕴含着丰富的文化精髓和自强不息的民族精神。随着社会风俗环境的改变、工业化生产的不断推行、流行文化的冲击，原生态的体育非物质文化遗产赖以生存的文化生态遭到破坏，有一些传统体育非物质文化遗产失去了原有的发展环境，附着的一些文化功能也逐渐萎缩。要使原生态的体育非物质文化遗产生活在原有的生态环境中，这对很多体育非物质文化遗产的传承人是一种艰难的选择。它需要人们在体育非物质文化遗产市场化运作与传承过程中，找到一个合理的平衡点，使体育非物质文化遗产能够立足于原有的文化土壤之上，尽量保持文化本真。体育非物质文化遗产保护的核心不仅在于传承与发扬民族精神，还在于保持民族文化生态。而民族文化生态正好孕育着民族精神，民族精神可以指引我们通向更好的未来，在体育非物质文化遗产的传承与保护中，要注意多种传承途径的不断介入，不仅保持其应有的文化本真，而且使体育非物质文化遗产项目立足于特定的文化土壤中，保持民族文化本真，维护民族文化的生态建设。

体育非物质文化遗产对于国家来说，是一种国家体育文化记忆和国家体育文化自觉；对于民族来讲，是一个民族文化烙印和民族文化源泉；对于群体而言，是一个群体的文化归宿和文化认同；对于个人而言，是一种儿时记忆和文化血脉。在当今世界经济一体化的形势下，应该依靠传承下来的民族精神才能立于世界民族之林。只有借助体育非物质文化遗产的多元化传承途径，才能有利于传承体育非物质文化遗产，传承与发扬民族体育精神。在体育非物质文化遗产的保护与传承过程中，要注重传承途径的介入，与立足于特定的文化土壤以及保持其应有的文化本真有机地结合在一起。

（二）提升文化价值

传统体育非物质文化遗产的文化价值，作为一种遗传总和与财富从少数民族地区一代又一代地传承了下来，在建设和谐社会和提倡社会主义核心价值观的今天，认真传承优秀的体育非物质文化遗产的文化传统，具有十分积极的意义。传统体育非物质文化遗产是一种优良的传统文化，它体现了广大人民群众的集体智慧和生命活力。现在，随着时光的变迁，它也慢慢地成为人们现实生活中的重要部分，具有"活态性"和"流变性"的特点。可以说，体育非物质文化遗产与人们的生活与发展息息相关，如果能够对体育非物质文化遗产的传承进一步扩大，那么它必将对人们文化价值的沉淀和和谐生态文化环境的形成起到重要的推动作用。文化并不是孤立地存在，是在相互制约、相互依存的关系中以动态平衡的方式延续发展的。非物质文化遗产是在一种持续的构建和重构的过程中形成，在族群间的交流与互动中延续、传承的。纯粹的、不受任何外来文化影响的文化遗产从来都不存在。对于体育非物质文化遗产的传承来说，只有采用多种途径进行传承，才能使体育非物质文化遗产得以传播和发展。体育非物质文化遗产被列入保护名录之后不能仅放在书本中和博物馆里，还应积极推动体育非物质文化遗产的多元化发展，促使人类文化的不断增值和积淀。体育非物质文化遗产是不同民族在长期的历史过程中保存下来的，它反映了各民族意识和多元文化活动的财富。它是探究体育起源和发展各阶段诸形态的"活化石"，是挖掘和创造新的体育项目和形式的源泉，具有不可低估的价值，我国长期以来对其缺乏宣传，长期为人们所忽视。现在，国家提出了运用新的思维和新的方式来保护以及传承体育非物质文化遗产，这就要求将多种传承途径进行整合，使其能够多元化的存在，特别是把各种传承要素有机结合在一起，为体育非物质文化遗产的传承扩大影响，为体育非物质文化遗产的传承提供一个良性发展机制，这样既有利于构建和谐的文化生态环境，也有利于体育非物质文化遗产的保护与传承。

（三）活态保护——把文化搬到新家园

村落的文化，要靠族群来涵养，只要族群不散，尽管社会变迁、世事更移，文化仍然能够得以保存和发展。如霸州市南头村，现在的土地已经完全变成了开发区的一部分，村民也已经由农民身份改换成了从事各行各业的城市市民，甚至村名也已经成了历史记忆。但是这个村的村民至今仍然居住在一起，他们村落的传统文化如秧歌会、剧团、"音乐会"等也都因此得以保存或复兴。而一些因拆迁村民被分散到不同地方的村落，其文化往往就随之消失了。"非遗"保护专家田青先生在 2017 年的全国政协十二届五次会议上，曾提交了一篇题为"关于发挥非物质文化遗产作用的新思路"的提案，其核心内容是建议在扶贫攻坚的异地搬迁安置中，一定要努力让非物质文化遗产随他们下山——"搬出文化"，不让异地搬迁割裂他们与历史、与传统、与本民族悠久文化的联系，努力帮助他们在异地重建自己的精神家园。非物质文化遗产不仅是他们感情的寄托、亲情的纽带，也是他们脱贫致富的最可靠、最直接的手段。尤其是"非遗"中的手工技艺，完全可以在传承的基础上、在不改变文化基因的情况下求得新发展、大发展。要让异地搬迁之后的老百姓过上一种延续着历史与传统、记得住乡愁、看得见希望、握得住幸福的现代生活。

三、雄安新区民族传统体育非物质文化遗产保护的集群式路径

（一）与产业发展相结合

产业传承不仅可以使体育非物质文化遗产获得一定的社会效益，还能使体育非物质文化遗产具有经济的活力，同时使经济发展具有文化的气息，从这个层面上看，产业传承是一种动态的消费型传承，但是过度的开发又会失去文化的本真，因此与产业的结合应该是在保持文化生态的基础上的结合。近年来，国内有很多的非物质文化遗产项目慢慢地走上了市场化的轨道，逐渐探寻着与市场对接的结合点。

体育非物质文化遗产是民族文化产业发展建设中一种独特的文化资源，它的开发价值具有独特的地域性，而且具有丰富的运动内涵。通过体育非物质文化遗产项目的市场运作使很多以前只属于个别少数民族的体育非物质文化遗产被大范围的认同和推广，同时带来了丰厚的经济效益。改革开放的实践证明，市场化是社会化以及现代化的关键因素，体育非物质文化遗产项目产业化的根本其实就是项目的市场化运作。但是，目前我国许多的体育非物质文化遗产项目来自偏远的村寨，具有很深的农业社会历史文化的沉淀。在对体育非物质文化遗产项目进行市场化运作的时候，特

别是将有些项目推向体育旅游市场的时候，既要考虑游客的心理体验，又不能丢弃了原始的民族文化。虽然很多体育非物质文化遗产项目具有非常鲜明的经济特色优势，但是在开发的过程中不能将眼光仅限于该项目相关产品开发的经济利益上，还要注意将保护与开发相结合，特别重视改革与继承相结合。尤其在体育非物质文化遗产旅游产业的开发上，更应该注意少数民族社会生活的各个方面，将一些优秀的、科学的、有文化内涵的东西原封不动地保留下来，剔除一些落后的东西，以此为基础进行商业化的运行与包装，促进体育非物质文化遗产朝着健康的方向发展。

1. 以体育"非遗"项目为支点，打造生态文化产业

体育非物质文化遗产带有强烈的民族特色和区域特色，是一种独特的文化资源，具有很高的开发价值。通过市场运作，很多小众的体育"非遗"都得到了很好的传播和发展，这其中最成功的当属彝族的体育非物质文化遗产项目"阿细跳月"。在相关政策的支持下，"阿细跳月"顺应时代潮流，对新旧文化元素做出了调整，实现了文化重组，让这项古老的体育项目重现活力，成为彝族文化生态旅游中最引人注目的项目，也成为彝族在体育"非遗"保护和村落经济发展中的纽带。因此，雄安新区体育"非遗"在进行生态旅游开发时，与雄安当地的自然环境、旅游市场、民俗、歌舞、节日文化等相联系，依托现有的生态环境开发具有地域特色和民族特色的体育旅游活动，使之形成突出的合力与优势，打造旅游品牌，提高旅游区域的知名度与市场吸引力。

2. 塑造体育"非遗"品牌项目，促进体育"非遗"产业发展

文化产业是经济发展的重要增长点。我国文化产业虽然近些年发展较为迅速，但仍缺乏市场竞争力，特别是和好莱坞、迪士尼这些国际品牌相比，仍有较大差距，这也导致了我国的文化市场上充斥着众多国外品牌。体育非物质文化遗产凝聚着民族的智慧，具有深厚的文化内涵，因此，在体育"非遗"的产业化过程中，打造具有民族特色的体育"非遗"品牌，可以极大地增强文化竞争力。如，通过多种途径开发鹰爪翻子拳的潜在价值，编著教材、教学录像、拍摄电影、加大陈子正故居旅游开发和打造雄县鹰爪翻子拳文化品牌。

作为一种文化遗产，体育"非遗"本身就包含着文化属性，因此可以

对项目本身的文化内涵进行挖掘，并将其作为品牌的内在支撑进行宣传，只有展示了这种深厚的文化底蕴，才能打造出丰满的品牌形象。对于"非遗"品牌的塑造来说，最好的时机莫过于传统的民俗活动或者重要的节假日。要想在市场的竞争中获得一席之地，除了品牌的塑造外，还要突出品牌的个性。体育非物质文化遗产都具有浓厚的民俗色彩或地域特色，将这种特色文化运用到品牌个性的塑造中，既可以帮助产品在市场上实现差异化定位的功能，还可以帮助产品更好地赢得消费者的喜爱。

3.依托现代动漫产业，实现体育"非遗"创新性发展

动漫产业是当今市场上发展最迅猛的文化产业之一，而且还有很大的发展潜力，体育非物质文化遗产的发展和保护也需要一定的载体，将二者相结合，无论是对于动漫产业商业价值的提升，还是对体育非物质文化遗产的传播和发展，都具有很大的优势。将体育非物质文化遗产与动漫产业相结合，通过主题设置和知识融入等方式，选取合适的体育"非遗"进行动漫创作和转化，和观众产生共鸣，以此促进相关体育"非遗"项目的传承和传播。

在体育动漫这一领域中，日本属于其中的佼佼者，值得我们学习和借鉴。体育题材的动漫是日本动漫的重要类型，到目前为止，日本的体育类动漫已经囊括了大部分体育项目，不仅涉及篮球、足球、网球、棒球这些世界主流的体育项目，还涉及极具日本民族特色的剑道、将棋等项目。日本的体育动漫往往与青少年的成长和励志主题相结合，以赛事竞技为主线，以角色的学习、训练、生活为副线，并在作品中穿插着趣味性的知识讲解，这样使得整个作品更加深入；同时还将体育的拼搏精神与青少年的热血奋斗联系起来，这种表现方法非常符合青少年的心理需求，不仅能帮助青少年树立正确的人生观，还能够通过剧情设定了解相关知识，进而产生对这项体育项目的兴趣。因此，我们可以借鉴日本动漫产业的这种表达方式，以剧情和人物为载体，通过对角色的刻画和生活比赛的描写来彰显"非遗"的文化内涵，挖掘当代体育精神，在以体育精神感染观众的同时也引起受众对"非遗"文化内涵的共鸣和认同。

4. 打造雄安新区"特色文化小镇"的"文化+旅游"文旅品牌

（1）雄安新区具备非物质文化遗产的生态环境及与旅游融合发展的基础

《河北雄安新区旅游发展专项规划（2019—2035 年）》明确提出的发展目标是把雄安新区建设成文化与旅游有效融合的先行试区，从静态和动态的角度探讨"非遗"发展与旅游融合模式，包括角色定位、模式设计和空间规划，以期打造"非遗"文化产业发展与旅游融合驱动的新模式，激发区域活力，实现文旅融合高质量发展。

2017 年 4 月雄安新区设立，"非遗"普查不久就展开。在相关部门的积极推动下，基本摸清了新区的"非遗"家底儿，可以说文化资源比较丰富、类型相对全面，基本上涵盖了非物质文化遗产的十个大类。白洋淀涓涓细流哺育了雄安，更积淀了雄安非物质文化遗产深厚的旅游文化资源。尽管旅游发展和"非遗"保护的相关政策和规划已经出台，但从调研的情况看，雄安新区文旅结合层次比较低，结构单一，还远未达到真正意义上的实质融合。文化旅游品牌影响力和吸引力亟待提高。形象包装宣传缺乏力度，缺乏品牌影响力，也缺少具有强大资源整合力的大型文化旅游企业（集团）。因此，基于政府引导、旅游企业推动和遗产文化产业发展的内在市场需求，各相关主体使"非遗"文化与旅游两大产业在资源、产品、市场等"融点"进行全方位的对接。

（2）构建雄安新区"非遗"产业保护与旅游融合发展的机制

对政府、"非遗"产业主体（企业和传承人）和旅游行业主体三个层面的利益相关者进行分析研判。

首先，应当发挥政府的主导作用，制定专门法律法规，健全组织保障机制。并且成立非物质文化遗产保护领导小组，明确非物质文化遗产保护的专门机构，打破部门之间的壁垒，建立"非遗"传承和旅游开发的指导和协调机制，明确各自角色的责任、权利和义务，积极探索非物质文化遗产旅游开发的途径，如产业化和品牌化战略、金融重点扶持、吸引民间资本、创办节事活动等。在非物质文化遗产与旅游业的产业融合发展中，应当对知识产权在制度上厘定，理清明确非物质文化遗产的持有人、传承人和使用者的权利和义务。在完善协调产业发展合作模式方面，要做好角色定位各利益主体、产业发展模式设计和空间结构布局。在运行机制方面，应加强相关部门之间的沟通和协作，破除非物质文化遗产产业与旅游业融合之间的壁垒，包括构建利益分配机制、组织协调机制、市场引导机制里的障碍和壁垒。

其次，应健全非物质文化遗产的知识产权保护体系，其中包括教育培训机制、整合营销机制、区域联动机制、法律保障机制，使得各主体利益者的产权权益，如使用权和收益权等得到有效保障。

再次，旅游企业和"非遗"产业要提高创意创新能力。创意创新在旅游业和非物质文化遗产产业融合发展中起着关键纽带作用，也是保障文旅融合是否能够可持续发展的关键。

最后，创建好投融资机制，搭建文旅融合的融资平台。文旅协同发展是受到国内外推崇的文化旅游业态。欧美、日本、韩国等国家把文化与旅游协同发展作为加强文化软实力的国家战略。像美国的好莱坞影视拍摄基地、环球影城、迪士尼乐园就发展成了国内外游客的旅游基地；韩国文化与旅游业融合形成了"韩流"效应；日本的京都是世界文化遗产名录最多的城市之一，是日本人的精神故乡，是日本文化的源点，是日本的文化象征之地，肩负着文化遗产的保护与传承，在文化与旅游融合发展方面位居世界前列。在国内，广州市打造了"海上丝绸之路发祥地"与"岭南文化中心地"的旅游品牌，在利用历史文化资源和历史风貌的保护和开发方面成效显著；杭州作为文旅融合的典型例子使我们感受到杭州非物质文化遗产的魅力。在路径构建方面，应当制定区域"非遗"产业传承与旅游融合发展的措施，明确措施实施主体，对投入产出进行及时跟进和研判。

"非遗"文化产业和旅游业融合是双向交叉渗入的过程，形成你中有我、我中有你的相互包含格局，以此不断提升内涵和融合质量。在融合过程中，要采用几种路径来提高融合度，比如在景区举办传统武术、杂技、传统舞蹈、民间音乐会等的观赏型路径，手工艺制作和节庆民俗活动等体验型与参与型的路径。古乐作为雄安地区重要的非物质文化遗产，共有3项被列入国家级非物质文化遗产名录，其中有雄县亚古城古乐、安新县圈头村音乐会、冀中古笙乐；还有6项译为省级非物质文化遗产，其中雄县十里铺"音乐会"、安新县同口"音乐会"、安新县圈头村"音乐会"影响最大，因此，古乐文化可以通过展演活动入驻景区进行常态化展演。其他工艺类"非遗"可以打造成民俗节庆系列品牌，参与产品创意设计活动，民间武术雄县鹰爪翻子拳等也可以参与其中。组建大型文化旅游企业（集团）来统筹策划、具体实施相关活动是切实选择之一，以此提高文旅资源的整合能力。

（3）整合品牌营销机制与各方联动机制，利用数字化技术推动传统文化产业向适应现代旅游方向转型发展

首先，形成"互联网+"时代大数据典型应用。雄安新区未来发展需培育创新驱动新引擎，创新和科技作为其重要组成部分，其发展过程中应坚持创新引领、服务转行、产业优化，构建雄安新区文化旅游小镇，使之成为"互联网+"时代背景下大数据、人工智能等高端技术的典型应用。加快旅游大数据平台建设，增添文化内涵。雄安新区文化旅游小镇的相关规划建设更是离不开物联网、大数据、云计算、人工智能等新一代信息技术和高端产业的支撑，应坚持科学发展高点布局，做好雄安新区文化旅游小镇的基础性工作。雄安新区文化旅游小镇应从其社会效益出发，精准识别其可持续竞争优势，以区域内文化旅游数据为核心驱动力，确保雄安新区的文化产业、旅游产业相融合发展。同时，整合雄安新区现有的自然、人文旅游资源，围绕个性化服务、文化带动效应等对其文化旅游小镇开展大数据挖掘分析，形成雄安新区文化旅游小镇的大数据平台，是"互联网+"时代大数据的灵活运用。

其次，打造数字生态的综合信息智能新模式。文化旅游小镇建设要结合 5G 技术等高端高新技术。2018 年，雄安作为国内首批 5G 试区，规划建设了大量 5G 基站。同年 4 月，雄安新区基本完成国家级互联网骨干直连节点建设，城域网核心设备与北京相连。雄安新区不仅需要建立电力、供热、给排水等地下管廊，还应建立便捷高效的通信地下管廊，打造地下综合管廊。未来将在雄安新区范围内实现 5G 网络技术全域覆盖，优化新区网络质量和物联网连接能力，提升新区用户的感知和体验，建设超高速、大容量、智能化的新型网络基础设施。雄安新区将会实现室内场景如密集居住区、CBD、购物中心等，室外场景如露天广场，大型体育场；无线回传如高铁、轻轨等进行快速的信息传播和交流，也减少了在传播过程中信息的减损。雄安新区文化旅游小镇利用 5G、人工智能、大数据、云计算等高

端高新技术，在新型智慧城市建设体系下，实现小镇内无人自动驾驶的交通运输方式和与港澳台地区甚至全球的无障碍交流，让雄安新区文化旅游小镇走向世界。文化旅游小镇构建开放协同的人工智能科技创新体系，推动了人工智能和文化旅游产业相结合。雄安新区文化旅游小镇的建设应在传承中华民族文化的基础上结合科技元素，将其进行高端化、智能化、服务化的有效提升。在"人工智能+"时代背景下，雄安新区文化旅游小镇应将其文化向数字化进行转变，建设大型科技文化体验园区和项目，将雄安新区文化同科技进行融合，构建智能管理服务新模式。

（二）与媒体宣传相结合

在信息化快速发展的当今社会，媒体具有强大的宣传功能，这就可以对许多事物发展都起着重要的宣传作用。媒体在一定程度上不仅掌握着强大的话语权，而且还主导着人们的视野。现代体育项目的快速发展与媒体的传播有着重要的关系，随时都能看到有关于现代体育项目的报道和宣传，例如：足球、篮球、排球、拳击，等等，但是很少能看到类似于秋千、赛马、武术、"达瓦孜"等少数民族体育项目。可以说现行传媒对体育非物质文化遗产项目报道的缺失，其实无形当中就增加了体育非物质文化遗产项目失传的风险。随着我国的工业发展水平不断进步，有一些少数民族地区的传统农耕和小农经济被打破，这也就使得少数民族地区体育非物质文化遗产项目的周围环境发生了不断的变化，例如：社会环境、人文环境、自然环境等发生了不断的改变，同时这也使少数民族地区体育非物质文化遗产项目的传播方式与传承结构发生了重要的改变。

非物质文化遗产的保护最为核心和关键的内容就是传承和对传承人的培养，而在传承的过程中，在新的社会氛围下，传承保护的理念和模式的探索是非常重要的。从过去的传承方式来看，主要是靠传承人的口传心授，而在现今这个传媒异常发达的环境里，现代传媒以其方便、快捷等特点，可以说改变了我们的生活方式和消费理念，在体育非物质文化遗产的传播过程中就需要利用现代化的传媒手段，使体育非物质文化遗产的文化内涵和意义可以更好地表现出来，以便于更好地服务于传承工作。例如：电视、电影、网络等就能对体育非物质文化遗产的传承起到良好的推动作用。可以将体育非物质文化遗产项目拍成电影或电视等，这样不仅拓展了体育非物质文化遗产的传承空间，也为体育非物质文化遗产的传承培养了更多的受众，对于普及体育文化遗产的相关知识和提升体育文化遗产的影响力具有重要的推动作用，例如，体育类电影《固安郭派八卦》的成功经验就值得借鉴。固安郭派八卦是河北省非物质文化遗产，它就是将非物质文化遗产借助现代传媒技术手段，将其拍成了电影，这样既可以在电影院等公共场所放映，同时也可以在互联网上转载分享；既满足了传承推广的需要又满足了培养传承人受众的需要，又有效地推动了固安郭派八卦的传承工作。再以河北隆化县"二贵摔跤"为例，其传承人陈彬彬老师录制了一段"二贵摔跤"在长城上亮相的视频，收获了上百万的点击量，这无疑让更多的人知道了这一项目，对于"二贵摔跤"的推广来说具有十分重要的意义，这也可以看出当前媒体对体育非物质文化遗产宣传的重要性。同样，雄安新区的民族传统体育非物质文化遗产也可以与媒体宣传相结合，运用现代传媒技术手段进行传承，不仅能够从审美的角度展示雄安新区民族传统体育非物质文化遗产的价值，也能够让更多的人了解它们。同时，随着传媒的不断宣传，可以培养未来几代人喜爱这些体育非物质文化遗产，培育出能使体育非物质文化遗产传承发展的健康土壤。

四、雄安新区民族传统体育非物质文化遗产保护的教育路径

（一）家庭教育传承

家庭教育是在家庭生活中由家长对其子女实施的教育。而按照现代观念来说，家庭教育应该包括：家庭成员之间相互的影响和教育；聘请专门从事家庭教育的教师对子女的教育。家庭教育的特点就是早期性、感染性、及时性、连续性和权威性。可以说，家庭教育自古以来就一直受到全社会的重视，随着时代的发展，它也被作为一门学科进行研究。

一般来说，家庭教育本身就是一种文化，不仅是我国民族文化的重要组成部分之一，也是我国民族传统文化的必然要求。民族文化需要通过家庭教育来继承保护，更需要家庭教育来使其变得丰富和完善。民族传统体育文化是民族文化的有机体之一，更需要在家庭中通过一代代的技艺教导和文化传播，使其得以不断发展和更新，从而保持旺盛而新鲜的生命力。家庭对人的行为习惯的影响是举足轻重的，特别是对于少数民族地区的少

年儿童来讲，家庭或家族中的长者才是他的启蒙教师。只有在家庭中培育民族传统体育文化的氛围，支持年轻一代的民族成员进行传统体育活动，体育非物质文化遗产的传承才有可能得以进行和实施。担任或扮演传承主要角色的是家庭或家族中的长者，他们通过在一些重要节庆活动中组织家族体育比赛，使家族中的年轻成员养成参与民族传统体育的习惯，掌握民族传统体育项目的一些内容和技巧，并进一步对民族传统文化加深了解，最终接受这种文化。

以"达瓦孜"的传承为例，由于宗教信仰的原因，家长制模式根深蒂固，但是正是在这种模式影响之下，传统"达瓦孜"才能够传承这么多年，因此传统"达瓦孜"中的家庭传承方式在当今还是现实可行的。从目前来看，体育非物质文化遗产现有的教育传承途径主要是以家庭教育方式来进行的。作为体育非物质文化遗产传承的重要方式之一，家庭教育是实现体育非物质文化遗产传承的内在动力。家庭教育和民族传统体育文化传承之间有不可分离、相辅相成的紧密联系。应当在家庭教育中不断加强对体育非物质文化遗产传承的教育工作，使少数民族优秀的体育文化遗产得以顺利传承。

（二）学校教育传承

学校是传承文化最重要的场所。学校应该成为传承发展体育非物质文化遗产的中介，相对于体育非物质文化遗产的教育传承而言，学校教育中的传承具有一定的规范性和稳定性。可以说，它是原始体育形态走向科学化、普及化、规范化的必由之路。从历史上看，从德式体操到军事学堂的兵操，从足球运动到橄榄球运动的流行，有许许多多的少数民族体育项目在近代都是通过学校发展和传承的。如韩国的跆拳道和日本的柔道也是受到中国古代武艺的影响，通过继承和改良，使之更好地适应教学训练以及比赛，并通过在学校的开展，使之逐渐让更多的青少年所认知和喜爱，在国际上的影响力不断增大。近年来，在我国少数民族地区的很多高校和中小学的体育课程中，已经增加了少数民族体育项目课程。

1.加强校园传承建设，完善校园传承体系

校园传承是文化传承中最稳定、最规范的传承方式。从历史上看，无论是篮球、棒球等现代体育项目的流行，还是一些少数民族体育项目，在近代都是通过学校的发展和传承，让越来越多的青少年熟知并喜爱，由此在国际上推广开的。近年来，随着国家的不断强调，很多民族地区的学校都将一些本民族的传统体育项目融入课程中，使得这些传统体育项目得到了发展壮大。可以说，学校已经成为体育非物质文化遗产传承中最核心的媒介，但是，校园传承一定要科学化，规范化，遵循客观规律，不能盲目传承。

首先，在课程设置上，要开发相关教材，将与体育"非遗"有关的知识和其中包含的教育价值融入学校的知识体系中，让学生既了解这一项目，又学习到它的文化价值。

其次，可以根据项目的特点、难易程度、需要的器材等将其融入不同级别学校。有些项目不适合小学生练习，那么对于小学阶段，可以对体育"非遗"的文化内涵进行教学，让学生了解项目的起源、背景、形式等，引导学生的兴趣爱好。

再次，在校园传承过程中，可以按照由易到难、从简到繁的顺序引导学生练习。对于一些难度系数较大、甚至带有一些危险的项目来说，可以在保留原始特点、核心要素的基础上对其进行适当的改变或删减，让其适合在学校推广。

最后，在校园传承中，高校传承应该是主力军，将具有特色的体育非物质文化遗产与高校体育课程相结合，使体育非物质文化遗产成为体育教育的一部分，同时积极利用课外活动、学校大型活动推广体育非物质文化遗产，依托高校的师资力量，建立高水平的理论研究团队，对项目的历史与文化的发展、原始资料等深入挖掘，以进一步促进体育非物质文化遗产的保护和发展。

2.体育非物质文化遗产学校传承的应然保障措施

（1）建立健全资金支持制度

学校开展体育非物质文化遗产传承需要人力、物力、资金的投入，当前多数学校开展地方文化进校园过程中，地方相关政府部门多是实行一次性投入，这些资金投入对于学校启动传承开展帮助较大，但是后期学校继续开展传承需要聘请民间艺人来校指导、聘请专家学者指导学校特色课程建设、购买器材服装、开展传承相关的活动文化、编写校本教材等，需要陆续投入大量资金，这些经费对于相当部分学校来说，其负担较重，资金后期追加乏力极易导致传承夭折。

　　支持学校传承开展的相关文件的缺乏也是当前推广传播中的尴尬问题。很多地方优秀传统文化项目的传承人年事已高，面对传承群体的断层忧心忡忡，为了年轻人能够学习到这些优秀文化，老艺人们非常愿意进入本地学校开展传承。但是目前对于学校传承开展后给学校在教学、体育等工作带来直接利益的文件少有印发，而且开展传承不能给学校带来实质好处，还要说服教师在繁忙的工作之余抽出时间来指导和管理学生，对于学校领导来说也是一件较为困难的事情。所以为加快对青少年优秀民族文化传承的步伐，促进学校开展传承的深度与广度，政策的支持与学校传承的专项资金支持迫在眉睫，需要地方政府出台关于学校传承的文件，对开展传承的学校进行精神与物质双投入。

　　（2）营造政策与人文环境

　　政府在学校传承中华优秀传统文化方面，近年来颁布了相应的文件，如2017年中共中央办公厅、国务院办公厅颁布的《关于实施中华优秀传统文化传承发展工程的意见》要求将优秀传统文化"贯穿国民教育始终""融入生产生活"、要"加大宣传力度""加强政策保障"等。在协同创新传承体育非物质文化遗产过程中，政府相关部门要由过去单一的主导转向协调引导，在落实国家制定的与文化相关大政方针的指导下，引导传承系统中各主体参与传承实践，协调好各主体间的关系以及总体调度资源的分配等，创建利于协同创新传承的政策环境。建立健全非物质文化遗产知识产权保护、政府支持非物质文化遗产传承与经营的补贴、创新成果评价与奖励、传承基地与传习所的传承补贴、优秀传承参与者职称晋升支持、优秀传承团体荣誉与物质奖励、紧缺与优秀人才引进、传承团体与代表性传承人定期考核、非物质文化遗产生产性保护传承税收优惠等制度，制定并下发相关文件，从法律上予以明确规定与支持。

　　人本理念是体育非物质文化遗产得以传承的核心。人才是体育非物质文化遗产传承与创新的第一要素，构建协同创新传承模式就是要将体育非物质文化遗产传承的各类人才加以汇聚、整合，发挥团体思维与实践之优势，激发人才系统的积极性与创造性。民间大众是体育非物质文化遗产文化形态的知情者与拥有者，地方高校相关领域教师是地方体育非物质文化遗产理论与技术研究的创新者，传承人是体育非物质文化遗产传承与推广的忠实实践者，青少年儿童与项目爱好者参与并传承地方体育文化，这些传承相关者都是体育非物质文化遗产学校传承中需要考虑的因素，要做到"人尽其才、才尽其用"。以"引进、聘用、培养"的方式"挖人才、抢人才、育人才、留人才"，制定并及时落实相关人才优惠政策，营造"进得来、出得去、留得下"的传承环境。

（3）培养传承参与的主体，实现功能互补

协同创新传承体育非物质文化遗产是一个系统性的工作，其生命力的延续与蓬勃，须重视系统内部传承主体的培养，构建传承人才培养机制，优化人才培养体系。第一，对于雄安新区民族传统体育"非遗"项目文化与技术传承人的培养，要注意老中青的衔接搭配，有团体意识，文化技术要有一群传承人共同拥有，利于遴选代表性传承人，也避免"独苗"传承引发传承断层危机。第二，对于雄安新区体育非物质文化遗产开发与经营人才的培养，要让其先深入了解与学习项目的文化，避免急功近利，有一颗坚守文化的心；同时在开发与经营传统体育文化中，要恪守整体性、本真性，传递与展示给受众的是保证非物质文化遗产原法原味的、不变的地方传统文化。第三，对雄安新区体育非物质文化遗产文化研究者的培养，需要大量的田野调查，并参与非物质文化遗产传承实践，对体育非物质文化遗产的文化形态与技术技巧有深入系统的了解与认知，再结合相关学科理论知识，对项目进行挖掘、整理与创新，赋予传统体育文化时代新意。第四，非物质文化遗产管理负责人要熟悉与及时学习国家相关部门和雄安新区政府颁布的相关法律法规，根据相关文件及时调控；走到乡间、走进民间，多调查、广访谈，了解大众对传承体育非物质文化遗产的意见与建议，为制定相关规划与文件提供现实支撑。协同创新系统组织管理机构总领整个系统内部的人才培养，聘请国内外相关领域专家学者为传承主体进行讲学与培训，以及提供与争取相关传承主体外出学习交流的机会，从而使传承主体具备国内外的多维视野。

体育非物质文化遗产作为传统体育文化代表，功能丰富多样，不同的传承主体参与传承体育非物质文化遗产的关注点各有不同。政府相关部门开展传统体育文化保护与传承关注的是体育非物质文化遗产的文化、教化、经济功能，学校传承关注的是对青少年传统文化培育、身心健康促进、地方文化传承与弘扬的功能，旅游公司关注的是传统体育文化展演经济功能，专家学者关注的是如何深入挖掘文化内涵、创造创新文化形式的文化教育功能，传承人看重扩大传承受众、培养代表性传承人的功能，社区民众看重的是参与或观赏体育非物质文化遗产以促进身心健康与了解地方传统文化的功能。各传承相关利益主体对传承体育非物质文化遗产的关注汇集于协同创新传承系统同一空间，各尽其责，互补共建，在遵循系统功能最大化前提下，满足个体功能追求，达到协同共赢。

五、以社会力量加强民族传统体育非物质文化遗产保护

（一）体育"非遗"融入全民健身中

当今"全民健身"的理念已经在全国受到了广泛的追捧，上至老年人，下至年轻的工作族，越来越注意自己的身体健康，尤其是城市中，在清晨和傍晚的公园、广场，都能见到不同年龄、不同职业的人群进行健身活动，电视上也经常出现各种健身节目，可以说健身已经成为当下很多人生活的一部分。人们健身的方式也多种多样，跑步、打球、广场舞等，如果将一些适当的体育"非遗"项目融入全民健身，不仅能丰富人们的健身形式，对该项目来说也是一种宣传和推广，强化民众的文化归属感。对于拥有体育"非遗"项目地区的农民来说，也可以在农闲时间参与到体育"非遗"的学习中，将一些复杂的项目化简就繁，充分发挥体育"非遗"的健身性和娱乐性，来丰富自己的娱乐生活。例如，河北省隆化县是"二贵摔跤"的发源地，那么在隆化县的各个村落中，完全可以将"二贵摔跤"融入本村村民日常的健身和休闲活动中。"二贵摔跤"与村民的日常健身娱乐相结合，可以由乡镇政府牵头，根据各个村规模大小以及人数的多少，提供服装道具，人们就可以在休息时间来到广场背着道具摔几下，这既起到了健身娱乐的作用，又促进了"二贵摔跤"的推广。

（二）培育社会组织参与体育非物质文化遗产保护

在非物质文化遗产的民间保护中，社会组织的专业性、高效性和科学性是其他民间保护主体所不具备的，因此，在体育"非遗"的民间保护

中社会组织的作用是无可替代的。但是，我国社会组织起步较晚，整体来看，国内大部分领域的社会组织普遍存在数量偏少、独立性不足、专业性不强等问题。目前知名度较高、发展较好的社会组织主要集中在社会救助和环保等领域，如自然之友、中华扶贫基金会、中华慈善总会等。而在非物质文化遗产保护这一领域内，当前在民政部注册的全国性社会组织只有一家，地方性的组织也只有 222 家，专门针对体育"非遗"保护的还没有。这些为数不多的社会组织所能提供的也仅仅为资金扶持等，与其他领域发展较好的社会组织相比，"非遗"保护领域的社会组织无论是参与度、独立性，还是自身内部体制机制的完善程度，都存在较大差距，并不能为非物质文化遗产保护提供足够的专业性帮助。

因此，要想进一步培养和建立体育"非遗"保护领域的社会组织，完善组织的自身职能，使其更加专业化、科学化，首先就需要政府的科学指导，完善相关的法律法规，制定合理的方针政策，对其进行规范管理，使其尽快地成长起来。同时，还需要社会的多方参与，媒体加强宣传报道，以提高全社会对社会组织全面、正确的认识。对有志从事体育"非遗"保护的相关人士，政府要给予相关政策扶持，加强引导，社会各界要给予帮助，以保证更多与体育"非遗"保护相关的社会组织的建立和完善，引导和发动更多的社会力量参与到非物质文化遗产保护工作中来。

参考文献

[1] 秦廷秀. (民国)雄县新志 [M]. 民国十八年 (1929),铅印本.

[2] 司马光. 资治通鉴 (卷第二百二十七)·唐纪四十三 [M]. 北京:中华书局,1956.

[3] 班固. 汉书 (卷二十八上)·地理志第八上 [M] 北京:中华书局,1962.

[4] 刘崇本. 雄县乡土志 [M]. 台北:成文出版社,1968.

[5] 魏征. 隋书 [M]. 北京:中华书局,1973.

[6] 宋祁,欧阳修. 新唐书 [M]. 北京:中华书局,1975.

[7] 赵尔巽. 清史稿 (卷十一·高宗本纪二) [M]. 北京:中华书局,1977.

[8] 李佩弦. 精武体育会简史 [J]. 体育文史,1983 (01).

[9] 陈子正. 鹰爪翻子拳术摘要 [M]. 北京:人民体育出版社,1984.

[10] 陈公哲. 精武会五十年发展史 [M]. 广州:科学普及出版社广州分社,1985.

[11] 陈国庆. 鹰爪翻子拳 [M]. 石家庄:河北人民出版社,1986.

[12] 陈桂学. "鹰爪王"陈子正 [M]. 北京:人民体育出版社,1986.

[13] 湖北省体委武术挖掘整理组. 岳家拳 [M]. 武汉:湖北省体育出版社,1987.

[14] 李佩弦. 鹰爪翻子门十路行拳 [M]. 北京:人民体育出版社,1988.

[15] 雄县县志编纂委员会. 雄县志 [M]. 北京:中国社会科学出版社,1992.

[16] 昌沧,周荔裳. 中国武术人名辞典 [M]. 北京:人民体育出版社,1993.

[17] 容城县地方志编纂委员会. 容城县志 [M]. 北京:方志出版社,1999.

[18] 安新县地方志编纂委员会编. 安新县志 [M]. 北京:新华出版社,2000.

[19] 陈公哲. 精武会五十年 [M]. 沈阳:春风文艺出版社,2001.

[20] 杨镇主. 白族文化史 [M]. 昆明:云南民族出版社,2002.

[21] 马明达. 武学探真 [M]. 台北:台湾逸文有限公司,2003.

[22]高宣扬. 布迪厄的社会理论[M]. 上海: 同济大学出版社, 2004.

[23]苑利. 日本文化遗产保护运动的历史和今天[J]. 西北民族研究, 2004 (02).

[24]苑利. 韩国文化遗产保护运动的历史与基本特征[J]. 民间文化论坛, 2004 (06).

[25]李章烈. 韩国无形文化财政策: 历史与发展[M]. 首尔: 关东出版社, 2005.

[26]新疆维尔族自治区对外交流文化协会. 塔吉克民族文化[M]. 乌鲁木齐: 新疆美术摄影出版社, 2005.

[27]张选惠. 民族传统体育概论[M]. 北京: 人民体育出版社, 2006.

[28]中国"非遗"保护中心, 中国艺术研究院. 中国"非遗"普查手册[M]. 北京: 文化艺术出版社, 2007.

[29]成锦环. 关于民族传统体育的立法模式探讨[D]. 延吉: 延边大学, 2007.

[30]王文章. 非物质文化遗产概论[M]. 北京: 教育科学出版社, 2008.

[31]彭群, 吴桥. "达瓦孜"的体育文化价值[J]. 体育文化导刊, 2008(07).

[32]单霁翔. 我国文化遗产保护的发展历程[J]. 城市与区域规划研究, 2008 (09).

[33]王鹤云, 高绍安. 中国非物质文化遗产保护法律机制研究[M]. 北京: 知识产权出版社, 2009.

[34]康戈武. 中华文明传承的缩影序——鹰爪翻子拳[M]. 北京: 中国人民公安大学出版社, 2009.

[35]郝懿行. 尔雅义疏·释地(第九)[M]. 济南: 齐鲁书社, 2010.

[36]臧留鸿, 张志新. 维尔族传统体育项"达瓦孜"的传承与变迁[J]. 体育学刊, 2010(01).

[36]祝程. 我国体育非物质文化遗产的可持续发展研究[D]. 曲阜: 曲阜师范大学, 2011.

[37]马增强. 体育类非物质文化遗产保护问题研究——以陕西省为例[J]. 西安体育学院学报, 2011(03).

[38]刘云飞, 吴大华. 非物质文化遗产法律框架下贵州少数民族传统体育的保护与发展[J]. 贵州民族研究, 2011(06).

[39]张彩, 杨胜利. 非物质文化遗产保护与新疆民族传统体育的发展[J]. 新疆

大学学报(哲学·人文社会科学版),2011(04).

[40] 周亮亮等. 非物质文化遗产的理论认识与我国立法保护历程[J]. 紫禁城,
2012(08).

[41] 刘亚. 广东省 21 市体育非物质文化遗产研究[J]. 山东体育学院学报,2011
(10).

[42] 朱宗海. 河南省体育非物质文化遗产资源现状的调查[J]. 安徽体育科技,
2012(05).

[43] 闻年富. 湖北体育类非物质文化遗产保护绩效评价研究[D]. 武汉: 湖北
大学,2013.

[44] 刘志敏. 非物质文化遗产视角下新疆少数民族传统体育文化保护研
究——以新疆哈萨克族为例[J]. 当代体育科技,2013(05).

[45] 张文波,齐心. 少数民族传统体育非物质文化遗产保护与传承——以贵州
独竹漂运动为例[J]. 教育文化论坛,2013(06).

[46] 温艳蓉. 闽西客家民俗体育非物质文化遗产的传承模式——以连城姑田
游大龙的考察为例[J]. 搏击(武术科学),2013(01).

[47] 王标. 广西民俗体育非物质文化遗产保护与发展新思路[J]. 科技创业月
刊,2013(06).

[48] 高培军. 民俗体育类非物质文化遗产彭泽板龙的保护与发展探索[J]. 九
江学院学报(自然科学版),2013(01).

[49] 荆洁. 城市化发展背景下体育类非物质文化遗产的传承与发展——以上
海手狮舞为例[J]. 福建体育科技,2013(03).

[50] 丁玲辉. 非物质文化遗产保护视野下西藏民族传统体育传承的探讨[J].
西藏民族学院学报(哲学社会科学版),2013(03).

[51] 张凤英. 济宁市体育非物质文化遗产保护现状的研究[D]. 聊城: 聊城大
学,2014.

[52] 李军阳. 甘肃省体育非物质文化遗产保护与传承研究[D]. 兰州: 兰州理
工学院,2014.

[53] 史鑫. 体育非物质文化遗产新疆方棋可持续发展研究[D]. 乌鲁木齐: 新
疆师范大学,2014.

[54] 黄平. 非物质文化遗产视野下江西省民俗体育的传承与保护[J]. 南方文

物, 2014（04）.

［55］徐宏. 非物质文化遗产视角下贵州苗族体育舞蹈 "水鼓舞" 的渊源、价值与传承发展研究［J］. 贵州师范大学学报（社会科学版），2014（06）.

［56］魏媛媛，黄聚云. 谈非物质文化遗产保护中民间体育的生存与活化——以上海浦东花篮灯舞为例［J］. 体育研究与教育，2014（06）.

［57］牛芳，卢玉，陈小蓉. 非物质文化遗产视角下徽州民俗体育的传承——以徽州嬉鱼灯活动为例［J］. 上海体育学院学报，2014（03）.

［58］李艳翎，刘哲石. 体育文化建设的重要着力点与策略［J］. 湖南师范大学社会科学学报，2014（01）.

［59］孙东雪. 河北高校体育非物质文化遗产传承现状与对策研究［D］. 吉首：吉首大学，2015.

［60］刘泽梅. 原生态 "类体育" 国家级非物质文化遗产的保护与传承研究——以四川泸州雨坛彩龙为例［D］. 昆明：云南师范大学，2015.

［61］花林娜. 巍山彝族打歌原生态 "类体育" 非物质文化遗产的传承与保护［D］. 成都：成都体育学院，2015.

［62］王明月. 非物质文化保护的数字化风险与路径反思［J］. 文化遗产，2015（03）.

［63］陈旭，肖焕禹. 濒危体育非物质文化遗产上海市耍石担石锁的研究［J］. 当代体育科技，2015（05）.

［64］尹少丰. 非物质文化遗产视角下民俗体育的传承——以粤北南雄舞香火龙为例［J］. 当代体育科技，2015（16）.

［65］徐晓琴，陈敏. 非物质文化遗产视角下湖南民俗体育流变及发展前景研究［J］. 当代体育科技，2015（30）.

［66］杨建鹏. 西藏体育非物质文化遗产可持续发展研究［J］. 内蒙古体育科技，2015（04）.

［67］刘晖. 全球化对我国体育类非物质文化遗产发展的影响研究［J］. 体育文化导刊，2015（12）.

［68］徐杰，石晓峰. 山西体育非物质文化遗产资源特征与发展研究［J］. 搏击（武术科学），2015（06）.

［69］樊丽，杨宏. 榆林地区体育非物质文化遗产保护发展及对策研究［J］. 榆林

学院学报, 2015 (04).

[70] 杨建鹏. 西藏体育非物质文化遗产可持续发展研究 [J]. 内蒙古体育科技, 2015 (04).

[71] 徐剑, 高会军, 郑湘平, 赵玉洁. 荆楚体育非物质文化遗产武穴岳家拳传承与发展 [J]. 湖北体育科技, 2015 (08).

[72] 陈春燕, 田学礼. 非物质文化遗产视角下潮汕地区民俗体育文化的保护研究 [J]. 体育科技, 2015 (06).

[73] 彭晓倩. 非物质文化遗产保护视角下衢州民俗体育的传承 [J]. 内江科技, 2015 (10).

[74] 张良祥, 宋智梁, 姚大为, 倪莎莎, 马阳. 达斡尔族体育非物质文化遗产保护理论发展研究 [J]. 辽宁体育科技, 2015 (06).

[75] 马冬雪. 福建省体育非物质文化遗产的活态传承研究 [D]. 福州: 福建师范大学, 2016.

[76] 王庆庆. 体育类非物质文化遗产之校园传承研究 [D]. 吉首: 吉首大学, 2016.

[77] 杨伟松. 河南省传统体育类非物质文化遗产传承与发展的研究——以梅花拳为个案 [D]. 郑州: 河南师范大学, 2016.

[78] 刘海屹. 云南非物质文化遗产省级少数民族传统体育代表性传承人传承困境研究 [D]. 昆明: 云南师范大学, 2016.

[79] 付秀超. 非物质文化遗产视域下的辽宁省蒙古族自治县民族传统体育项目发展研究 [D]. 南昌: 南昌大学, 2016.

[80] 白银龙, 李俊恒, 张敏. 玉溪市民族传统体育非物质文化遗产现代化风险与规避研究 [J]. 武术研究, 2016 (02).

[81] 刘喜山等. 体育非物质文化遗产的传承模式及其变迁研究 [J]. 体育学刊, 2016 (01).

[82] 张庆武, 彭小雷, 许大胜. 安徽省体育非物质文化遗产的教育传承研究——以华佗五禽戏为例 [J]. 运动, 2016 (02).

[83] 赵亮, 刘凌宇. 西北民族传统体育非物质文化遗产的传承与保护 [J]. 宁夏社会科学, 2016 (04).

[84] 彭迪, 宋智梁, 张良祥. 黑龙江省少数民族体育非物质文化遗产传承发展

与实证研究[J].黑龙江民族丛刊,2016(04).

[85]相振伟.江苏省体育非物质文化遗产的传承困境与路径探索——以徐式北派少林拳为例[J].中华武术(研究),2016(06).

[86]温娇.内蒙古体育非物质文化遗产现状的调查研究[J].当代体育科技,2016(05).

[87]陶坤.白族民俗节日与传统体育研究[J].搏击(武术科学),2016(08).

[88]胡彬彬.非物质文化遗产视角下民族民间体育文化的传承与保护——以临淄蹴鞠为例[J].体育科技文献通报,2016(01).

[89]王书彦,王强,张英建等.体育非物质文化遗产在农村学校的传承研究——以河北省为例[J].吉林体育学院学报,2016(03).

[90]杜彩凤,张翔,张国强.山西省体育类非物质文化遗产保护现状研究[J].四川体育学,2016(03).

[91]周海凤,林晓花.体育非物质文化遗产福建地术拳传承模式与传承路径探析[J].福建体育科技,2016(04).

[92]邵万鑫,梁亚东,李阿建等.周口体育类非物质文化遗产的可持续发展研究[J].湖北体育科技,2016(04).

[93]殷鼎.宁夏体育非物质文化遗产保护传承研究[J].体育科技,2016(06).

[94]刘金富,魏源.困境与路径:我国体育非物质文化遗产保护研究——以浙江省为例[J].浙江体育科学,2016(04).

[95]本书编写组编.雄安,雄安[M].北京:新华出版社,2017.

[96]张福俭.千年大计[M].北京:中国言实出版社,2017.

[97]朱微微.四川省体育非物质文化遗产保护实践评价研究[D].成都:成都体育学院,2017.

[98]鲁春晓.新形势下中国非物质文化遗产保护与传承关键性问题研究[M].北京:中国社会科学出版社,2017.

[99]本刊编辑部.雄安新区战略发展的路径选择——"雄安新区与京津冀协同发展:理论及政策"高端论坛专家发言摘编(上)[J].经济与管理,2017(03).

[100]尚书,张良祥,宋智梁.黑龙江省体育非物质文化遗产的保护与传承创新研究[J].运动,2017(05).

[101] "雄安新区资源环境承载力评价和调控提升研究" 课题组. 雄安新区资源环境承载力评价和调控提升研究 [J]. 中国科学院院刊, 2017 (11).

[102] 叶中华, 魏玉君. 雄安新区承接人口疏解的策略分析——基于首尔和东京的经验 [J]. 当代经济管理, 2017 (12).

[103] 雄安新区: 建设中国 "硅谷" 成为全球创新中心 [J]. 中国经济周刊, 2017 (14).

[104] 杨姗姗, 黄小华. 广西少数民族体育非物质文化遗产生产性保护模式 [J]. 广西民族师范学院学报, 2017 (01).

[105] 宋智梁, 于佳明, 翁立超, 杨利, 张良祥, 吴迪. 黑龙江省体育非物质文化遗产传承人的现状及保护对策 [J]. 高师理科学刊, 2017 (03).

[106] 张东徽, 徐飞. 传统体育类非物质文化遗产保护现状调查研究——以江苏地区保护项目为例 [J]. 体育科研, 2017 (01).

[107] 夏晨晨. 湘西州体育非物质文化遗产传承人生存现状的影响因素研究 [J]. 体育科技, 2017 (06).

[108] 张剑, 威汤, 卫东. 非物质文化遗产视角下绍兴地区民俗体育的传承——以绍兴调吊运动为例 [J]. 浙江体育科学, 2017 (06).

[109] 本书编写组. 河北雄安新区规划纲要读本 [M]. 北京: 人民出版社, 2018.

[110] 赵弘. 中国与 "一带一路" 沿线国家的贸易合作进展 [M]. 北京: 社会科学文献出版社, 2018.

[111] 宋俊华. 中国非物质文化遗产保护发展报告 [M]. 北京: 社会科学出版社, 2018.

[112] 童国军. 非物质文化遗产保护视野下四川少数民族体育发展研究 [J]. 武术研究, 2018 (07).

[113] 张耀军. 从雄安新区设立看京津冀一体化协同发展 [J]. 河北师范大学学报 (哲学社会科学版), 2018 (06).

[114] 杨勇. 体育非物质文化遗产甘南藏族自治州巴朗鼓舞的传承与发展 [J]. 体育世界 (学术版), 2018 (11).

[115] 余靖龙, 史儒林, 李昆前. 青海省体育非物质文化遗产的现实境遇 [J]. 武术研究, 2018 (12).

[116] 梁婷玉. 安徽省非物质文化遗产融合体育旅游的问题与对策分析 [J]. 黄

山学院学报, 2018（03）.

[117] 彭思静. 湖北省体育类非物质文化遗产保护与传承研究 [J]. 体育科技文献通报, 2018（03）.

[118] 马兆明, 殷鼎, 陈娜等. 宁夏体育非物质文化遗产保护研究 [J]. 四川体育科学, 2018（01）.

[119] 王宏伟, 孟峰年, 李颖侠. "一带一路" 甘肃黄金段民族传统体育非物质文化遗产的保护 [J]. 绵阳师范学院学报, 2018（08）.

[120] 丛密林, 张晓义. 我国体育非物质文化遗产的属性研究——以达斡尔、鄂温克、鄂伦春族为例 [J]. 北京体育大学学报, 2018（11）.

附　录

河北省非物质文化遗产保护条例

目录

第一章　总则

第一条　为了加强非物质文化遗产保护、保存工作，继承和弘扬本省优秀传统文化，根据《中华人民共和国非物质文化遗产法》等法律、法规的规定，结合本省实际，制定本条例。

第二条　本省行政区域内非物质文化遗产的保护、保存工作，适用本条例。

第三条　本条例所称非物质文化遗产，是指各族人民世代相传并视为其文化遗产组成部分的各种传统文化表现形式，以及与传统文化表现形式相关的实物和场所。包括：

（一）传统口头文学以及作为其载体的语言；

（二）传统美术、书法、音乐、舞蹈、戏剧、曲艺和杂技；

（三）传统技艺、医药和历法；

（四）传统礼仪、节庆等民俗；

（五）传统体育和游艺；

（六）其他非物质文化遗产。

属于非物质文化遗产组成部分的实物和场所，凡属文物的，适用文物保护法律、法规的有关规定。

第四条　本省对非物质文化遗产采取认定、记录、建档等措施予以保存，对体现本省优秀传统文化且具有历史、文学、艺术、科学价值的非物质文化遗产采取传承、传播等措施予以保护。

非物质文化遗产的保护、保存，应当正确处理传承、发展与开发、利用的关系。

第五条　县级以上人民政府应当加强非物质文化遗产的保护、保存工作，推进优秀传统文化传承体系建设，将非物质文化遗产保护、保存工作纳入本级国民经济和社会发展规划，将非物质文化遗产保护专项资金列入本级财政预算，并随着非物质文化遗产项目的增加而增加。

非物质文化遗产保护专项资金专款专用，任何组织和个人不得截留、挪用、侵占。

第六条　县级以上人民政府文化主管部门负责本行政区域内非物质文化遗产的保护、保存工作。

县级以上人民政府其他有关部门在各自的职责范围内，负责有关非物质文化遗产的保护、保存工作。

第七条　对在非物质文化遗产保护、保存工作中做出突出贡献的组织和个人，由县级以上人民政府按照国家和本省有关规定予以表彰、奖励。

第二章　非物质文化遗产调查与代表性项目名录

第八条　县级以上人民政府应当根据非物质文化遗产保护、保存工作的需要，组织有关部门和单位对本行政区域内的非物质文化遗产进行调查。

第九条　县级以上人民政府文化主管部门和其他有关部门进行非物质文化遗产调查，应当对非物质文化遗产予以认定、记录，采用接收、征集等方式收集属于非物质文化遗产组成部分的代表性实物，整理调查所得资料。其他有关部门取得的实物图片、资料复制件，应当汇交给同级文化主管部门。

县级以上人民政府文化主管部门应当建立档案和相关数据库，并将电子档案报上一级人民政府文化主管部门备份。

第十条　公民、法人或者其他组织认为某项非物质文化遗产项目体现当地优秀传统文化且具有历史、文学、艺术、科学价值的，可以向县级以上人民政府文化主管部门提出列入非物质文化遗产代表性项目名录的建议。

第十一条　县级以上人民政府应当将本行政区域内体现当地优秀传统文化，具有历史、文学、艺术、科学价值的非物质文化遗产项目经认定后列入本级非物质文化遗产代表性项目名录，并报上一级人民政府文化主管部门。

第十二条　县级以上人民政府可以将本级非物质文化遗产代表性项目向上一级人民政府文化主管部门推荐，经认定后列入上一级非物质文化遗产代表性项目名录。

第十三条　相同的非物质文化遗产代表性项目，其形式和内涵在两个以上设区的市、县（市、区）或者乡（镇、街道）都保持完整的，可以同时列入相应级别的非物质文化遗产代表性项目名录。

第十四条　非物质文化遗产代表性项目按照下列程序认定：

（一）县级以上人民政府文化主管部门组织五人以上的专家评审小组，对申请、建议、推荐列入本级非物质文化遗产代表性项目名录的项目进行初评，提出初评意见，初评意见应当经专家评审小组成员过半数通过；

（二）初评意见通过后，由县级以上人民政府文化主管部门组织九人以上的专家评审委员会，对初评通过的项目进行审议，提出审议意见，审议意见应当经专家评审委员会成员过半数通过；

（三）县级以上人民政府文化主管部门应当将经专家评审委员会审议通过拟列入本级非物质文化遗产代表性项目名录的项目，通过广播、电视、报刊和网络等媒体公示，向社会公开征求意见，公示期不少于二十日；

（四）县级以上人民政府文化主管部门根据专家评审委员会的审议意见和向社会公开征求意见的结果，拟订本级非物质文化遗产代表性项目名录，报本级人民政府批准、公布，并报上一级人民政府文化主管部门。

第十五条　公民、法人或者其他组织对拟列入非物质文化遗产代表性项目名录的项目有异议的，可以在公示期内向县级以上人民政府文化主管部门提出书面意见。县级以上人民政府文化主管部门经调查情况属实的，应当终止对该项目的认定，将有关情况以书面形式告知异议人；情况不属实的，应当自收到书面意见之日起二十日内以书面形式告知异议人，并说明理由。

第三章　非物质文化遗产传承与传播

第十六条　县级以上人民政府文化主管部门对本级人民政府批准、公布的非物质文化遗产代表性项目，可以认定代表性传承人。

第十七条　县级以上人民政府文化主管部门应当通过广播、电视、报刊和网络等媒体，将认定的非物质文化遗产代表性项目的代表性传承人名单向社会公布，并报上一级人民政府文化主管部门。

第十八条　县级以上人民政府应当建立健全非物质文化遗产代表性项目的代表性传承人政策扶持机制，采取下列措施，支持其开展传承、传播活动：

（一）提供必要的传承场所；

（二）提供必要的经费资助；

（三）为其参与社会公益活动创造条件；

（四）加强对传承人的培养；

（五）支持其参与传承、传播活动的其他措施。

第十九条　非物质文化遗产代表性项目的代表性传承人享有下列权利：

（一）开展授徒、传艺、交流等活动并享受传承资助；

（二）参加有关活动获得相应报酬；

（三）向有关部门、单位提出非物质文化遗产保护、保存工作的意见和建议；

（四）开展传承、传播活动确有困难的，可以向县级以上人民政府文化主管部门申请支持。

第二十条　非物质文化遗产代表性项目的代表性传承人应当履行下列义务：

（一）采取收徒、培训、办学等方式传授技艺，培养新传承人；

（二）妥善整理、保存相关实物和资料；

（三）配合非物质文化遗产调查；

（四）参与非物质文化遗产公益性宣传活动；

（五）接受县级以上人民政府文化主管部门的业务指导和监督检查。

第二十一条　县级以上人民政府文化主管部门应当组织有关部门和专家，定期对非物质文化遗产代表性项目的代表性传承人进行评估。

非物质文化遗产代表性项目的代表性传承人丧失传承能力的，县级以上人民政府文化主管部门可以重新认定该项目的代表性传承人。

第二十二条　县级以上人民政府及其有关部门应当加强非物质文化遗产宣传工作，提高全社会保护非物质文化遗产的意识。

广播、电视、报刊和网络等媒体应当通过专题展示、专栏介绍、公益广告等形式，向公众宣传和普及非物质文化遗产知识。

第二十三条　县级以上人民政府应当根据非物质文化遗产保护、保存工作的需要，建立非物质文化遗产博物馆（展室）和传习场所等公共文化设施，用于非物质文化遗产代表性项目的收藏和传承、传播活动。

第二十四条　县级以上人民政府及其文化、教育等部门应当鼓励、支持有关公共教育机构或者其他组织，根据其学术研究、教学等方面的专长、优势，设置非物质文化遗产专业或者课程，建立非物质文化遗产研究和传承、传播基地。

第二十五条　县级以上人民政府及其有关部门应当鼓励、支持公民、法人或者其他组织将其所有的非物质文化遗产实物、资料，捐赠或者委托各级各类文化馆（群艺馆）、图书馆、博物馆、美术馆、科技馆等公共文化机构收藏、保管或者展示，促进当地非物质文化遗产的保护、保存。

第二十六条　各级各类公共文化机构、有关高等院校和科研单位、非物质文化遗产学术研究机构和保护工作机构、利用财政性资金设立的文艺表演团体和演出场所经营单位，应当开展非物质文化遗产的收集、整理、研究、学术交流和非物质文化遗产代表性项目的传承、传播活动。

第二十七条　各级各类公共文化机构应当根据当地非物质文化遗产传承、传播需要，定期展示非物质文化遗产项目，并按照国家和本省有关规定向社会免费开放。

第二十八条　学校应当按照国家和本省有关规定，开展相关的非物质文化遗产教育，提高学生保护和传承、传播非物质文化遗产的意识。

第四章　非物质文化遗产保护

第二十九条　县级以上人民政府文化主管部门应当组织制定保护规划，对本级人民政府批准、公布的非物质文化遗产代表性项目予以保护，对濒危的非物质文化遗产代表性项目予以重点保护。

第三十条　非物质文化遗产保护专项资金主要用于下列事项：

（一）非物质文化遗产的调查与研究；

（二）濒危非物质文化遗产项目的抢救；

（三）非物质文化遗产项目的传承和传播；

（四）非物质文化遗产项目传承、研究、传播、生产性保护基地建设；

（五）非物质文化遗产相关资料和实物的征集；

（六）文化生态保护区专项保护规划的制定实施；

（七）非物质文化遗产保护工作的表彰奖励；

（八）非物质文化遗产保护的其他工作。

非物质文化遗产保护专项资金的使用，由县级以上人民政府文化主管部门按照有关规定提出方案报同级财政部门审核后，由财政部门会同文化主管部门执行，并定期向社会公布资金使用情况。

第三十一条　县级以上人民政府文化主管部门对本级人民政府批准、公布的非物质文化遗产代表性项目，可以认定保护单位。保护单位认定后应当通过广播、电视、报刊和网络等媒体向社会公布。

第三十二条　非物质文化遗产代表性项目保护单位应当具备下列基本条件：

（一）具有独立法人资格；

（二）有该项目的代表性传承人或者具有较为完整的实物、资料；

（三）具有实施该项目保护规划的能力；

（四）具有开展传承、传播活动的场所和条件。

第三十三条　非物质文化遗产代表性项目保护单位应当履行下列职责：

（一）收集该项目的实物、资料，并登记、整理和建立档案；

（二）推荐该项目的代表性传承人；

（三）拟定并实施该项目保护措施，定期向本级人民政府文化主管部门报告保护措施落实情况，接受文化主管部门的业务指导和监督检查；

（四）组织开展该项目的研究和传承、传播活动或者为以上活动提供必要条件；

（五）本级人民政府文化主管部门规定的其他职责。

第三十四条　县级以上人民政府对非物质文化遗产代表性项目相对集中、特色鲜明、形式和内涵保持相对完整的特定区域，可以设立文化生态保护区，对非物质文化遗产代表性项目实施区域性整体保护。

在文化生态保护区内从事生产、建设和开发活动，不得破坏非物质文化遗产代表性项目及其依存的建筑物、构筑物、场所、遗址和遗迹。

第三十五条　县级以上人民政府对与非物质文化遗产代表性项目直接关联的遗址、遗迹及其附属物，应当划定保护范围，制定具体保护措施，建立专门档案，并在进行城乡规划和建设时采取措施予以整体保护。

第三十六条　县级以上人民政府及其有关部门应当鼓励、支持有关单位和个人有效保护、合理利用非物质文化遗产资源，开发具有地方特色和市场潜力的文化产品、文化服务，并可建立非物质文化遗产代表性项目生产性保护示范基地。

合理利用非物质文化遗产代表性项目的，依法享受国家规定的税收优惠。

第三十七条　县级以上人民政府文化主管部门应当加强对非物质文化遗产代表性项目保护、保存情况的监督检查，依法查处违反非物质文化遗产相关法律、法规的行为。

第三十八条　公民、法人或者其他组织对已列入非物质文化遗产代表性项目名录的项目持有异议，或者对认定的非物质文化遗产代表性项目的代表性传承人、保护单位持有异议的，可以向县级以上人民政府文化主管部门提出书面意见，由文化主管部门依照有关规定处理。

第五章　法律责任

第三十九条　县级以上人民政府及其有关部门和非物质文化遗产保护

工作机构、保护单位的工作人员有下列行为之一的，依法给予处分；构成犯罪的，依法追究刑事责任：

（一）不履行非物质文化遗产保护、保存监督管理职责的；

（二）在非物质文化遗产代表性项目和代表性传承人认定工作中不作为或者弄虚作假的；

（三）不采取有效措施，造成濒危的非物质文化遗产代表性项目失传的；

（四）截留、挪用、侵占非物质文化遗产保护专项资金的；

（五）其他玩忽职守、滥用职权、徇私舞弊的行为。

第四十条　非物质文化遗产代表性项目的代表性传承人无正当理由拒不履行规定义务的，由县级以上人民政府文化主管部门取消其代表性传承人资格，重新认定该项目的代表性传承人。

第六章　附则

第四十一条　本条例自2014年6月1日起施行。